Salutogenese und Recovery

Neue Perspektiven in der Gesundheitsversorgung

AF210592

von
Mirco Deflorin

Salutogenese und Recovery

Neue Perspektiven in der Gesundheitsversorgung

von
Mirco Deflorin

Impressum

Bibliografische Information der Deutschen Nationalbibliothek:
Die Deutsche Nationalbibliothek verzeichnet diese
Publikation in der Deutschen Nationalbibliografie;
detaillierte bibliografische Daten sind im Internet
über http://dnb.dnb.de abrufbar.

Herstellung und Verlag: BoD – Books on Demand, Norderstedt

ISBN: 9783759720665

Inhaltsübersicht

Zur Symbolik des Buchcovers

Das Cover dieses Buches ist mehr als nur eine ästhetische Hülle – es ist eine visuelle Metapher für die Kernbotschaften und Konzepte, die Sie in den folgenden Seiten entdecken werden.

Im Zentrum des Bildes sehen Sie einen strahlenden Lichtdurchbruch inmitten von Wolkenformationen. Dieser Lichtstrahl symbolisiert die "Neuen Perspektiven in der Gesundheitsversorgung", die der Untertitel unseres Buches verspricht. Es ist ein Sinnbild für Hoffnung, Erkenntnis und den Paradigmenwechsel, den wir in der Gesundheitsversorgung anstreben.

Die Wolken selbst repräsentieren die Komplexität und Vielschichtigkeit unseres Gesundheitssystems und der menschlichen Psyche. Sie zeigen verschiedene Schattierungen und Strukturen – von dichten, dunkleren Bereichen bis hin zu leichten, fast durchsichtigen Formationen. Dies spiegelt die Vielfalt der Erfahrungen und Herausforderungen wider, denen wir in Bezug auf Gesundheit und Wohlbefinden begegnen.

Die aufsteigenden, wellenförmigen Linien im unteren Teil des Bildes symbolisieren den Prozess von Salutogenese und Recovery. Sie verdeutlichen, dass Gesundheit und Genesung keine geradlinigen Wege sind, sondern dynamische, oft wellenförmige Verläufe haben. Diese Formen erinnern uns daran, dass jeder Heilungsweg einzigartig ist und dass Resilienz und Wachstum oft aus Herausforderungen entstehen.

Die kreisförmige Gestaltung des Bildes steht für Ganzheitlichkeit und Verbundenheit – zentrale Aspekte in unserem Ansatz zur Gesundheitsversorgung. Sie erinnert uns daran, dass wir Menschen als Ganzes betrachten müssen, nicht nur als Summe ihrer Symptome oder Diagnosen.

Die sanften Blau- und Weißtöne vermitteln ein Gefühl von Ruhe, Klarheit und Hoffnung. Sie laden den Betrachter ein, innezuhalten und über neue Möglichkeiten nachzudenken.

Dieses Cover ist eine Einladung – eine Einladung, über den Tellerrand zu blicken, neue Perspektiven zu entdecken und gemeinsam an einem Gesundheitssystem zu arbeiten, das den Menschen in seiner Ganzheit in den Mittelpunkt stellt.

Vorwort

Liebe Leserinnen und Leser

Als Peer-Mitarbeiter in einer psychiatrischen Klinik und einer Einrichtung der Sozialversicherung habe ich täglich Einblick in die Herausforderungen und Chancen unseres Gesundheits- und Sozialsystems. Meine eigenen Erfahrungen mit psychischen Krisen und der Weg der Genesung haben mich gelehrt, wie wertvoll ein ganzheitlicher, ressourcenorientierter Ansatz in der Gesundheitsversorgung sein kann.

In meiner Arbeit erlebe ich oft, wie Menschen in einem primär defizitorientierten System nach Halt und Orientierung suchen. Ich sehe, wie Diagnosen manchmal mehr einengen als befreien und wie der Fokus auf Krankheit den Blick für die vorhandenen Stärken und Potenziale verstellen kann. Gleichzeitig bin ich Zeuge beeindruckender Resilienz und Wachstumsprozesse, die oft trotz - und manchmal gerade wegen - großer Herausforderungen stattfinden.

Dieses Buch ist entstanden aus dem Wunsch, einen Beitrag zu einem Paradigmenwechsel in unserem Verständnis von Gesundheit und Krankheit zu leisten. Es soll eine Brücke schlagen zwischen der notwendigen Kritik am bestehenden System und der Vision einer ganzheitlicheren, menschenzentrierten Gesundheitsversorgung.

Wir werden uns kritisch mit dem defizitorientierten Ansatz auseinandersetzen, aber auch seine Verdienste würdigen. Wir werden alternative Konzepte wie Salutogenese und Recovery vorstellen und diskutieren, wie diese in der Praxis umgesetzt werden können. Dabei geht es nicht darum, das eine gegen das andere auszuspielen, sondern vielmehr darum, ein ausgewogenes, integratives Verständnis von Gesundheit und Heilung zu entwickeln.

Meine Hoffnung ist, dass dieses Buch sowohl Fachleuten als auch Betroffenen und Angehörigen neue Perspektiven eröffnet. Dass es dazu anregt, den Menschen hinter der Diagnose zu sehen, Ressourcen zu stärken und Wege zu finden, wie wir gemeinsam ein Gesundheitssystem gestalten können, das den vielfältigen Bedürfnissen der Menschen gerecht wird.

Lassen Sie uns gemeinsam über neue Wege nachdenken, wie wir Gesundheit fördern, Krisen bewältigen und persönliches Wachstum unterstützen können. Ich lade Sie ein, die folgenden Seiten mit offenen Augen und Herzen zu lesen, kritisch zu hinterfragen und Ihre eigenen Erfahrungen und Gedanken einzubringen.

Denn nur im Dialog und durch die Integration verschiedener Perspektiven können wir ein Gesundheitssystem schaffen, das wirklich den Menschen in den Mittelpunkt stellt.

Mirco Deflorin

Kapitel 1: Kritik am defizitorientierten Gesundheitssystem

Das moderne Gesundheitssystem, wie es in vielen westlichen Ländern praktiziert wird, basiert auf einem Modell, das primär auf die Identifikation und Behandlung von Krankheiten und Störungen ausgerichtet ist. Dieses defizitorientierte System, auch als pathogenetisches Modell bekannt, hat seine Wurzeln in der biomedizinischen Tradition des 19. und 20. Jahrhunderts. Während es zweifellos zu bedeutenden Fortschritten in der Medizin und zur Verbesserung der öffentlichen Gesundheit geführt hat, wird es zunehmend kritisch hinterfragt.

Das defizitorientierte Gesundheitssystem geht von der Annahme aus, dass Gesundheit der Normalzustand ist und Krankheit eine Abweichung davon darstellt. Der Fokus liegt dabei auf der Diagnose und Behandlung von Krankheiten, wobei der Mensch oft auf seine Symptome oder seine Diagnose reduziert wird. Dieses Modell hat zu einer hochspezialisierten medizinischen Versorgung geführt, in der Ärzte und andere Gesundheitsfachkräfte dazu ausgebildet sind, spezifische Krankheitsbilder zu erkennen und zu behandeln.

Ein wesentlicher Vorteil dieses Systems liegt in seiner Effizienz bei der Behandlung akuter Erkrankungen und lebensbedrohlicher Zustände. Die Fähigkeit, schnell und präzise Diagnosen zu stellen und gezielte Behandlungen einzuleiten, hat unzählige Leben gerettet und die Lebensqualität vieler Menschen verbessert. Zudem hat die Fokussierung auf spezifische Krankheiten zu bedeutenden Fortschritten in der medizinischen Forschung geführt, was die Entwicklung neuer Medikamente und Behandlungsmethoden ermöglicht hat.

Trotz dieser unbestreitbaren Erfolge wird das defizitorientierte Gesundheitssystem zunehmend kritisiert. Ein Hauptkritikpunkt ist, dass es den Menschen als Ganzes aus dem Blick verliert. Indem es sich auf einzelne Krankheiten oder Organsysteme konzentriert, vernachlässigt es oft die komplexen Wechselwirkungen zwischen körperlichen, psychischen und sozialen Faktoren, die Gesundheit und Krankheit beeinflussen. Diese reduktionistische Sichtweise kann dazu führen, dass wichtige Aspekte der

Gesundheit übersehen werden und Patienten sich nicht ganzheitlich verstanden und behandelt fühlen.

Ein weiterer Kritikpunkt betrifft die Tendenz des Systems, Menschen in "krank" und "gesund" zu kategorisieren. Diese binäre Sichtweise wird der Realität oft nicht gerecht, da Gesundheit und Krankheit eher als Kontinuum zu verstehen sind. Zudem kann die Etikettierung als "krank" stigmatisierend wirken und negative psychologische Auswirkungen haben. Dies ist besonders problematisch im Bereich der psychischen Gesundheit, wo Diagnosen oft mit erheblichen sozialen und beruflichen Konsequenzen verbunden sein können.

Die ökonomischen Aspekte des defizitorientierten Gesundheitssystems sind ebenfalls Gegenstand der Kritik. Das System schafft Anreize für die Behandlung von Krankheiten, nicht aber für deren Prävention oder für die Förderung von Gesundheit. Dies kann zu einer Überbehandlung führen, bei der medizinische Interventionen durchgeführt werden, die möglicherweise nicht notwendig oder sogar schädlich sind. Gleichzeitig werden präventive Maßnahmen und Ansätze zur Gesundheitsförderung oft vernachlässigt, da sie im kurzfristigen ökonomischen Denken weniger "profitabel" erscheinen.

Die pharmazeutische Industrie spielt in diesem System eine bedeutende, aber auch umstrittene Rolle. Einerseits treibt sie die Entwicklung neuer Medikamente und Therapien voran, andererseits wird ihr vorgeworfen, durch Marketingstrategien und Lobbyarbeit den Medikamentenkonsum zu fördern und Krankheiten zu "erfinden" oder zu "vermarkten". Dies kann zu einer Übermedikalisierung führen, bei der normale Lebenserfahrungen und -prozesse als behandlungsbedürftige medizinische Probleme dargestellt werden.

Ein weiterer Aspekt der Kritik betrifft die Auswirkungen des defizitorientierten Systems auf das gesellschaftliche Verständnis von Gesundheit und Krankheit. Indem es den Fokus auf Krankheiten und deren Behandlung legt, fördert es eine passive Haltung gegenüber der eigenen Gesundheit. Patienten werden oft als Empfänger medizinischer Leistungen betrachtet, nicht als aktive Teilnehmer im Gesundheitsprozess. Dies kann zu einer Abhängigkeit vom medizinischen System führen und die Eigenverantwortung und Selbstwirksamkeit der Menschen in Bezug auf ihre Gesundheit untergraben.

Angesichts dieser Kritikpunkte wächst das Interesse an alternativen Ansätzen, die einen ganzheitlicheren und ressourcenorientierteren Blick auf Gesundheit und Krankheit werfen. Konzepte wie Salutogenese, die sich auf die Entstehung und Erhaltung von Gesundheit konzentrieren, oder der Recovery-Ansatz in der psychischen Gesundheitsversorgung gewinnen zunehmend an Bedeutung. Diese Ansätze betonen die Stärken und Ressourcen der Menschen und zielen darauf ab, ihre Fähigkeit zur Selbstheilung und Resilienz zu fördern.

Ein Paradigmenwechsel im Gesundheitssystem würde bedeuten, den Fokus von der Krankheitsbehandlung auf die Gesundheitsförderung zu verlagern. Dies könnte eine stärkere Betonung der Prävention, der Gesundheitsbildung und der Förderung gesunder Lebensweisen beinhalten. Gleichzeitig würde es eine Abkehr von der reinen Symptombekämpfung hin zu einem ganzheitlichen Verständnis von Gesundheit und Wohlbefinden bedeuten.

Die Herausforderung besteht darin, die Stärken des bestehenden Systems - wie seine Effizienz in der Akutversorgung und seine Fähigkeit zur spezialisierten Behandlung - mit einem umfassenderen, ressourcenorientierten Ansatz zu verbinden. Ein solcher Wandel würde nicht nur Veränderungen in der medizinischen Praxis erfordern, sondern auch in der Ausbildung von Gesundheitsfachkräften, in den Finanzierungsmodellen des Gesundheitswesens und in der gesellschaftlichen Wahrnehmung von Gesundheit und Krankheit.

In den folgenden Abschnitten werden wir die verschiedenen Aspekte des defizitorientierten Gesundheitssystems genauer betrachten, seine Vor- und Nachteile analysieren und mögliche Wege zu einem ausgewogeneren, ganzheitlicheren Ansatz in der Gesundheitsversorgung erkunden. Dabei werden wir auch die Rolle von Prävention und Früherkennung im aktuellen System untersuchen und diskutieren, wie diese Aspekte in einem reformierten Gesundheitssystem eine größere Bedeutung erlangen könnten.

Ein weiterer wichtiger Aspekt, den wir in diesem Kapitel betrachten werden, ist die Rolle der Technologie im defizitorientierten Gesundheitssystem. Einerseits hat die technologische Entwicklung zu beeindruckenden Fortschritten in Diagnostik und Therapie geführt. Hochmoderne bildgebende Verfahren, genetische Tests und computergestützte Analysemethoden ermöglichen eine immer präzisere Identifikation von Krankheiten. Andererseits kann die zunehmende Technisierung auch zur weiteren Fragmentierung der Gesundheitsversorgung beitragen und die ganzheitliche Betrachtung des Patienten erschweren.

Wir werden auch die ethischen Implikationen des defizitorientierten Ansatzes diskutieren. Fragen nach der Verteilungsgerechtigkeit im Gesundheitssystem, dem Umgang mit begrenzten Ressourcen und der Priorisierung von Behandlungen gewinnen angesichts steigender Gesundheitskosten zunehmend an Bedeutung. Zudem wirft die fortschreitende Medikalisierung von Lebensphasen und -ereignissen ethische Fragen auf, etwa in Bezug auf die Definition von Normalität und die Grenzen medizinischer Intervention.

Ein besonderes Augenmerk werden wir auf die Auswirkungen des defizitorientierten Systems auf vulnerable Gruppen legen. Menschen mit chronischen Erkrankungen, ältere Menschen, aber auch sozial benachteiligte Gruppen erleben oft besondere Herausforderungen in einem System, das primär auf die Behandlung akuter Erkrankungen ausgerichtet ist. Wir werden untersuchen, wie ein reformiertes Gesundheitssystem besser auf die Bedürfnisse dieser Gruppen eingehen könnte.

Schließlich werden wir auch internationale Vergleiche anstellen und Best-Practice-Beispiele aus anderen Ländern betrachten. Einige Gesundheitssysteme haben bereits Schritte unternommen, um einen ganzheitlicheren, präventiveren Ansatz zu implementieren. Von diesen Erfahrungen können wertvolle Erkenntnisse für mögliche Reformen gewonnen werden.

Das Ziel dieses Kapitels ist es, ein umfassendes Verständnis für die Stärken und Schwächen des defizitorientierten Gesundheitssystems zu entwickeln. Wir wollen kritisch hinterfragen, aber auch anerkennen, welche Errungenschaften dieses System gebracht hat. Gleichzeitig möchten wir den Blick öffnen für alternative Ansätze und mögliche Wege zu einem ausgewogeneren, ganzheitlicheren Gesundheitssystem.

In den folgenden Abschnitten werden wir diese Themen detailliert untersuchen, verschiedene Perspektiven beleuchten und Denkanstöße für mögliche Veränderungen geben. Dabei laden wir Sie ein, kritisch mitzudenken und Ihre eigenen Erfahrungen und Überlegungen in die Diskussion einzubringen. Denn letztendlich betrifft die Gestaltung unseres Gesundheitssystems jeden Einzelnen von uns und hat weitreichende Auswirkungen auf unser individuelles und gesellschaftliches Wohlbefinden.

Mit dieser umfassenden Betrachtung wollen wir eine Grundlage schaffen für die in den folgenden Kapiteln vorgestellten alternativen Ansätze wie Salutogenese und Recovery-Orientierung. Diese Konzepte werden wir vor dem Hintergrund der hier diskutierten Kritikpunkte und Herausforderungen des bestehenden Systems betrachten und ihre Potenziale für eine Neuausrichtung der Gesundheitsversorgung ausloten.

Lassen Sie uns nun gemeinsam in die detaillierte Analyse des defizitorientierten Gesundheitssystems eintauchen und den Weg zu einem ganzheitlicheren, ressourcenorientierten Ansatz in der Gesundheitsversorgung erkunden.

1.1. Das aktuelle Gesundheitssystem

Das aktuelle Gesundheitssystem, das auf einem Mangel- oder Störungs-modell basiert, hat seine Wurzeln in der biomedizinischen Tradition des 19. und 20. Jahrhunderts. Dieses Modell, auch als pathogenetisches Modell bekannt, hat die moderne Medizin maßgeblich geprägt und zu bedeutenden Fortschritten in der Behandlung von Krankheiten geführt. Gleichzeitig weist es jedoch auch erhebliche Limitationen auf, die zu-nehmend kritisch hinterfragt werden.

Die Grundannahme dieses Modells ist, dass Gesundheit der Normalzu-stand des menschlichen Körpers ist und Krankheit eine Abweichung da-von darstellt. Diese binäre Sichtweise von Gesundheit und Krankheit führt zu einem Fokus auf die Identifikation und Beseitigung von Störun-gen oder Mängeln im Körper. Der menschliche Organismus wird dabei oft metaphorisch als eine Art Maschine betrachtet, bei der defekte Teile repariert oder ausgetauscht werden müssen.

Diese Herangehensweise hat zu einer hochspezialisierten medizinischen Versorgung geführt. Ärzte und andere Gesundheitsfachkräfte werden dazu ausgebildet, spezifische Krankheitsbilder zu erkennen und zu be-handeln. Dies hat zu einer Fragmentierung der medizinischen Versor-gung geführt, bei der verschiedene Spezialisten für unterschiedliche Körperteile oder Organsysteme zuständig sind. Während dies zu einer hohen Expertise in spezifischen Bereichen führt, besteht die Gefahr, dass der Blick für den Menschen als Ganzes verloren geht.

Ein wesentlicher Vorteil dieses Systems liegt in seiner Effizienz bei der Behandlung akuter Erkrankungen und lebensbedrohlicher Zustände. Die Fähigkeit, schnell und präzise Diagnosen zu stellen und gezielte Behand-lungen einzuleiten, hat unzählige Leben gerettet und die Lebensqualität vieler Menschen verbessert. Die Fokussierung auf spezifische Krankhei-ten hat zudem zu bedeutenden Fortschritten in der medizinischen For-schung geführt, was die Entwicklung neuer Medikamente und Behand-lungsmethoden ermöglicht hat.

Allerdings vernachlässigt dieses Modell oft die komplexen Wechselwirkungen zwischen körperlichen, psychischen und sozialen Faktoren, die Gesundheit und Krankheit beeinflussen. Es tendiert dazu, den Menschen auf seine Symptome oder Diagnose zu reduzieren und vernachlässigt dabei oft ganzheitliche Aspekte der Gesundheit und des Wohlbefindens. Dies kann dazu führen, dass wichtige Einflussfaktoren auf die Gesundheit übersehen werden und Patienten sich nicht ganzheitlich verstanden und behandelt fühlen.

Ein weiterer Kritikpunkt am defizitorientierten Gesundheitssystem ist seine Tendenz zur Übermedikalisierung. Normale Lebensereignisse oder -phasen werden zunehmend als medizinische Probleme definiert und behandelt. Dies kann zu einer Überbehandlung führen, bei der medizinische Interventionen durchgeführt werden, die möglicherweise nicht notwendig oder sogar schädlich sind. Gleichzeitig werden präventive Maßnahmen und Ansätze zur Gesundheitsförderung oft vernachlässigt, da sie im kurzfristigen ökonomischen Denken weniger "profitabel" erscheinen.

Die ökonomischen Aspekte des defizitorientierten Gesundheitssystems sind ebenfalls problematisch. Das System schafft Anreize für die Behandlung von Krankheiten, nicht aber für deren Prävention oder für die Förderung von Gesundheit. Dies kann zu einer Fehlallokation von Ressourcen führen, bei der teure Behandlungen bevorzugt werden, während kostengünstigere präventive Maßnahmen vernachlässigt werden.

Die pharmazeutische Industrie spielt in diesem System eine bedeutende, aber auch umstrittene Rolle. Einerseits treibt sie die Entwicklung neuer Medikamente und Therapien voran, andererseits wird ihr vorgeworfen, durch Marketingstrategien und Lobbyarbeit den Medikamentenkonsum zu fördern und Krankheiten zu "erfinden" oder zu "vermarkten". Dies kann zu einer weiteren Verstärkung der Medikalisierung führen.

Ein weiterer Aspekt des defizitorientierten Gesundheitssystems ist seine Auswirkung auf das Selbstverständnis und die Handlungsfähigkeit der

Patienten. Indem es den Fokus auf Krankheiten und deren Behandlung legt, fördert es oft eine passive Haltung gegenüber der eigenen Gesundheit. Patienten werden häufig als Empfänger medizinischer Leistungen betrachtet, nicht als aktive Teilnehmer im Gesundheitsprozess. Dies kann zu einer Abhängigkeit vom medizinischen System führen und die Eigenverantwortung und Selbstwirksamkeit der Menschen in Bezug auf ihre Gesundheit untergraben.

Darüber hinaus hat das defizitorientierte Gesundheitssystem Auswirkungen auf die gesellschaftliche Wahrnehmung von Gesundheit und Krankheit. Es fördert ein Verständnis von Gesundheit als Abwesenheit von Krankheit, anstatt als positiven Zustand des Wohlbefindens. Dies kann zu einer Vernachlässigung von Faktoren führen, die zur Erhaltung und Förderung der Gesundheit beitragen, wie etwa soziale Beziehungen, Lebensstil und Umweltbedingungen.

Trotz dieser Kritikpunkte ist es wichtig anzuerkennen, dass das defizitorientierte Gesundheitssystem auch bedeutende Erfolge erzielt hat. Es hat zu einer deutlichen Verbesserung der Lebenserwartung und Lebensqualität in vielen Teilen der Welt beigetragen. Die Herausforderung besteht nun darin, die Stärken dieses Systems zu bewahren und gleichzeitig seine Schwächen zu adressieren.

Ein möglicher Weg nach vorn könnte in der Integration ganzheitlicherer, ressourcenorientierter Ansätze in das bestehende System liegen. Konzepte wie Salutogenese, die sich auf die Entstehung und Erhaltung von Gesundheit konzentrieren, oder der Recovery-Ansatz in der psychischen Gesundheitsversorgung könnten wertvolle Ergänzungen darstellen. Diese Ansätze betonen die Stärken und Ressourcen der Menschen und zielen darauf ab, ihre Fähigkeit zur Selbstheilung und Resilienz zu fördern.

Eine solche Integration würde nicht nur Veränderungen in der medizinischen Praxis erfordern, sondern auch in der Ausbildung von Gesundheitsfachkräften, in den Finanzierungsmodellen des Gesundheitswesens und in der gesellschaftlichen Wahrnehmung von Gesundheit und Krankheit. Es wäre ein komplexer und herausfordernder Prozess, der jedoch das Potenzial hätte, zu einem ausgewogeneren, effektiveren und menschenzentrierteren Gesundheitssystem zu führen.

1.2. Wie dieses System Krankheiten kategorisiert und behandelt

Das defizitorientierte Gesundheitssystem kategorisiert und behandelt Krankheiten auf eine sehr strukturierte und systematische Weise, die sowohl Vorteile als auch Nachteile mit sich bringt. Um diesen Prozess genauer zu verstehen, ist es wichtig, die verschiedenen Aspekte dieses Ansatzes im Detail zu betrachten.

Zunächst einmal basiert die Kategorisierung von Krankheiten in diesem System auf umfangreichen, international anerkannten Klassifikationssystemen. Die beiden wichtigsten sind die Internationale statistische Klassifikation der Krankheiten und verwandter Gesundheitsprobleme (ICD), die von der Weltgesundheitsorganisation (WHO) herausgegeben wird, und das Diagnostic and Statistical Manual of Mental Disorders (DSM) für psychische Erkrankungen, das von der American Psychiatric Association entwickelt wurde.

Diese Klassifikationssysteme bieten eine detaillierte Taxonomie von Krankheiten und Störungen, wobei jede Erkrankung mit einem spezifischen Code und einer Reihe von diagnostischen Kriterien versehen ist. Die ICD beispielsweise deckt ein breites Spektrum von Gesundheitszuständen ab, von Infektionskrankheiten über Verletzungen bis hin zu psychischen Störungen. Das DSM konzentriert sich speziell auf psychische Erkrankungen und bietet noch detailliertere Kriterien für deren Diagnose.

Der Prozess der Krankheitskategorisierung beginnt in der Regel, wenn ein Patient mit Beschwerden oder Symptomen einen Arzt aufsucht. Der Arzt führt dann eine systematische Untersuchung durch, die folgende Schritte umfassen kann:

1. Anamnese: Der Arzt erfragt die Krankengeschichte des Patienten, einschließlich aktueller Symptome, deren Dauer und Intensität, sowie möglicher auslösender Faktoren.

2. Körperliche Untersuchung: Je nach Art der Beschwerden wird eine gründliche körperliche Untersuchung durchgeführt.

3. Diagnostische Tests: Diese können Bluttests, bildgebende Verfahren (wie Röntgen, CT oder MRT), Biopsien oder spezielle Funktionstests umfassen.

4. Psychologische Beurteilung: Bei Verdacht auf psychische Erkrankungen können strukturierte Interviews oder standardisierte Fragebögen eingesetzt werden.

Basierend auf den Ergebnissen dieser Untersuchungen vergleicht der Arzt die Befunde mit den Kriterien in den Klassifikationssystemen. Wenn die Symptome und Untersuchungsergebnisse des Patienten mit den definierten Kriterien für eine bestimmte Erkrankung übereinstimmen, wird diese Diagnose gestellt.

Diese Art der Kategorisierung hat den Vorteil, dass sie eine standardisierte Sprache für Gesundheitsfachkräfte weltweit schafft. Dies erleichtert die Kommunikation zwischen Ärzten, ermöglicht vergleichbare Forschungsergebnisse und bildet die Grundlage für evidenzbasierte Behandlungsleitlinien. Zudem erleichtert es die Abrechnung mit Krankenversicherungen und die Planung von Gesundheitsressourcen.

Allerdings hat dieser Ansatz auch seine Grenzen. Er kann dazu führen, dass Patienten in vordefinierte Kategorien "gepresst" werden, auch wenn ihre individuelle Situation komplexer ist. Zudem besteht die Gefahr, dass Symptome, die nicht in das Raster einer bestimmten Diagnose passen, übersehen oder als weniger wichtig erachtet werden.

Nach der Diagnosestellung folgt die Behandlung, die ebenfalls stark von diesem kategorischen Ansatz geprägt ist. Für die meisten Diagnosen gibt es standardisierte Behandlungsprotokolle oder klinische Leitlinien. Diese basieren auf wissenschaftlichen Studien und Expertenkonsens und geben Empfehlungen für die beste verfügbare Behandlung für eine bestimmte Erkrankung.

Die Behandlung im defizitorientierten System zielt primär darauf ab, die identifizierten Probleme oder Symptome zu beseitigen oder zu kontrollieren. Dies kann verschiedene Formen annehmen:

1. Medikamentöse Therapie: Viele Erkrankungen werden mit Medikamenten behandelt, die darauf abzielen, spezifische Symptome zu lindern oder den Krankheitsverlauf zu beeinflussen.

2. Chirurgische Eingriffe: Bei bestimmten Erkrankungen oder Verletzungen können operative Eingriffe notwendig sein.

3. Physiotherapie oder Ergotherapie: Diese Therapieformen zielen darauf ab, körperliche Funktionen wiederherzustellen oder zu verbessern.

4. Psychotherapie: Bei psychischen Erkrankungen werden verschiedene Formen der Gesprächstherapie eingesetzt, oft in Kombination mit Medikamenten.

5. Strahlentherapie oder Chemotherapie: Diese Behandlungen werden häufig bei Krebserkrankungen eingesetzt.

Der Erfolg der Behandlung wird in diesem System oft an der Reduktion oder Beseitigung der Symptome gemessen. Dies kann durch regelmäßige Kontrolluntersuchungen, Labortests oder standardisierte Fragebögen überprüft werden.

Dieser Ansatz zur Behandlung hat den Vorteil, dass er auf wissenschaftlichen Erkenntnissen basiert und eine gewisse Vorhersagbarkeit der Behandlungsergebnisse ermöglicht. Er stellt sicher, dass Patienten mit ähnlichen Diagnosen eine vergleichbare Qualität der Versorgung erhalten.

Allerdings hat auch dieser Behandlungsansatz seine Grenzen. Er kann zu einer gewissen "Kochbuch-Medizin" führen, bei der individuelle Unterschiede zwischen Patienten nicht ausreichend berücksichtigt werden.

Zudem besteht die Gefahr, dass der Fokus zu sehr auf der Symptombekämpfung liegt und weniger auf der Förderung der allgemeinen Gesundheit und des Wohlbefindens.

Ein weiterer Aspekt, der kritisch betrachtet werden muss, ist die Tendenz dieses Systems, Gesundheit als Abwesenheit von Krankheit zu definieren. Dies kann dazu führen, dass präventive Maßnahmen und die Förderung von Gesundheitsressourcen vernachlässigt werden.

Darüber hinaus kann die starke Fokussierung auf spezifische Diagnosen und Behandlungen dazu führen, dass komplexe, multifaktorielle Gesundheitsprobleme nicht adäquat erfasst und behandelt werden. Dies ist besonders problematisch bei chronischen Erkrankungen oder bei Patienten mit mehreren gleichzeitigen Gesundheitsproblemen (Multimorbidität).

Es ist auch wichtig zu beachten, dass dieses System stark von der biomedizinischen Perspektive geprägt ist. Psychosoziale Faktoren, die einen erheblichen Einfluss auf Gesundheit und Krankheit haben können, werden oft nicht ausreichend berücksichtigt. Dies kann zu einer unvollständigen Betrachtung des Gesundheitszustands eines Patienten führen und wichtige Behandlungsmöglichkeiten übersehen.

Trotz dieser Kritikpunkte hat das defizitorientierte System zweifellos zu bedeutenden Fortschritten in der medizinischen Versorgung geführt. Die Herausforderung besteht darin, seine Stärken zu nutzen und gleichzeitig Wege zu finden, seine Grenzen zu überwinden und einen ganzheitlicheren Ansatz in der Gesundheitsversorgung zu entwickeln.

1.3. Die Vor- und Nachteile dieses Ansatzes

Das defizitorientierte Gesundheitssystem, das in vielen Ländern vorherrscht, weist sowohl bedeutende Vor- als auch Nachteile auf. Eine ausgewogene Diskussion dieser Aspekte ist entscheidend für das Verständnis des Systems und mögliche Reformansätze.

Zu den Hauptvorteilen des defizitorientierten Ansatzes gehört seine bemerkenswerte Effizienz bei der Behandlung akuter Erkrankungen und lebensbedrohlicher Zustände. Die Fähigkeit, schnell und präzise Diagnosen zu stellen und gezielte Behandlungen einzuleiten, hat unzählige Leben gerettet und die Lebensqualität vieler Menschen erheblich verbessert. In Notfallsituationen, bei denen eine rasche Intervention erforderlich ist, zeigt sich die Stärke dieses Systems besonders deutlich.

Ein weiterer bedeutender Vorteil liegt in den enormen Fortschritten, die das System in der medizinischen Forschung ermöglicht hat. Die Fokussierung auf spezifische Krankheitsbilder hat zu tiefgreifenden Erkenntnissen über Krankheitsmechanismen geführt und die Entwicklung hochspezialisierter Behandlungsmethoden vorangetrieben. Dies hat nicht nur zur Entdeckung neuer Medikamente und Therapien beigetragen, sondern auch innovative diagnostische Verfahren hervorgebracht, die eine frühzeitige Erkennung und Behandlung vieler Erkrankungen ermöglichen.

Die Standardisierung von Diagnose- und Behandlungsprotokollen, die aus diesem Ansatz resultiert, bietet den Vorteil einer konsistenten Versorgung. Patienten können unabhängig von ihrem Wohnort oder dem behandelnden Arzt eine vergleichbare Qualität der medizinischen Versorgung erwarten. Dies trägt zur Verbesserung der allgemeinen Gesundheitsversorgung bei und ermöglicht eine effektive Qualitätskontrolle.

Darüber hinaus hat das defizitorientierte System zur Entwicklung hochspezialisierter medizinischer Fachgebiete geführt. Diese Spezialisierung ermöglicht eine tiefgehende Expertise in spezifischen Bereichen der

Medizin, was insbesondere bei komplexen oder seltenen Erkrankungen von unschätzbarem Wert sein kann.

Trotz dieser bedeutenden Vorteile weist das defizitorientierte Gesundheitssystem auch erhebliche Nachteile auf, die zunehmend in den Fokus der Kritik geraten. Ein Hauptkritikpunkt ist die Tendenz, den Menschen als Ganzes aus dem Blick zu verlieren und ihn auf einzelne Symptome oder Diagnosen zu reduzieren. Diese fragmentierte Sichtweise vernachlässigt oft die komplexen Wechselwirkungen zwischen körperlichen, psychischen und sozialen Faktoren, die Gesundheit und Krankheit beeinflussen. Dies kann dazu führen, dass wichtige Aspekte der Gesundheit übersehen werden und Patienten sich nicht ganzheitlich verstanden und behandelt fühlen.

Ein weiterer signifikanter Nachteil ist die potenzielle Überdiagnose und Überbehandlung, insbesondere bei leichten oder selbstlimitierenden Zuständen. Das System neigt dazu, auch geringfügige Abweichungen von der Norm als behandlungsbedürftig zu betrachten, was zu unnötigen medizinischen Interventionen führen kann. Dies birgt nicht nur das Risiko unerwünschter Nebenwirkungen, sondern kann auch zu einer Medikalisierung normaler Lebenserfahrungen führen.

Die Fokussierung auf Krankheitsbehandlung anstatt auf Prävention und Gesundheitsförderung ist ein weiterer wesentlicher Kritikpunkt. Das System schafft oft ökonomische Anreize für die Behandlung bereits bestehender Krankheiten, während präventive Maßnahmen vernachlässigt werden. Dies kann langfristig zu höheren Gesundheitskosten und einer Vernachlässigung wichtiger gesundheitsfördernder Ansätze führen.

Ein besonders problematischer Aspekt ist die Förderung einer passiven Haltung der Patienten gegenüber ihrer Gesundheit. Indem das System den Fokus auf externe Interventionen legt, kann es die Eigenverantwortung und Selbstwirksamkeit der Menschen in Bezug auf ihre Gesundheit untergraben. Patienten werden oft als passive Empfänger medizinischer Leistungen betrachtet, anstatt als aktive Teilnehmer im Gesundheitsprozess.

Die Stigmatisierung, die aus der Kategorisierung von Menschen als "krank" oder "gesund" resultieren kann, ist ein weiterer bedeutender Nachteil. Dies ist besonders problematisch im Bereich der psychischen Gesundheit, wo Diagnosen oft mit erheblichen sozialen und beruflichen Konsequenzen verbunden sein können. Die binäre Sichtweise von Gesundheit und Krankheit wird der Realität oft nicht gerecht und kann negative psychologische Auswirkungen haben.

Ein weiterer Kritikpunkt betrifft die ökonomischen Aspekte des Systems. Die Anreizstrukturen begünstigen oft teure Behandlungen und Technologien, während kostengünstigere präventive oder ganzheitliche Ansätze vernachlässigt werden. Dies kann zu einer ineffizienten Allokation von Ressourcen im Gesundheitssystem führen und die langfristige Nachhaltigkeit der Gesundheitsversorgung gefährden.

Schließlich vernachlässigt das defizitorientierte System oft die Bedeutung sozialer Determinanten der Gesundheit. Faktoren wie Bildung, Einkommen, Arbeitsbedingungen und Umwelteinflüsse haben einen erheblichen Einfluss auf die Gesundheit, werden aber in diesem Modell oft nicht ausreichend berücksichtigt.

Die Herausforderung für die Zukunft besteht darin, einen ausgewogenen Ansatz zu finden, der die Stärken des defizitorientierten Systems — wie seine Effizienz in der Akutversorgung und seine Fähigkeit zur spezialisierten Behandlung – bewahrt, während gleichzeitig seine Schwächen durch ganzheitlichere, präventive und patientenzentrierte Ansätze ausgeglichen werden. Dies erfordert nicht nur Veränderungen in der medizinischen Praxis, sondern auch in der Ausbildung von Gesundheitsfachkräften, in den Finanzierungsmodellen des Gesundheitswesens und in der gesellschaftlichen Wahrnehmung von Gesundheit und Krankheit.

Ein reformiertes Gesundheitssystem könnte beispielsweise stärker auf die Integration von Prävention und Gesundheitsförderung in die Primärversorgung setzen, die Patientenautonomie und Selbstmanagementfähigkeiten fördern und multidisziplinäre Ansätze zur ganzheitlichen Betreuung von Patienten implementieren. Gleichzeitig sollte es die

Vorteile der spezialisierten Medizin und der evidenzbasierten Praxis beibehalten.

Die Entwicklung eines solchen ausgewogenen Systems ist eine komplexe Aufgabe, die eine kontinuierliche Bewertung und Anpassung erfordert. Es bedarf eines gesellschaftlichen Dialogs und der Zusammenarbeit verschiedener Akteure im Gesundheitswesen, um ein System zu
schaffen, das sowohl effizient als auch ganzheitlich ist und den vielfältigen Bedürfnissen der Bevölkerung gerecht wird.

1.4. Wie dieses System die gesellschaftliche Wahrnehmung von Gesundheit und Krankheit beeinflusst

Das defizitorientierte Gesundheitssystem hat einen tiefgreifenden und vielschichtigen Einfluss auf die gesellschaftliche Wahrnehmung von Gesundheit und Krankheit. Dieser Einfluss manifestiert sich auf verschiedenen Ebenen und prägt das kollektive Verständnis davon, was es bedeutet, gesund oder krank zu sein.

Zunächst fördert dieses System ein binäres Denken, das Menschen in die Kategorien "krank" und "gesund" einteilt. Diese Dichotomie wird der Komplexität des menschlichen Gesundheitszustands oft nicht gerecht. In Wirklichkeit bewegen sich die meisten Menschen auf einem Kontinuum zwischen Gesundheit und Krankheit, mit fließenden Übergängen und individuellen Nuancen. Die vereinfachte Kategorisierung kann dazu führen, dass subtile Aspekte des Wohlbefindens übersehen werden und Menschen sich entweder als völlig gesund oder als "defekt" wahrnehmen, wenn sie nicht dem Idealbild perfekter Gesundheit entsprechen.

Ein weiterer bedeutender Aspekt ist die zunehmende Medikalisierung von Lebenserfahrungen und -prozessen. Normale Entwicklungsphasen, emotionale Zustände oder Verhaltensweisen werden häufig als medizinische Probleme interpretiert und behandelt. Dies kann zu einer Überdiagnose und Überbehandlung führen, bei der natürliche Variationen menschlichen Erlebens und Verhaltens pathologisiert werden. Beispielsweise werden Traurigkeit oder Ängste, die in bestimmten Lebenssituationen normal und sogar adaptiv sein können, zunehmend als behandlungsbedürftige Störungen betrachtet. Diese Tendenz zur Medikalisierung kann das Vertrauen in die eigene Resilienz und Bewältigungsfähigkeiten untergraben.

Das defizitorientierte System fördert oft eine passive Haltung gegenüber der eigenen Gesundheit. Patienten werden häufig als Empfänger medizinischer Leistungen betrachtet, nicht als aktive Teilnehmer im Gesundheitsprozess. Diese Sichtweise kann die Eigenverantwortung und das Engagement für die eigene Gesundheit schwächen. Menschen neigen dazu, Lösungen für Gesundheitsprobleme primär von außen zu erwarten – von Ärzten, Medikamenten oder medizinischen Eingriffen – anstatt ihre eigenen Ressourcen und Fähigkeiten zur Gesundheitsförderung und Krankheitsbewältigung zu aktivieren.

Ein weiterer Aspekt ist der starke Fokus auf Symptome und deren Beseitigung. Die Gesellschaft konzentriert sich oft mehr auf die schnelle Linderung von Beschwerden als auf die Förderung ganzheitlicher Gesundheit und die Auseinandersetzung mit den Ursachen von Krankheiten. Dies kann zu einer kurzfristigen Denkweise führen, bei der die langfristige Gesundheitsförderung und Prävention vernachlässigt werden.

Das System fördert zudem eine Überbetonung medizinischer Lösungen. Es entsteht der Eindruck, dass für jedes Problem eine medizinische Antwort existieren sollte. Dies kann zu unrealistischen Erwartungen an die Medizin führen und andere wichtige Faktoren für Gesundheit und Wohlbefinden, wie Lebensstil, soziale Beziehungen oder Umweltbedingungen, in den Hintergrund drängen.

In diesem Zusammenhang werden die sozialen Determinanten der Gesundheit oft vernachlässigt. Faktoren wie Bildung, Einkommen, Arbeitsbedingungen, soziale Unterstützung und Umweltqualität haben einen erheblichen Einfluss auf die Gesundheit, werden aber im medizinisch-fokussierten System häufig unterschätzt. Dies kann zu einer verzerrten gesellschaftlichen Wahrnehmung führen, die die Bedeutung sozialer und umweltbedingter Faktoren für die Gesundheit unterschätzt.

Ein besonders problematischer Aspekt ist die potenzielle Stigmatisierung, die mit bestimmten Diagnosen einhergehen kann. Insbesondere im Bereich der psychischen Gesundheit kann die medizinische Etikettierung zu gesellschaftlicher Ausgrenzung und Diskriminierung führen. Menschen mit psychischen Erkrankungen sehen sich oft mit Vorurteilen und negativen Stereotypen konfrontiert, was ihre soziale Integration und Genesung erschweren kann.

Das defizitorientierte System fördert auch eine gewisse Technologiegläubigkeit. Es entsteht der Eindruck, dass fortschrittliche Technologie und innovative Medikamente die ultimative Lösung für alle Gesundheitsprobleme darstellen. Während technologische Fortschritte zweifellos wichtig sind, kann diese Sichtweise dazu führen, dass einfachere, aber oft effektive Maßnahmen zur Gesundheitsförderung und Krankheitsprävention unterschätzt werden.

Die beschriebenen Wahrnehmungen können sowohl positive als auch negative Auswirkungen haben. Einerseits stärken sie das Vertrauen in medizinische Lösungen und können Menschen ermutigen, bei Gesundheitsproblemen professionelle Hilfe in Anspruch zu nehmen. Andererseits können sie zu einer Vernachlässigung ganzheitlicherer Ansätze zur Gesundheitsförderung führen und die Eigenverantwortung für die Gesundheit schwächen.

Es ist wichtig zu betonen, dass diese gesellschaftlichen Wahrnehmungen nicht statisch sind, sondern sich im Laufe der Zeit verändern können. In den letzten Jahren ist ein wachsendes Bewusstsein für die Grenzen des defizitorientierten Ansatzes zu beobachten. Immer mehr Menschen interessieren sich für ganzheitliche Gesundheitsansätze, Präventionsmaßnahmen und alternative Heilmethoden. Dieses sich wandelnde Bewusstsein könnte langfristig zu einer ausgewogeneren Sichtweise auf Gesundheit und Krankheit führen.

Für eine Weiterentwicklung des Gesundheitssystems und der gesellschaftlichen Wahrnehmung von Gesundheit wäre es wichtig, ein differenzierteres Verständnis von Gesundheit und Krankheit zu fördern. Dies könnte bedeuten, den Fokus stärker auf Gesundheitsförderung und Prävention zu legen, die aktive Rolle des Individuums in der Gesunderhaltung zu betonen und ein ganzheitlicheres Verständnis von Wohlbefinden zu entwickeln, das körperliche, psychische und soziale Aspekte gleichermaßen berücksichtigt.

Zudem wäre es wichtig, die Sensibilität für die sozialen Determinanten der Gesundheit zu erhöhen und gesundheitspolitische Maßnahmen stärker auf diese auszurichten. Eine Entstigmatisierung von Krankheiten, insbesondere im Bereich der psychischen Gesundheit, sollte aktiv gefördert werden, um Betroffenen eine bessere gesellschaftliche Teilhabe zu ermöglichen.

Letztlich geht es darum, ein Gleichgewicht zu finden zwischen der Wertschätzung medizinischer Fortschritte und der Anerkennung der Komplexität menschlicher Gesundheit. Ein solch ausgewogener Ansatz könnte zu einer resilienteren, gesünderen Gesellschaft beitragen, in der individuelle und kollektive Ressourcen zur Gesunderhaltung optimal genutzt werden.

1.5. Die ökonomischen Aspekte dieses Systems

Die ökonomischen Aspekte des defizitorientierten Gesundheitssystems sind komplex und haben weitreichende Auswirkungen auf die Qualität und Zugänglichkeit der Gesundheitsversorgung sowie auf die gesamtwirtschaftliche Entwicklung. Eine genauere Betrachtung dieser Aspekte offenbart sowohl Stärken als auch signifikante Schwächen des aktuellen Systems.

Abrechnungsmodelle spielen eine zentrale Rolle in der Gestaltung der Gesundheitsversorgung. In vielen Ländern basieren diese Modelle auf einer Einzelleistungsvergütung, bei der Ärzte und Krankenhäuser für jede durchgeführte Behandlung oder Untersuchung separat bezahlt werden. Dieses System schafft starke finanzielle Anreize für die Durchführung möglichst vieler medizinischer Leistungen, unabhängig davon, ob diese tatsächlich notwendig oder sinnvoll sind. Es fördert eine Mentalität des "Mehr ist besser" in der medizinischen Versorgung, die zu Überdiagnose und Überbehandlung führen kann. Gleichzeitig werden präventive Maßnahmen, Beratungsgespräche oder komplexe, zeitintensive Behandlungen oft unzureichend vergütet, was dazu führen kann, dass diese vernachlässigt werden.

Alternative Abrechnungsmodelle, wie Pauschalsysteme oder ergebnisorientierte Vergütungen, werden zunehmend diskutiert und in einigen Bereichen erprobt. Diese Ansätze zielen darauf ab, die Qualität und Effizienz der Versorgung zu verbessern, indem sie Anreize für ganzheitliche und präventive Ansätze schaffen. Allerdings bringen auch diese Modelle Herausforderungen mit sich, wie etwa das Risiko einer Unterversorgung oder die Schwierigkeit, Behandlungserfolge adäquat zu messen und zu bewerten.

Die Pharmaindustrie ist ein weiterer zentraler ökonomischer Faktor im Gesundheitssystem. Einerseits treibt sie durch hohe Investitionen in Forschung und Entwicklung den medizinischen Fortschritt voran und ermöglicht die Entwicklung neuer, oft lebensrettender Medikamente. Andererseits steht sie wegen ihrer hohen Gewinnmargen und aggressiven

Marketingstrategien in der Kritik. Die Fokussierung auf profitable Bereiche kann dazu führen, dass weniger lukrative, aber gesellschaftlich wichtige Forschungsfelder vernachlässigt werden. Zudem kann der Druck, neue Medikamente zu vermarkten, zu einer Übermedikalisierung beitragen, bei der auch leichte Beschwerden oder normale Lebensprozesse als behandlungsbedürftige Krankheiten dargestellt werden.

Die hohen Kosten für Medikamente, insbesondere für neue, patentgeschützte Präparate, stellen eine zunehmende Belastung für Gesundheitssysteme dar und können zu Ungleichheiten im Zugang zu innovativen Therapien führen. Gleichzeitig sind diese hohen Preise oft notwendig, um die erheblichen Kosten für Forschung und Entwicklung zu decken und Anreize für weitere Innovationen zu schaffen. Es besteht somit ein Spannungsfeld zwischen dem Bedarf an medizinischem Fortschritt und der Notwendigkeit, Gesundheitsversorgung bezahlbar und zugänglich zu halten.

Technologische Investitionen sind ein weiterer bedeutender ökonomischer Aspekt des defizitorientierten Gesundheitssystems. Fortschrittliche diagnostische und therapeutische Technologien ermöglichen präzisere Diagnosen und effektivere Behandlungen. Allerdings sind diese Technologien oft mit hohen Anschaffungs- und Betriebskosten verbunden. Der Druck, diese Investitionen zu amortisieren, kann zu einer Übernutzung führen, bei der Untersuchungen oder Behandlungen durchgeführt werden, die medizinisch nicht zwingend notwendig sind. Zudem kann die Konzentration auf High-Tech-Medizin dazu führen, dass kostengünstigere, aber möglicherweise ebenso effektive Low-Tech-Ansätze vernachlässigt werden.

Ein weiteres Problem des aktuellen Systems ist die relative Vernachlässigung von Prävention und Gesundheitsförderung. Obwohl Studien zeigen, dass präventive Maßnahmen langfristig oft kosteneffektiver sind als die Behandlung bereits eingetretener Erkrankungen, fließen vergleichsweise geringe Mittel in diesen Bereich. Dies liegt zum Teil daran, dass die Erfolge präventiver Maßnahmen oft erst nach Jahren oder Jahrzehnten sichtbar werden und somit für politische Entscheidungsträger und Krankenversicherungen weniger attraktiv erscheinen. Zudem sind die Ergebnisse präventiver Maßnahmen oft schwieriger zu quantifizieren als die Erfolge kurativer Medizin.

Die steigenden Gesundheitskosten stellen eine große Herausforderung für viele Länder dar. In vielen entwickelten Staaten wachsen die Ausgaben für Gesundheit schneller als das Bruttoinlandsprodukt, was Fragen nach der langfristigen Finanzierbarkeit und Nachhaltigkeit der Gesundheitssysteme aufwirft. Diese Kostenentwicklung wird durch verschiedene Faktoren getrieben, darunter der demografische Wandel, der medizinisch-technische Fortschritt und steigende Erwartungen der Bevölkerung an die Gesundheitsversorgung. Gleichzeitig führt sie zu zunehmenden Belastungen für Arbeitnehmer und Arbeitgeber in Form steigender Krankenversicherungsbeiträge und kann die internationale Wettbewerbsfähigkeit von Volkswirtschaften beeinträchtigen.

Die Ausgestaltung der Krankenversicherungssysteme hat ebenfalls erhebliche ökonomische Implikationen. In Systemen mit privaten Krankenversicherungen können Risikoselektion und einkommensabhängige Zugangsbeschränkungen zu Ungleichheiten in der Gesundheitsversorgung führen. Öffentliche Versicherungssysteme können zwar einen breiteren Zugang gewährleisten, stehen aber oft vor Herausforderungen in Bezug auf Effizienz und Finanzierbarkeit. Die Balance zwischen Solidarität und individueller Verantwortung, zwischen staatlicher Regulierung und marktwirtschaftlichen Elementen ist in vielen Ländern Gegenstand anhaltender gesundheitspolitischer Debatten.

Die wirtschaftlichen Auswirkungen des Gesundheitssystems reichen weit über den Gesundheitssektor hinaus. Einerseits ist der Gesundheitssektor in vielen Ländern ein bedeutender Arbeitgeber und Wirtschaftsfaktor. Innovationen im Gesundheitsbereich können zu technologischen Spillover-Effekten in andere Branchen führen und die gesamtwirtschaftliche Produktivität steigern. Andererseits können hohe Gesundheitsausgaben dazu führen, dass weniger Mittel für andere wichtige Bereiche wie Bildung, Infrastruktur oder Umweltschutz zur Verfügung stehen. Dies kann langfristig negative Auswirkungen auf die wirtschaftliche Entwicklung und das gesellschaftliche Wohlergehen haben.

Ein oft übersehener Aspekt ist der Einfluss des Gesundheitssystems auf die Arbeitswelt und die Produktivität. Ein effektives Gesundheitssystem, das Krankheiten verhindert oder frEin oft übersehener Aspekt ist der Einfluss des Gesundheitssystems auf die Arbeitswelt und die Produktivität. Ein effektives Gesundheitssystem, das Krankheiten verhindert oder früh behandelt, kann zu einer gesünderen und produktiveren Erwerbsbevölkerung führen. Umgekehrt können lange Wartezeiten, unzureichende Behandlungen oder ein Fokus auf kurzfristige Symptomlinderung statt nachhaltiger Gesundheitsförderung zu erhöhten Fehlzeiten und verminderter Arbeitsproduktivität führen.

Die ökonomischen Aspekte des defizitorientierten Gesundheitssystems beeinflussen auch die Forschungslandschaft. Finanzielle Anreize können dazu führen, dass Forschungsgelder vorwiegend in Bereiche fließen, die kurzfristig profitable Ergebnisse versprechen, während wichtige, aber weniger lukrative Forschungsfelder vernachlässigt werden. Dies kann zu einer Verzerrung des medizinischen Fortschritts führen, bei der beispielsweise seltene Krankheiten oder Gesundheitsprobleme in Entwicklungsländern zu wenig Aufmerksamkeit erhalten.

Ein weiterer wichtiger Aspekt ist die Globalisierung des Gesundheitsmarktes. Medizintourismus, internationale Pharmamärkte und der globale Wettbewerb um medizinisches Personal haben erhebliche ökonomische Auswirkungen. Sie können einerseits zu einer effizienteren Ressourcenallokation und einem verbesserten Zugang zu Spitzenmedizin führen, andererseits aber auch zu einer Verstärkung globaler Ungleichheiten in der Gesundheitsversorgung beitragen.

Die zunehmende Digitalisierung und der Einsatz von künstlicher Intelligenz im Gesundheitswesen bieten sowohl Chancen als auch Herausforderungen aus ökonomischer Sicht. Sie versprechen Effizienzsteigerungen und neue Möglichkeiten in Diagnostik und Behandlung, erfordern aber auch hohe Investitionen und werfen Fragen nach Datenschutz und ethischer Verantwortung auf.

Schließlich ist zu beachten, dass die ökonomischen Aspekte des Gesundheitssystems nicht isoliert betrachtet werden können, sondern in enger Wechselwirkung mit sozialen, kulturellen und politischen Faktoren stehen. Die gesellschaftliche Wahrnehmung von Gesundheit und Krankheit, kulturelle Werte und politische Entscheidungsprozesse beeinflussen maßgeblich, wie Ressourcen im Gesundheitssystem verteilt und genutzt werden.

Zusammenfassend lässt sich sagen, dass die ökonomischen Aspekte des defizitorientierten Gesundheitssystems ein komplexes Netzwerk von Anreizen, Zwängen und Wechselwirkungen darstellen. Während das System in vielen Bereichen Effizienz und medizinischen Fortschritt fördert, führt es auch zu Problemen wie Überbehandlung, Vernachlässigung der Prävention und steigenden Kosten. Eine Reform des Systems müsste diese vielfältigen ökonomischen Faktoren berücksichtigen und Wege finden, um finanzielle Anreize besser mit den Zielen einer ganzheitlichen, präventiven und patientenzentrierten Gesundheitsversorgung in Einklang zu bringen. Dies erfordert einen interdisziplinären Ansatz, der ökonomische, medizinische, ethische und soziale Perspektiven integriert, um ein nachhaltigeres und gerechteres Gesundheitssystem zu schaffen.

1.6. Alternative Modelle mit ganzheitlichem oder ressourcenorientiertem Ansatz

Als Antwort auf die Kritik am defizitorientierten Gesundheitssystem haben sich in den letzten Jahrzehnten verschiedene alternative Modelle entwickelt, die einen ganzheitlicheren oder ressourcenorientierten Ansatz verfolgen. Diese Modelle zielen darauf ab, die Gesundheit in ihrer Gesamtheit zu betrachten und die Stärken und Ressourcen der Menschen in den Vordergrund zu stellen. Im Folgenden werden einige dieser Ansätze detaillierter vorgestellt:

1. Salutogenese:
Das von Aaron Antonovsky entwickelte Konzept der Salutogenese stellt einen fundamentalen Paradigmenwechsel in der Betrachtung von Gesundheit dar. Im Gegensatz zur Pathogenese, die sich mit der Entstehung von Krankheiten befasst, konzentriert sich die Salutogenese auf die Faktoren, die Gesundheit und Wohlbefinden fördern. Zentral ist dabei das Konzept des Kohärenzgefühls, das aus den Komponenten Verstehbarkeit, Handhabbarkeit und Sinnhaftigkeit besteht. Die Salutogenese betont die Bedeutung von Ressourcen und Widerstandsfähigkeit und sieht Gesundheit als einen dynamischen Prozess auf einem Kontinuum zwischen Gesundheit und Krankheit. Dieser Ansatz findet zunehmend Eingang in verschiedene Bereiche des Gesundheitswesens, von der Präventionsarbeit bis zur Rehabilitation.

2. Biopsychosoziales Modell:
Dieses von George L. Engel in den 1970er Jahren vorgeschlagene Modell erweitert die biomedizinische Sichtweise um psychologische und soziale Dimensionen. Es geht davon aus, dass Gesundheit und Krankheit das Ergebnis komplexer Wechselwirkungen zwischen biologischen, psychologischen und sozialen Faktoren sind. Dieser Ansatz berücksichtigt nicht nur physiologische Prozesse, sondern auch individuelle Erfahrungen, Überzeugungen und soziale Kontexte. In der praktischen Anwendung führt dies zu einer umfassenderen Diagnostik und Behandlung, die neben medizinischen Interventionen auch psychologische Unterstützung und soziale Maßnahmen einbezieht.

3. Integrative Medizin:

Die integrative Medizin versucht, die Stärken der konventionellen Medizin mit komplementären und alternativen Ansätzen zu verbinden. Ziel ist es, den Patienten ganzheitlich zu betrachten und die bestmögliche Kombination von Behandlungsmethoden zu finden. Dieser Ansatz berücksichtigt sowohl evidenzbasierte schulmedizinische Verfahren als auch traditionelle Heilmethoden, Naturheilkunde und Mind-Body-Techniken. Die integrative Medizin legt großen Wert auf die aktive Beteiligung des Patienten am Heilungsprozess und betont die Bedeutung von Lebensstilfaktoren wie Ernährung, Bewegung und Stressmanagement.

4. Funktionelle Medizin:

Die funktionelle Medizin betrachtet den Körper als ein vernetztes System und sucht nach den Wurzelursachen von Krankheiten, anstatt sich nur auf die Symptombehandlung zu konzentrieren. Dieser Ansatz berücksichtigt die individuelle Biochemie, Genetik und Lebensstil eines Menschen und zielt darauf ab, die optimale Funktion des Körpers wiederherzustellen. Die funktionelle Medizin nutzt oft ausführliche diagnostische Tests, um Ungleichgewichte im Körper zu identifizieren, und setzt auf personalisierte Behandlungspläne, die Ernährung, Nahrungsergänzungsmittel und Lebensstiländerungen einschließen.

5. Traditionelle Medizinsysteme:

Viele traditionelle Medizinsysteme, wie die Traditionelle Chinesische Medizin (TCM) oder Ayurveda, verfolgen seit Jahrtausenden einen ganzheitlichen Ansatz zur Gesundheit. Diese Systeme betrachten den Menschen als Einheit von Körper, Geist und Seele und sehen Krankheit als ein Ungleichgewicht in diesem System. Behandlungsansätze in der TCM umfassen beispielsweise Akupunktur, Kräutermedizin und Qigong, während Ayurveda individualisierte Ernährungspläne, Kräutertherapien und Yoga einsetzt. Obwohl diese Systeme oft auf anderen philosophischen Grundlagen basieren als die westliche Medizin, finden sie zunehmend Anerkennung und werden in integrative Ansätze einbezogen.

6. Gemeinschaftsbasierte Gesundheitsförderung:

Dieser Ansatz erkennt an, dass Gesundheit nicht nur eine individuelle Angelegenheit ist, sondern stark von sozialen und umweltbedingten Faktoren beeinflusst wird. Gemeinschaftsbasierte Programme zielen darauf ab, die Gesundheit ganzer Bevölkerungsgruppen zu verbessern, indem sie die Lebensbedingungen und sozialen Determinanten der Gesundheit adressieren. Dies kann Initiativen zur Verbesserung der Ernährungssituation, der Wohnverhältnisse oder der Bildungschancen umfassen. Ein wichtiger Aspekt ist die aktive Beteiligung der Gemeinschaft an der Planung und Umsetzung von Gesundheitsförderungsmaßnahmen.

7. Personalisierte Medizin:

Die personalisierte oder Präzisionsmedizin nutzt fortschrittliche diagnostische Methoden, einschließlich genetischer Tests, um Behandlungen auf die individuellen Charakteristika eines Patienten abzustimmen. Dieser Ansatz berücksichtigt, dass Menschen unterschiedlich auf Medikamente und Therapien ansprechen können, und zielt darauf ab, die effektivste Behandlung für jeden Einzelnen zu finden. Obwohl die personalisierte Medizin oft mit hochspezialisierten medizinischen Interventionen assoziiert wird, kann sie auch ganzheitliche Aspekte einbeziehen, indem sie individuelle Umwelt- und Lebensstilfaktoren berücksichtigt.

8. Recovery-Modell:

Besonders in der psychischen Gesundheitsversorgung hat sich das Recovery-Modell als wichtiger alternativer Ansatz etabliert. Es betont die Fähigkeit von Menschen mit psychischen Erkrankungen, ein erfülltes und selbstbestimmtes Leben zu führen, auch wenn Symptome fortbestehen. Der Recovery-Ansatz fokussiert auf individuelle Stärken, Hoffnung und Selbstbestimmung und sieht die Betroffenen als Experten für ihre eigene Genesung. Wichtige Elemente sind Peer-Support, die Förderung von Empowerment und die Überwindung von Stigmatisierung.

Diese alternativen Modelle haben gemeinsam, dass sie die aktive Rolle des Individuums in der Gesunderhaltung und im Genesungsprozess betonen. Sie erkennen an, dass Gesundheit mehr ist als die Abwesenheit von Krankheit und berücksichtigen die vielfältigen Faktoren, die das Wohlbefinden beeinflussen. Viele dieser Ansätze legen großen Wert auf Prävention und die Förderung von Resilienz und Selbstheilungskräften. Sie streben danach, alle Lebensbereiche eines Menschen in die Gesundheitsversorgung einzubeziehen und eine ganzheitliche Sichtweise auf Gesundheit und Wohlbefinden zu fördern.

Die Implementierung dieser alternativen Modelle in bestehende Gesundheitssysteme stellt jedoch oft eine Herausforderung dar. Sie erfordern häufig einen Paradigmenwechsel in der Ausbildung von Gesundheitsfachkräften, in der Organisation von Gesundheitsdiensten und in der Gesundheitspolitik. Dennoch gewinnen diese Ansätze zunehmend an Bedeutung, da sie das Potenzial haben, nicht nur die Gesundheitsversorgung zu verbessern, sondern auch die Kosten im Gesundheitswesen langfristig zu senken.

Ein wichtiger Aspekt vieler dieser Modelle ist die interdisziplinäre Zusammenarbeit. Sie erkennen an, dass eine effektive Gesundheitsversorgung die Expertise verschiedener Fachrichtungen erfordert - von der Medizin über die Psychologie bis hin zur Sozialarbeit und Ernährungswissenschaft. Diese interdisziplinäre Herangehensweise ermöglicht es, komplexe Gesundheitsprobleme aus verschiedenen Perspektiven zu betrachten und ganzheitliche Lösungsansätze zu entwickeln.

Darüber hinaus betonen viele dieser alternativen Modelle die Bedeutung der Patientenautonomie und der partizipativen Entscheidungsfindung. Sie sehen Patienten nicht als passive Empfänger von Gesundheitsleistungen, sondern als aktive Partner im Gesundheitsprozess. Dies fördert nicht nur die Adhärenz zu Behandlungsplänen, sondern stärkt auch das Selbstwirksamkeitsgefühl der Patienten.

Ein weiterer wichtiger Aspekt ist die Berücksichtigung kultureller und sozialer Faktoren in der Gesundheitsversorgung. Viele der vorgestellten

Modelle erkennen an, dass Gesundheitsvorstellungen und -praktiken kulturell geprägt sind und dass eine effektive Gesundheitsversorgung diese kulturellen Unterschiede berücksichtigen muss.

Zusammenfassend lässt sich sagen, dass diese alternativen Modelle einen wichtigen Beitrag zur Weiterentwicklung des Gesundheitssystems leisten. Sie bieten innovative Ansätze, um den komplexen Herausforderungen der modernen Gesundheitsversorgung zu begegnen und eine ganzheitlichere, patientenzentrierte und ressourcenorientierte Versorgung zu gewährleisten. Die Integration dieser Ansätze in das bestehende Gesundheitssystem birgt das Potenzial, die Qualität der Gesundheitsversorgung zu verbessern, die Patientenzufriedenheit zu erhöhen und langfristig zu einer gesünderen Gesellschaft beizutragen.

1.7. Paradigmenwechsel in der Gesundheitsversorgung

Ein Paradigmenwechsel in der Gesundheitsversorgung wäre ein tiefgreifender und weitreichender Prozess, der das gesamte System der Gesundheitsversorgung sowie das gesellschaftliche Verständnis von Gesundheit und Krankheit grundlegend verändern würde. Dieser Wandel könnte viele verschiedene Aspekte umfassen und hätte weitreichende Auswirkungen sowohl auf Individuen als auch auf die Gesellschaft als Ganzes.

Zunächst einmal würde ein solcher Paradigmenwechsel eine Verlagerung des Fokus von der Krankheitsbehandlung zur Gesundheitsförderung bedeuten. Dies würde eine signifikante Aufwertung von Prävention und Gesundheitsbildung mit sich bringen. Statt primär in die Behandlung bereits bestehender Krankheiten zu investieren, würden verstärkt Ressourcen in Programme und Maßnahmen fließen, die darauf abzielen, Gesundheit zu erhalten und zu fördern. Dies könnte beispielsweise durch umfassende Bildungsprogramme in Schulen und Gemeinden, durch die Förderung gesunder Lebensstile oder durch die Schaffung gesundheitsförderlicher Umgebungen in Städten und Arbeitsplätzen geschehen.

Ein weiterer zentraler Aspekt wäre eine stärkere Patientenzentrierung. In einem reformierten Gesundheitssystem würden Patienten nicht mehr als passive Empfänger medizinischer Leistungen betrachtet, sondern als aktive Partner im Gesundheitsprozess. Dies würde eine verstärkte Einbeziehung der Patienten in Entscheidungsprozesse und in die Behandlungsplanung bedeuten. Konzepte wie "Shared Decision Making" würden an Bedeutung gewinnen, wobei Ärzte und Patienten gemeinsam Behandlungsoptionen diskutieren und Entscheidungen treffen. Diese Entwicklung würde die Autonomie und Selbstwirksamkeit der Patienten stärken und könnte zu einer höheren Zufriedenheit und besseren Behandlungsergebnissen führen.

Ein ganzheitlicher Ansatz wäre ein weiteres Kernmerkmal eines reformierten Gesundheitssystems. Statt sich primär auf einzelne Krankheiten oder Organsysteme zu konzentrieren, würde der Mensch als Ganzes in den Blick genommen. Dies würde bedeuten, dass neben physischen auch psychische, soziale und möglicherweise sogar spirituelle Aspekte der Gesundheit berücksichtigt werden. Eine solche Herangehensweise würde anerkennen, dass Gesundheit und Krankheit komplexe Phänomene sind, die von vielen verschiedenen Faktoren beeinflusst werden.

Um diesen ganzheitlichen Ansatz umzusetzen, wäre eine verstärkte interdisziplinäre Zusammenarbeit erforderlich. Anstelle der oft isolierten Arbeit verschiedener medizinischer Fachrichtungen würden interdisziplinäre Teams zur Norm werden. Diese Teams könnten neben Ärzten verschiedener Fachrichtungen auch Psychologen, Sozialarbeiter, Ernährungsberater, Physiotherapeuten und andere Gesundheitsfachkräfte umfassen. Durch diese Zusammenarbeit könnte eine umfassendere und koordiniertere Versorgung gewährleistet werden.

Die Integration von Technologie würde in einem reformierten Gesundheitssystem eine wichtige Rolle spielen. E-Health-Anwendungen und Telemedizin könnten genutzt werden, um den Zugang zur Gesundheitsversorgung zu verbessern, insbesondere in ländlichen oder unterversorgten Gebieten. Digitale Gesundheitsplattformen könnten es Patienten ermöglichen, ihre Gesundheitsdaten zu verwalten und mit Gesundheitsdienstleistern zu teilen. Künstliche Intelligenz und Big Data-Analysen könnten zur Früherkennung von Krankheiten und zur Entwicklung personalisierter Präventions- und Behandlungsstrategien eingesetzt werden.

Ein weiterer wichtiger Aspekt wäre eine stärkere Gemeinschaftsorientierung. Das reformierte Gesundheitssystem würde anerkennen, dass Gesundheit nicht nur eine individuelle, sondern auch eine gemeinschaftliche Angelegenheit ist. Dies könnte zur Stärkung lokaler Gesundheitsstrukturen und -ressourcen führen. Gemeindebasierte Gesundheitsprogramme, Selbsthilfegruppen und Nachbarschaftsinitiativen könnten eine größere Rolle spielen. Diese Entwicklung könnte dazu beitragen, soziale Bindungen zu stärken und die Resilienz von Gemeinschaften zu erhöhen.

Nachhaltigkeit wäre ein weiterer wichtiger Aspekt eines reformierten Gesundheitssystems. Angesichts der zunehmenden Erkenntnis, dass Umwelt und Gesundheit eng miteinander verknüpft sind, würde ein nachhaltiger Ansatz in der Gesundheitsversorgung an Bedeutung gewinnen. Dies könnte die Berücksichtigung ökologischer Aspekte bei der Planung und Durchführung von Gesundheitsdienstleistungen, die Förderung umweltfreundlicher Praktiken in Gesundheitseinrichtungen und die Sensibilisierung für die gesundheitlichen Auswirkungen des Klimawandels umfassen.

Die Auswirkungen eines solchen Paradigmenwechsels auf Individuen und die Gesellschaft wären vielfältig und weitreichend. Auf individueller Ebene könnte dies zu einer Stärkung der Gesundheitskompetenz und der Eigenverantwortung führen. Menschen würden befähigt, informiertere Entscheidungen über ihre Gesundheit zu treffen und aktiver an der Erhaltung und Förderung ihrer Gesundheit mitzuwirken. Dies könnte zu einer Verbesserung der allgemeinen Gesundheit und Lebensqualität führen.

Auf gesellschaftlicher Ebene könnte ein solcher Wandel zu einer Reduzierung von Gesundheitsungleichheiten beitragen. Durch den Fokus auf Prävention und Gesundheitsförderung sowie durch die Stärkung gemeinschaftsbasierter Ansätze könnten auch benachteiligte Gruppen besser erreicht und unterstützt werden. Dies könnte langfristig zu einer gerechteren Verteilung von Gesundheitschancen in der Gesellschaft führen.

Ein weiterer potenzieller Effekt wäre eine Veränderung des gesellschaftlichen Verständnisses von Gesundheit und Krankheit. Statt Gesundheit als Abwesenheit von Krankheit zu definieren, würde sich ein positiveres und umfassenderes Verständnis von Gesundheit als Zustand des umfassenden körperlichen, geistigen und sozialen Wohlbefindens durchsetzen. Dies könnte zu einer Entstigmatisierung von Krankheiten, insbesondere im Bereich der psychischen Gesundheit, beitragen.

Ökonomisch betrachtet könnte ein solcher Paradigmenwechsel langfristig zu einer Senkung der Gesundheitskosten führen. Durch den verstärkten Fokus auf Prävention und Gesundheitsförderung könnten kostspielige Behandlungen von chronischen Erkrankungen reduziert werden. Allerdings würde ein solcher Wandel zunächst erhebliche Investitionen erfordern, etwa in die Umstrukturierung des Gesundheitssystems, in Präventionsprogramme und in die Ausbildung von Gesundheitsfachkräften.

Die Umsetzung eines solchen Die Umsetzung eines solchen Paradigmenwechsels wäre zweifellos mit erheblichen Herausforderungen verbunden. Es würde tiefgreifende Veränderungen in der Ausbildung von Gesundheitsfachkräften erfordern, wobei ein stärkerer Fokus auf ganzheitliche Ansätze, Prävention und patientenzentrierte Versorgung gelegt werden müsste. Auch die Finanzierungsstrukturen des Gesundheitssystems müssten grundlegend überarbeitet werden, um Anreize für präventive Maßnahmen und langfristige Gesundheitsförderung zu schaffen, anstatt primär die Behandlung von Krankheiten zu vergüten.

Darüber hinaus würde ein solcher Wandel auch eine Anpassung der rechtlichen und regulatorischen Rahmenbedingungen erfordern, um neue Versorgungsmodelle und -strukturen zu ermöglichen und zu unterstützen. Dies könnte beispielsweise die Anerkennung und Integration alternativer Heilmethoden oder die Regulierung von digitalen Gesundheitsanwendungen betreffen.

Ein weiterer wichtiger Aspekt wäre die Förderung der Forschung in Bereichen wie Präventivmedizin, Gesundheitsförderung und integrative Medizin. Dies könnte zu neuen Erkenntnissen über wirksame Präventionsstrategien und ganzheitliche Behandlungsansätze führen und somit die Evidenzbasis für den neuen Ansatz stärken.

Die gesellschaftlichen Auswirkungen eines solchen Paradigmenwechsels wären weitreichend. Es könnte zu einer Kultur der "Gesundheitsbewusstheit" führen, in der Menschen aktiv und selbstverantwortlich an ihrer Gesunderhaltung arbeiten. Dies könnte positive Auswirkungen auf viele Lebensbereiche haben, von der Ernährung über Bewegung bis hin zur Work-Life-Balance.

Gleichzeitig müsste darauf geachtet werden, dass dieser Fokus auf Gesundheit und Prävention nicht zu einer übermäßigen "Gesundheitsfixierung" oder zur Stigmatisierung von Menschen mit Krankheiten führt. Es wäre wichtig, ein ausgewogenes Verständnis zu fördern, das Gesundheit als wichtigen, aber nicht alleinigen Aspekt eines erfüllten Lebens betrachtet.

In Bezug auf die öffentliche Gesundheit könnte ein solcher Paradigmenwechsel zu einer besseren Vorbereitung auf künftige Gesundheitsherausforderungen führen. Ein System, das auf Prävention, Gemeinschaftsorientierung und Flexibilität ausgerichtet ist, könnte möglicherweise besser auf Pandemien oder andere gesundheitliche Krisen reagieren.

Letztendlich könnte ein solcher Paradigmenwechsel zu einem resilienteren und nachhaltigeren Gesundheitssystem führen, das besser in der Lage ist, den komplexen Gesundheitsherausforderungen des 21. Jahrhunderts zu begegnen. Es würde einen Wandel von einem reaktiven, krankheitsorientierten System zu einem proaktiven, gesundheitsorientierten System darstellen.

Dieser Wandel wäre kein schneller oder einfacher Prozess. Er würde Zeit, Ressourcen und den Willen zur Veränderung auf allen Ebenen - von politischen Entscheidungsträgern über Gesundheitsfachkräfte bis hin zu einzelnen Bürgern - erfordern. Doch angesichts der potenziellen Vorteile für die Gesundheit und das Wohlbefinden der Bevölkerung sowie für die Nachhaltigkeit des Gesundheitssystems könnte es sich um eine lohnende und notwendige Transformation handeln.

Zusammenfassend lässt sich sagen, dass ein Paradigmenwechsel in der Gesundheitsversorgung das Potenzial hätte, nicht nur die Art und Weise, wie wir Gesundheit und Krankheit verstehen und behandeln, grundlegend zu verändern, sondern auch weitreichende Auswirkungen auf die Gesellschaft als Ganzes zu haben. Es wäre ein komplexer und herausfordernder Prozess, der aber letztendlich zu einem gesünderen, gerechteren und nachhaltigeren Gesundheitssystem führen könnte.

1.8. Prävention und Früherkennung im Kontext des aktuellen Gesundheitssystems

Prävention und Früherkennung haben in den letzten Jahrzehnten zunehmend an Bedeutung gewonnen und werden als wesentliche Komponenten eines modernen Gesundheitssystems anerkannt. Dennoch bleiben sie oft im Schatten der kurativen Medizin, die sich auf die Behandlung bereits bestehender Krankheiten konzentriert. Diese Diskrepanz zwischen der anerkannten Wichtigkeit präventiver Maßnahmen und ihrer tatsächlichen Implementierung im Gesundheitssystem verdient eine genauere Betrachtung.

Grundsätzlich unterscheidet man drei Ebenen der Prävention:

1. Primärprävention: Diese zielt darauf ab, das Auftreten von Krankheiten von vornherein zu verhindern. Sie umfasst Maßnahmen zur Gesundheitsförderung und Risikoreduktion. Beispiele hierfür sind Impfungen, die vor Infektionskrankheiten schützen, Ernährungsberatung zur Vorbeugung von Herz-Kreislauf-Erkrankungen und Diabetes, sowie Bewegungsprogramme zur Stärkung des Muskel-Skelett-Systems und zur Verbesserung der allgemeinen Fitness.

2. Sekundärprävention: Hier geht es um die Früherkennung von Krankheiten, bevor sie symptomatisch werden. Typische Beispiele sind Screeningprogramme für verschiedene Krebsarten wie Brust-, Darm- oder Prostatakrebs, aber auch Vorsorgeuntersuchungen für Herz-Kreislauf-Erkrankungen oder Diabetes.

3. Tertiärprävention: Diese Form der Prävention richtet sich an Menschen, die bereits erkrankt sind. Ziel ist es, Folgeschäden zu verhindern oder zu minimieren und die Lebensqualität trotz chronischer Erkrankung zu erhalten oder zu verbessern. Ein Beispiel hierfür sind Rehabilitationsmaßnahmen nach einem Herzinfarkt oder Schlaganfall.

Trotz der offensichtlichen Vorteile präventiver Maßnahmen sieht sich das Gesundheitssystem bei deren Umsetzung mit erheblichen Herausforderungen konfrontiert:

1. Unterfinanzierung: Präventive Maßnahmen werden oft als "Zusatzleistungen" betrachtet und sind daher häufig unterfinanziert im Vergleich zur kurativen Medizin. Dies liegt zum Teil daran, dass die Effekte von Prävention oft erst langfristig sichtbar werden und schwerer zu quantifizieren sind als die unmittelbaren Ergebnisse einer Behandlung.

2. Schwierigkeiten bei der Messung und Finanzierung langfristiger Effekte: Der Erfolg präventiver Maßnahmen zeigt sich oft erst nach Jahren oder sogar Jahrzehnten. Dies macht es schwierig, ihre Wirksamkeit zu belegen und entsprechende Finanzierungsmodelle zu entwickeln. Krankenkassen und Gesundheitssysteme sind oft auf kurzfristige Erfolge ausgerichtet, was die Investition in langfristige präventive Strategien erschwert.

3. Mangelnde Integration in die Regelversorgung: Viele präventive Angebote existieren parallel zur regulären medizinischen Versorgung, anstatt integraler Bestandteil derselben zu sein. Dies kann zu Informationslücken und unkoordinierten Maßnahmen führen.

4. Ungleicher Zugang: Präventive Angebote erreichen oft nicht diejenigen, die sie am dringendsten benötigen. Sozioökonomisch benachteiligte Gruppen, die häufig ein höheres Gesundheitsrisiko tragen, nehmen Präventionsangebote seltener wahr. Dies kann bestehende gesundheitliche Ungleichheiten weiter verstärken.

5. Akzeptanz in der Bevölkerung: Nicht alle Menschen sind bereit, Zeit und Mühe in präventive Maßnahmen zu investieren, besonders wenn sie sich gesund fühlen. Dies erfordert umfassende Aufklärung und Motivation.

Trotz dieser Herausforderungen bietet eine verstärkte Integration von Prävention und Früherkennung in das Gesundheitssystem erhebliche Potenziale:

1. Kosteneinsparungen: Durch die Verhinderung von Krankheiten und Komplikationen können langfristig erhebliche Kosten im Gesundheitssystem eingespart werden. Studien zeigen, dass jeder in Prävention investierte Euro ein Vielfaches an Behandlungskosten einsparen kann.

2. Verbesserung der Lebensqualität: Präventive Maßnahmen können nicht nur Krankheiten verhindern, sondern auch die allgemeine Lebensqualität und Leistungsfähigkeit verbessern. Dies hat positive Auswirkungen auf die individuelle Zufriedenheit und die gesamtgesellschaftliche Produktivität.

3. Personalisierte Prävention: Fortschritte in der Genetik und Datenanalyse ermöglichen zunehmend individualisierte Präventionsstrategien. Basierend auf genetischen Risikofaktoren und Lebensstildaten können maßgeschneiderte Präventionsprogramme entwickelt werden, die besonders effektiv sind.

4. Stärkung der Gesundheitskompetenz: Präventionsprogramme bieten die Möglichkeit, die Gesundheitskompetenz in der Bevölkerung zu stärken. Menschen lernen, selbstverantwortlich mit ihrer Gesundheit umzugehen und informierte Entscheidungen zu treffen.

5. Entlastung des Gesundheitssystems: Durch die Verringerung der Krankheitslast können Ressourcen im Gesundheitssystem effizienter eingesetzt werden, was besonders angesichts des demografischen Wandels und der Zunahme chronischer Erkrankungen von Bedeutung ist.

Um das volle Potenzial von Prävention und Früherkennung auszuschöpfen, sind systemische Veränderungen im Gesundheitswesen erforderlich:

1. Neuausrichtung von Finanzierungsmodellen: Es bedarf Anreizsysteme, die langfristige Investitionen in Prävention belohnen. Dies könnte beispielsweise durch die Einführung von Präventionsbudgets für Krankenkassen oder steuerliche Anreize für Unternehmen, die in die Gesundheitsförderung ihrer Mitarbeiter investieren, erreicht werden.

2. Integration in die Primärversorgung: Präventive Maßnahmen sollten stärker in die hausärztliche Versorgung integriert werden. Hausärzte könnten als "Präventionsmanager" fungieren, die ihre Patienten umfassend beraten und zu präventiven Maßnahmen motivieren.

3. Digitale Lösungen: E-Health-Anwendungen und Gesundheits-Apps können genutzt werden, um präventive Maßnahmen zu unterstützen und zu monitoren. Sie bieten die Möglichkeit, Menschen kontinuierlich zu begleiten und zu motivieren.

4. Interdisziplinäre Zusammenarbeit: Eine effektive Prävention erfordert die Zusammenarbeit verschiedener Disziplinen, von der Medizin über die Psychologie bis hin zur Soziologie. Nur so können ganzheitliche Präventionsstrategien entwickelt werden, die alle relevanten Faktoren berücksichtigen.

5. Fokus auf vulnerable Gruppen: Es müssen gezielte Anstrengungen unternommen werden, um präventive Maßnahmen für sozioökonomisch benachteiligte und schwer erreichbare Gruppen zugänglich zu machen. Dies könnte durch aufsuchende Angebote, kulturell sensible Programme und die Zusammenarbeit mit Gemeinden und lokalen Organisationen erreicht werden.

6. Evidenzbasierte Prävention: Die Wirksamkeit präventiver Maßnahmen sollte kontinuierlich evaluiert und verbessert werden. Dies erfordert langfristige Studien und die Entwicklung geeigneter Messinstrumente für präventive Erfolge.

7. Bildung und Aufklärung: Eine umfassende Gesundheitsbildung sollte bereits in Schulen beginnen und sich durch alle Lebensphasen ziehen. Nur wenn Menschen die Zusammenhänge zwischen Lebensstil und Gesundheit verstehen, können sie informierte Entscheidungen treffen.

8. Betriebliche Gesundheitsförderung: Unternehmen sollten ermutigt und unterstützt werden, umfassende Programme zur Gesundheitsförderung für ihre Mitarbeiter anzubieten. Dies kann nicht nur die Gesundheit der Beschäftigten verbessern, sondern auch zu höherer Produktivität und geringeren Fehlzeiten führen.

9. Umweltbezogene Prävention: Die Gestaltung gesundheitsförderlicher Lebensräume, wie etwa die Schaffung von Grünflächen in Städten oder die Verbesserung der Luftqualität, sollte als Teil der Präventionsstrategie betrachtet werden.

10. Politische Rahmenbedingungen: Es bedarf einer gesundheitsfördernden Gesamtpolitik, die Prävention in allen Politikbereichen berücksichtigt - von der Stadtplanung über die Bildungspolitik bis hin zur Steuerpolitik (z.B. durch höhere Besteuerung gesundheitsschädlicher Produkte).

Zusammenfassend lässt sich sagen, dass Prävention und Früherkennung im aktuellen Gesundheitssystem zwar an Bedeutung gewinnen, aber noch nicht den Stellenwert einnehmen, der ihrer potenziellen Wirksamkeit entspricht. Eine Neuausrichtung des Gesundheitssystems hin zu einem stärker präventiv orientierten Ansatz verspricht nicht nur erhebliche gesundheitliche Vorteile für den Einzelnen, sondern auch ökonomische Vorteile für die Gesellschaft als Ganzes.

Diese Transformation erfordert jedoch ein Umdenken auf vielen Ebenen - von der individuellen Verantwortung für die eigene Gesundheit über die Organisation des Gesundheitssystems bis hin zu politischen Entscheidungen. Es bedarf eines ganzheitlichen Ansatzes, der die komplexen Zusammenhänge zwischen Lebensstil, Umwelt, sozialen Faktoren und Gesundheit berücksichtigt.

Die Herausforderung für die Zukunft wird darin bestehen, ein ausgewogenes Verhältnis zwischen Prävention, Früherkennung und kurativer Medizin zu finden. Dabei muss das Ziel sein, ein Gesundheitssystem zu schaffen, das nicht nur Krankheiten behandelt, sondern aktiv Gesundheit fördert und erhält. Dies erfordert langfristiges Denken, kontinuierliche Innovation und den Mut, etablierte Strukturen zu hinterfragen und neu zu gestalten.

Letztendlich kann ein solcher Paradigmenwechsel zu einem nachhaltigeren, effektiveren und menschenzentrierten Gesundheitssystem führen, das besser in der Lage ist, den gesundheitlichen Herausforderungen des 21. Jahrhunderts zu begegnen.

Kapitel 2: Salutogenese als Gegenentwurf zum defizitorientierten Ansatz

In einer Zeit, in der das moderne Gesundheitssystem zunehmend kritisch hinterfragt wird, gewinnt ein alternativer Ansatz an Bedeutung: die Salutogenese. Dieses Konzept, das vom israelisch-amerikanischen Medizinsoziologen Aaron Antonovsky in den 1970er Jahren entwickelt wurde, stellt einen Paradigmenwechsel in der Betrachtung von Gesundheit und Krankheit dar. Im Gegensatz zum traditionellen, defizitorientierten Modell, das sich primär auf die Entstehung und Behandlung von Krankheiten konzentriert, richtet die Salutogenese den Blick auf die Entstehung und Erhaltung von Gesundheit.

Der Begriff "Salutogenese" setzt sich zusammen aus dem lateinischen Wort "salus" (Gesundheit, Wohlbefinden) und dem griechischen Wort "genesis" (Entstehung). Schon in dieser Wortzusammensetzung wird deutlich, dass es sich um einen Ansatz handelt, der die Ursprünge und Quellen von Gesundheit in den Mittelpunkt stellt. Diese Perspektive markiert einen radikalen Bruch mit der traditionellen Sichtweise der Pathogenese, die sich mit der Entstehung und dem Verlauf von Krankheiten befasst.

Antonovsky entwickelte das Konzept der Salutogenese basierend auf seinen Forschungen zu Überlebenden des Holocaust. Er stellte fest, dass einige Menschen trotz extremer Belastungen und traumatischer Erfahrungen in der Lage waren, ein gesundes und erfülltes Leben zu führen. Diese Beobachtung führte ihn zu der Frage, was Menschen gesund erhält, anstatt sich darauf zu konzentrieren, was sie krank macht. Diese Verschiebung des Fokus von der Krankheit zur Gesundheit bildet den Kern des salutogenetischen Denkens.

Ein zentrales Element der Salutogenese ist das Konzept des Kohärenzgefühls (Sense of Coherence, SOC). Antonovsky definierte das Kohärenzgefühl als eine globale Orientierung, die das Ausmaß ausdrückt, in dem man ein durchdringendes, andauerndes und dennoch dynamisches Gefühl des Vertrauens hat, dass:

-die Stimuli, die sich im Verlauf des Lebens aus der inneren und äußeren Umgebung ergeben, strukturiert, vorhersehbar und erklärbar sind (Verstehbarkeit);

-einem die Ressourcen zur Verfügung stehen, um den Anforderungen, die diese Stimuli stellen, zu begegnen (Handhabbarkeit);

-diese Anforderungen Herausforderungen sind, die Anstrengung und Engagement lohnen (Bedeutsamkeit).

Das Kohärenzgefühl ist somit eine Art Lebensorientierung, die es Menschen ermöglicht, mit Stressoren und Herausforderungen konstruktiv umzugehen. Es ist nicht als statische Eigenschaft zu verstehen, sondern als eine dynamische Disposition, die sich im Laufe des Lebens entwickeln und verändern kann.

Ein weiteres wichtiges Konzept in der Salutogenese sind die generalisierten Widerstandsressourcen (Generalized Resistance Resources, GRRs). Diese umfassen alle Faktoren, die einer Person helfen, mit Stressoren umzugehen und Gesundheit zu erhalten oder wiederherzustellen. Dazu können materielle Ressourcen (z.B. Geld), Wissen und Intelligenz, Ich-Identität, Bewältigungsstrategien, soziale Unterstützung, kulturelle Stabilität und sogar genetische Faktoren gehören. Die Verfügbarkeit und effektive Nutzung dieser Ressourcen tragen zur Entwicklung und Stärkung des Kohärenzgefühls bei.

Im Gegensatz zum pathogenetischen Modell, das Gesundheit und Krankheit als dichotome Zustände betrachtet, sieht die Salutogenese sie als Kontinuum. Antonovsky prägte dafür den Begriff des "Gesundheits-Krankheits-Kontinuums". An einem Ende dieses Kontinuums befindet sich der Zustand völliger Gesundheit (ease), am anderen Ende der Zustand völliger Krankheit (dis-ease). Menschen bewegen sich ständig auf diesem Kontinuum, und das Ziel ist es, sich in Richtung des gesunden Pols zu bewegen.

Die salutogenetische Perspektive hat weitreichende Implikationen für das Verständnis von Gesundheit und die Gestaltung von Gesundheitssystemen. Anstatt sich ausschließlich auf die Bekämpfung von Krankheiten zu konzentrieren, legt sie den Schwerpunkt auf die Stärkung von Ressourcen und die Förderung von Faktoren, die zur Gesunderhaltung beitragen. Dies bedeutet eine Verlagerung des Fokus von der Krankheitsprävention zur aktiven Gesundheitsförderung.

In der Praxis kann dies zu einem ganzheitlicheren Ansatz in der Gesundheitsversorgung führen. Statt Patienten nur als Träger von Symptomen oder Krankheiten zu betrachten, werden sie als komplexe Individuen mit einer Vielzahl von Ressourcen und Potenzialen wahrgenommen. Behandlungsansätze zielen darauf ab, diese Ressourcen zu aktivieren und zu stärken, anstatt sich ausschließlich auf die Beseitigung von Defiziten zu konzentrieren.

Die Salutogenese hat auch Auswirkungen auf die Gesundheitspolitik und Public Health. Sie fördert einen Ansatz, der über die medizinische Versorgung hinausgeht und Aspekte wie Bildung, Arbeitsbedingungen, soziale Unterstützung und Umweltfaktoren als wichtige Determinanten der Gesundheit berücksichtigt. Dies steht im Einklang mit dem von der Weltgesundheitsorganisation (WHO) propagierten Konzept der "Gesundheit in allen Politikbereichen" (Health in All Policies).

Ein weiterer wichtiger Aspekt der Salutogenese ist ihre Betonung der aktiven Rolle des Individuums im Gesundheitsprozess. Im Gegensatz zum traditionellen Modell, in dem Patienten oft als passive Empfänger medizinischer Leistungen betrachtet werden, fördert die Salutogenese eine aktive Beteiligung und Selbstverantwortung. Dies kann zu einer Stärkung der Gesundheitskompetenz und Selbstwirksamkeit führen.

Die Salutogenese bietet auch neue Perspektiven für die Forschung. Anstatt sich ausschließlich auf die Erforschung von Krankheitsursachen zu konzentrieren, regt sie dazu an, die Faktoren zu untersuchen, die zur Gesunderhaltung beitragen. Dies kann zu neuen Erkenntnissen über

Resilienz, Bewältigungsstrategien und die komplexen Wechselwirkungen zwischen biologischen, psychologischen und sozialen Faktoren in der Gesundheitsentstehung führen.

Trotz ihrer zunehmenden Anerkennung steht die Salutogenese auch vor Herausforderungen. Eine davon ist die Schwierigkeit, ihre Konzepte in messbare Größen zu übersetzen und ihre Wirksamkeit nach den Kriterien der evidenzbasierten Medizin nachzuweisen. Während es relativ einfach ist, die Abwesenheit von Krankheit zu messen, ist es weitaus komplexer, Gesundheit im salutogenetischen Sinne zu quantifizieren. Dies erfordert die Entwicklung neuer Forschungsmethoden und Messinstrumente, die der ganzheitlichen Natur des Ansatzes gerecht werden.

Eine weitere Herausforderung liegt in der Integration des salutogenetischen Denkens in bestehende Gesundheitssysteme und -strukturen. Die Umsetzung erfordert nicht nur ein Umdenken bei Gesundheitsfachkräften, sondern auch strukturelle Veränderungen in der Organisation und Finanzierung des Gesundheitswesens. Dies kann auf Widerstand stoßen, insbesondere in Systemen, die stark auf die Behandlung von Krankheiten ausgerichtet sind.

Dennoch bietet die Salutogenese ein vielversprechendes Rahmenkonzept für die Weiterentwicklung des Gesundheitsverständnisses und der Gesundheitsversorgung. Sie ergänzt den pathogenetischen Ansatz, ohne ihn zu ersetzen, und eröffnet neue Möglichkeiten für eine ganzheitlichere und nachhaltigere Gesundheitsförderung.

In den folgenden Abschnitten werden wir die Kernkonzepte der Salutogenese genauer betrachten, ihren Unterschied zur Pathogenese herausarbeiten und ihre praktischen Anwendungsmöglichkeiten in verschiedenen Bereichen des Gesundheitswesens und darüber hinaus erörtern. Wir werden auch die wissenschaftliche Evidenz für die Wirksamkeit salutogenetischer Ansätze untersuchen und diskutieren, wie ein auf Salutogenese basierendes Gesundheitssystem aussehen könnte.

Die Salutogenese stellt uns vor die Herausforderung, unser Denken über Gesundheit und Krankheit grundlegend zu überdenken. Sie lädt uns ein, den Blick von der Pathologie auf die Ressourcen zu richten, von der Behandlung auf die Förderung, und von der Passivität auf die aktive Gestaltung von Gesundheit. In einer Zeit, in der chronische Erkrankungen zunehmen und die Grenzen des rein biomedizinischen Modells immer deutlicher werden, bietet die Salutogenese wertvolle Impulse für eine zukunftsfähige Gestaltung unserer Gesundheitssysteme.

Indem wir uns mit der Salutogenese beschäftigen, öffnen wir den Raum für ein erweitertes Verständnis von Gesundheit, das über die bloße Abwesenheit von Krankheit hinausgeht. Wir betrachten den Menschen in seiner Ganzheit, mit all seinen Ressourcen, Potenzialen und Herausforderungen. Dieser Ansatz hat das Potenzial, nicht nur die individuelle Gesundheit zu verbessern, sondern auch einen Beitrag zu einer gesünderen und resilienteren Gesellschaft zu leisten.

In den folgenden Abschnitten werden wir tiefer in die Theorie und Praxis der Salutogenese eintauchen. Wir werden untersuchen, wie dieses Konzept unser Verständnis von Gesundheit und Krankheit erweitert, welche praktischen Implikationen es für die Gesundheitsversorgung hat und wie es in verschiedenen Kontexten - von der klinischen Praxis über die Gesundheitsförderung bis hin zur Gestaltung von Arbeits- und Lebenswelten - angewendet werden kann.

Dabei werden wir auch kritisch reflektieren, welche Herausforderungen und offenen Fragen es in Bezug auf die Salutogenese gibt. Wie lässt sich das Konzept in bestehende Gesundheitssysteme integrieren? Welche Evidenz gibt es für seine Wirksamkeit? Und wie kann ein salutogenetischer Ansatz dazu beitragen, gesundheitliche Ungleichheiten zu reduzieren und eine gerechtere Gesundheitsversorgung zu schaffen?

Die Auseinandersetzung mit der Salutogenese ist nicht nur eine theoretische Übung, sondern hat weitreichende praktische Implikationen. Sie fordert uns heraus, unsere Rolle als Gesundheitsfachkräfte, als Patienten und als Gesellschaft neu zu definieren. Sie lädt uns ein, Gesundheit nicht als einen Zustand, sondern als einen kontinuierlichen Prozess zu begreifen, den wir aktiv mitgestalten können.

In diesem Sinne ist die Beschäftigung mit der Salutogenese auch eine Einladung zum Perspektivwechsel - weg von einer ausschließlichen Fokussierung auf Probleme und Defizite, hin zu einer Wertschätzung von Ressourcen und Potenzialen. Dieser Wechsel kann nicht nur unser Verständnis von Gesundheit und Krankheit verändern, sondern auch unser Selbstverständnis als Menschen und unsere Art, mit den Herausforderungen des Lebens umzugehen.

Mit dieser Einführung in die Salutogenese legen wir den Grundstein für eine vertiefte Auseinandersetzung mit diesem faszinierenden und zukunftsweisenden Konzept. In den folgenden Abschnitten werden wir seine verschiedenen Aspekte im Detail betrachten und erkunden, wie es unser Denken und Handeln im Bereich der Gesundheit bereichern und transformieren kann.

2.1 Das Konzept der Salutogenese nach Aaron Antonovsky

Das Konzept der Salutogenese, entwickelt von dem israelisch-amerikanischen Medizinsoziologen Aaron Antonovsky in den 1970er Jahren, stellt einen Paradigmenwechsel in der Betrachtung von Gesundheit und Krankheit dar. Im Gegensatz zum traditionellen pathogenetischen Ansatz, der sich auf die Entstehung und Behandlung von Krankheiten konzentriert, richtet die Salutogenese den Fokus auf die Entstehung und Erhaltung von Gesundheit. Die zentrale Frage, die Antonovsky stellte, lautete: "Was hält Menschen gesund?"

Antonovsky entwickelte dieses Konzept basierend auf seinen Studien über Holocaust-Überlebende. Er beobachtete, dass einige Menschen trotz extremer Belastungen und traumatischer Erfahrungen in der Lage waren, ein gesundes und erfülltes Leben zu führen. Diese Beobachtung führte ihn zu der Überzeugung, dass Gesundheit nicht als ein statischer Zustand betrachtet werden sollte, sondern vielmehr als ein dynamischer Prozess.

Ein Kerngedanke der Salutogenese ist, dass sich Menschen auf einem Kontinuum zwischen Gesundheit und Krankheit bewegen. Dieses "Gesundheits-Krankheits-Kontinuum" ersetzt die strikte Dichotomie von "gesund" und "krank". Jeder Mensch befindet sich zu jedem Zeitpunkt irgendwo auf diesem Kontinuum und bewegt sich ständig zwischen den Polen. Das Ziel ist es, sich möglichst weit in Richtung des gesunden Pols zu bewegen.

Zentral für das Konzept der Salutogenese ist das "Kohärenzgefühl" (Sense of Coherence, SOC). Antonovsky definierte das Kohärenzgefühl als eine globale Orientierung, die ausdrückt, in welchem Ausmaß man ein durchdringendes, andauerndes und dennoch dynamisches Gefühl des Vertrauens hat, dass

1. die Stimuli, die sich im Verlauf des Lebens aus der inneren und äußeren Umgebung ergeben, strukturiert, vorhersehbar und erklärbar sind (Verstehbarkeit),

2. einem die Ressourcen zur Verfügung stehen, um den Anforderungen, die diese Stimuli stellen, zu begegnen (Handhabbarkeit),

3. diese Anforderungen Herausforderungen sind, die Anstrengung und Engagement lohnen (Bedeutsamkeit).

Das Kohärenzgefühl ist somit eine Art Weltanschauung oder Lebenseinstellung, die es Menschen ermöglicht, Stressoren als Herausforderungen wahrzunehmen, denen sie gewachsen sind, anstatt als überwältigende Bedrohungen.

Ein weiteres wichtiges Element der Salutogenese sind die "generalisierten Widerstandsressourcen" (Generalized Resistance Resources, GRRs). Dabei handelt es sich um verschiedene Faktoren, die Menschen helfen, mit Stressoren umzugehen und ihre Gesundheit zu erhalten. Diese Ressourcen können physischer Natur sein (z.B. ein starkes Immunsystem), psychischer Natur (z.B. Intelligenz, Selbstvertrauen), sozialer Natur (z.B. soziale Unterstützung, kulturelle Stabilität) oder materieller Natur (z.B. Geld, Wohnverhältnisse). Je mehr Widerstandsressourcen einer Person zur Verfügung stehen und je besser sie diese nutzen kann, desto wahrscheinlicher ist es, dass sie Stressoren erfolgreich bewältigt und gesund bleibt.

Antonovsky betonte, dass Stressoren nicht per se negativ sind. Vielmehr können sie, wenn sie erfolgreich bewältigt werden, das Kohärenzgefühl stärken und somit zur Gesundheitsförderung beitragen. Dies steht im Gegensatz zu Ansätzen, die Stress ausschließlich als gesundheitsschädigend betrachten.

Die Salutogenese hat weitreichende Implikationen für das Gesundheitswesen und die Gesundheitsförderung. Sie legt nahe, dass Gesundheitsinterventionen nicht nur darauf abzielen sollten, Krankheiten zu behandeln oder zu verhindern, sondern auch darauf, die Ressourcen und Fähigkeiten von Menschen zu stärken, mit Herausforderungen umzugehen und ihre Gesundheit aktiv zu fördern.

In der Praxis bedeutet dies eine Verschiebung des Fokus von der reinen Krankheitsprävention hin zur Gesundheitsförderung. Es geht darum, Menschen zu befähigen, ihre eigene Gesundheit in die Hand zu nehmen und zu verstehen, welche Faktoren zu ihrer Gesundheit beitragen. Dies kann beispielsweise durch Bildungsprogramme geschehen, die das Gesundheitsbewusstsein stärken, oder durch die Schaffung von Umgebungen, die gesundheitsförderliches Verhalten unterstützen.

Der salutogenetische Ansatz findet zunehmend Anwendung in verschiedenen Bereichen, wie der Arbeitsmedizin, der Pädagogik und der Psychotherapie. In der Arbeitsmedizin beispielsweise führt er zu einem verstärkten Fokus auf die Schaffung gesundheitsförderlicher Arbeitsbedingungen, anstatt sich nur auf die Vermeidung von Arbeitsrisiken zu konzentrieren. In der Pädagogik wird der Ansatz genutzt, um Bildungsumgebungen zu schaffen, die das Kohärenzgefühl von Schülern stärken und ihre Fähigkeit zur Bewältigung von Herausforderungen fördern.

Zusammenfassend lässt sich sagen, dass die Salutogenese einen ganzheitlichen, ressourcenorientierten Ansatz zur Gesundheit darstellt. Sie betont die Bedeutung von Faktoren, die Gesundheit fördern und erhalten, anstatt sich ausschließlich auf die Bekämpfung von Krankheiten zu konzentrieren. Indem sie den Blick auf die Ursprünge der Gesundheit richtet und Menschen als aktive Teilnehmer in ihrem Gesundheitsprozess betrachtet, bietet die Salutogenese eine wertvolle Ergänzung zum traditionellen medizinischen Modell und eröffnet neue Perspektiven für die Gesundheitsförderung und -erhaltung.

2.2 Der Unterschied zwischen Pathogenese und Salutogenese

Die Unterscheidung zwischen Pathogenese und Salutogenese ist von grundlegender Bedeutung für das Verständnis verschiedener Ansätze in der Gesundheitsversorgung und -förderung. Diese beiden Konzepte repräsentieren fundamental unterschiedliche Perspektiven auf Gesundheit und Krankheit, die weitreichende Auswirkungen auf die medizinische Praxis, Forschung und Gesundheitspolitik haben.

Pathogenese:

Die Pathogenese, der traditionelle und dominierende Ansatz in der Medizin, konzentriert sich auf die Entstehung, Entwicklung und den Verlauf von Krankheiten. Der Begriff leitet sich aus dem Griechischen ab: "pathos" bedeutet Leiden oder Krankheit, und "genesis" bedeutet Entstehung. Die zentrale Frage der Pathogenese lautet: "Was macht Menschen krank?"

Charakteristika der Pathogenese:

1. Fokus auf Krankheit: Die Pathogenese betrachtet Gesundheit als den Normalzustand und Krankheit als eine Abweichung davon. Das Hauptziel ist es, Krankheiten zu identifizieren, zu diagnostizieren und zu behandeln.

2. Risikofaktorenmodell: Es wird versucht, spezifische Faktoren zu identifizieren, die das Risiko für bestimmte Krankheiten erhöhen. Dies können genetische Prädispositionen, Umwelteinflüsse oder Verhaltensweisen sein.

3. Spezialisierung: Die pathogenetische Perspektive hat zu einer hochgradig spezialisierten Medizin geführt, in der Ärzte und Forscher sich oft auf bestimmte Organsysteme oder Krankheitsbilder konzentrieren.

4. Reaktiver Ansatz: Die Pathogenese ist oft reaktiv, d.h. sie wird aktiv, wenn bereits Symptome oder Krankheitszeichen vorliegen.

5. Dichotomie von Gesundheit und Krankheit: Menschen werden tendenziell in die Kategorien "krank" oder "gesund" eingeordnet.

6. Expertenzentrierung: Der Arzt oder Gesundheitsexperte wird als primäre Autorität in Fragen der Gesundheit und Krankheit betrachtet.

Salutogenese:

Die Salutogenese, entwickelt von Aaron Antonovsky in den 1970er Jahren, bietet eine alternative Perspektive. Der Begriff setzt sich zusammen aus "salus" (lateinisch für Gesundheit, Wohlbefinden) und "genesis". Die zentrale Frage der Salutogenese lautet: "Was hält Menschen gesund?"

Charakteristika der Salutogenese:

1. Fokus auf Gesundheit: Die Salutogenese untersucht, warum Menschen trotz potenziell gesundheitsschädlicher Einflüsse gesund bleiben oder werden.

2. Ressourcenorientierung: Anstatt sich auf Risikofaktoren zu konzentrieren, legt die Salutogenese den Schwerpunkt auf Ressourcen und Faktoren, die Gesundheit fördern und erhalten.

3. Ganzheitlicher Ansatz: Die Salutogenese betrachtet den Menschen in seiner Gesamtheit und berücksichtigt physische, psychische, soziale und spirituelle Aspekte der Gesundheit.

4. Proaktiver Ansatz: Es wird betont, wie wichtig es ist, aktiv die Gesundheit zu fördern, bevor Krankheiten auftreten.

5. Gesundheits-Krankheits-Kontinuum: Gesundheit und Krankheit werden nicht als sich gegenseitig ausschließende Zustände betrachtet, sondern als ein Kontinuum, auf dem sich Menschen ständig bewegen.

6. Empowerment: Die Salutogenese betont die aktive Rolle des Individuums in der Erhaltung und Förderung seiner eigenen Gesundheit.

7. Kohärenzgefühl: Ein zentrales Konzept der Salutogenese ist das Kohärenzgefühl, das die Fähigkeit eines Menschen beschreibt, die Welt als verstehbar, handhabbar und sinnhaft wahrzunehmen.

Vergleich und Kontrast:

1. Perspektive: Während die Pathogenese nach den Ursachen von Krankheiten sucht, fragt die Salutogenese nach den Ursprüngen der Gesundheit.

2. Menschenbild: Die Pathogenese tendiert dazu, Menschen als passive Empfänger medizinischer Interventionen zu betrachten, während die Salutogenese sie als aktive Teilnehmer in ihrem Gesundheitsprozess sieht.

3. Interventionsansatz: Pathogenetische Interventionen zielen oft darauf ab, spezifische Krankheiten zu behandeln oder zu verhindern. Salutogenetische Interventionen hingegen streben danach, allgemeine Ressourcen und Fähigkeiten zu stärken, die zur Gesunderhaltung beitragen.

4. Zeitliche Orientierung: Die Pathogenese ist oft auf die Gegenwart oder unmittelbare Zukunft ausgerichtet (Behandlung akuter Symptome), während die Salutogenese eine langfristigere Perspektive einnimmt.

5. Gesundheitsdefinition: In der Pathogenese wird Gesundheit oft als Abwesenheit von Krankheit definiert. Die Salutogenese betrachtet Gesundheit als einen dynamischen Prozess und ein multidimensionales Konstrukt.

6. Forschungsfokus: Pathogenetische Forschung konzentriert sich oft auf die Identifizierung von Krankheitsursachen und die Entwicklung spezifischer Behandlungen. Salutogenetische Forschung untersucht Faktoren, die zur Gesundheitserhaltung beitragen, und wie diese gestärkt werden können.

7. Stresskonzept: In der Pathogenese wird Stress hauptsächlich als gesundheitsschädigender Faktor betrachtet. Die Salutogenese sieht Stress als potenziellen Katalysator für persönliches Wachstum und die Entwicklung von Bewältigungsstrategien.

Es ist wichtig zu betonen, dass Pathogenese und Salutogenese nicht als sich gegenseitig ausschließende Ansätze betrachtet werden sollten. Vielmehr ergänzen sie sich und bieten gemeinsam ein umfassenderes Verständnis von Gesundheit und Krankheit. Die Integration beider Perspektiven kann zu einem ganzheitlicheren und effektiveren Gesundheitssystem führen.

Die Pathogenese bleibt unerlässlich für die Diagnose und Behandlung spezifischer Krankheiten, insbesondere in akuten Situationen. Die Salutogenese hingegen bietet wertvolle Einblicke für die langfristige Gesundheitsförderung, Prävention und die Verbesserung der allgemeinen Lebensqualität.

In der Praxis kann eine Integration beider Ansätze beispielsweise bedeuten, dass bei der Behandlung einer chronischen Krankheit nicht nur die spezifischen Symptome behandelt werden (pathogenetischer Ansatz), sondern auch die allgemeinen Ressourcen und Bewältigungsfähigkeiten des Patienten gestärkt werden (salutogenetischer Ansatz).

Für die Zukunft der Gesundheitsversorgung ist es wichtig, ein ausgewogenes Verhältnis zwischen pathogenetischen und salutogenetischen Ansätzen zu finden. Dies erfordert einen Paradigmenwechsel in der medizinischen Ausbildung, der Gesundheitspolitik und der öffentlichen

Wahrnehmung von Gesundheit. Ziel sollte es sein, ein Gesundheitssystem zu entwickeln, das sowohl effektiv Krankheiten behandelt als auch proaktiv die Gesundheit fördert und erhält.

Die Integration von Pathogenese und Salutogenese könnte zu folgenden Verbesserungen führen:

1. Ganzheitliche Patientenversorgung: Ärzte und Gesundheitsdienstleister würden nicht nur Symptome behandeln, sondern auch die Ressourcen und Fähigkeiten der Patienten zur Selbstheilung und Gesundheitserhaltung stärken.

2. Verbesserte Prävention: Durch die Kombination von Risikofaktorenanalyse (pathogenetisch) und Ressourcenstärkung (salutogenetisch) könnten effektivere Präventionsstrategien entwickelt werden.

3. Patientenempowerment: Patienten würden ermutigt, eine aktivere Rolle in ihrer Gesundheitsversorgung zu übernehmen, was zu einer besseren Adhärenz und Gesundheitsergebnissen führen könnte.

4. Kosteneffizienz: Langfristig könnte ein stärkerer Fokus auf Gesundheitsförderung und Prävention zu einer Reduzierung der Gesundheitskosten führen.

5. Verbesserung der öffentlichen Gesundheit: Durch die Berücksichtigung beider Ansätze könnten umfassendere und effektivere Strategien zur Verbesserung der Bevölkerungsgesundheit entwickelt werden.

Abschließend lässt sich sagen, dass sowohl Pathogenese als auch Salutogenese wichtige Perspektiven auf Gesundheit und Krankheit bieten. Während die Pathogenese unerlässlich für die Behandlung spezifischer Krankheiten bleibt, eröffnet die Salutogenese neue Möglichkeiten für die Gesundheitsförderung und Prävention. Eine Integration beider Ansätze verspricht ein umfassenderes und effektiveres Gesundheitssystem, das sowohl auf die Behandlung von Krankheiten als auch auf die

Förderung von Gesundheit und Wohlbefinden ausgerichtet ist. Die Herausforderung für die Zukunft liegt darin, diese beiden Perspektiven in der medizinischen Praxis, Forschung und Gesundheitspolitik ausgewogen zu kombinieren.

2.3 Die Kernelemente der Salutogenese: Kohärenzgefühl, Stressoren und generalisierte Widerstandsressourcen

Die Salutogenese, entwickelt von Aaron Antonovsky, basiert auf drei Kernelementen: dem Kohärenzgefühl, Stressoren und generalisierten Widerstandsressourcen. Diese Elemente bilden das Fundament für ein Gesundheitsverständnis, das sich von der traditionellen pathogenetischen Sichtweise unterscheidet und einen ganzheitlichen Ansatz zur Förderung und Erhaltung von Gesundheit bietet.

Das Kohärenzgefühl (Sense of Coherence, SOC) ist das zentrale Konzept der Salutogenese. Es beschreibt die grundlegende Lebensorientierung eines Menschen und setzt sich aus drei Komponenten zusammen:

1. Verstehbarkeit (Comprehensibility): Dies bezieht sich auf die Fähigkeit eines Individuums, die Welt und die Ereignisse darin als strukturiert, vorhersehbar und erklärbar wahrzunehmen. Menschen mit einem hohen Maß an Verstehbarkeit können Informationen als geordnet, konsistent und klar interpretieren, anstatt sie als chaotisch, zufällig oder unerklärlich zu empfinden. Diese Komponente ermöglicht es Individuen, auch in schwierigen Situationen einen Sinn zu erkennen und diese in einen größeren Zusammenhang einzuordnen.

2. Handhabbarkeit (Manageability): Diese Komponente beschreibt die Überzeugung eines Menschen, dass ihm ausreichend Ressourcen zur Verfügung stehen, um den Anforderungen des Lebens zu begegnen und Herausforderungen zu bewältigen. Diese Ressourcen können sowohl intern (z.B. Fähigkeiten, Wissen, Erfahrungen) als auch extern (z.B. soziale Unterstützung, materielle Mittel) sein. Ein starkes Gefühl der Handhabbarkeit führt dazu, dass Menschen sich als aktive Gestalter ihres Lebens wahrnehmen und nicht als hilflose Opfer der Umstände.

3. Sinnhaftigkeit (Meaningfulness): Dies ist die motivationale Komponente des Kohärenzgefühls. Sie bezieht sich auf das Ausmaß, in dem ein Mensch das Leben als sinnvoll empfindet und glaubt, dass es sich lohnt,

Energie in die Bewältigung von Herausforderungen zu investieren. Menschen mit einem hohen Maß an Sinnhaftigkeit sehen Probleme eher als Herausforderungen, die es wert sind, angegangen zu werden, und nicht als Belastungen, die man lieber vermeiden möchte. Diese Komponente ist entscheidend für die Motivation, sich aktiv mit Lebenssituationen auseinanderzusetzen und nach Lösungen zu suchen.

Das Zusammenspiel dieser drei Komponenten bildet das Kohärenzgefühl, das als eine Art "Lebenskompetenz" verstanden werden kann. Menschen mit einem starken Kohärenzgefühl sind besser in der Lage, mit Stressoren umzugehen und ihre Gesundheit zu erhalten oder wiederherzustellen.

Stressoren sind in der Salutogenese nicht per se negativ konnotiert, wie es oft in traditionellen Stresstheorien der Fall ist. Stattdessen werden sie als Herausforderungen betrachtet, die, wenn sie erfolgreich bewältigt werden, zur Stärkung des Kohärenzgefühls beitragen können. Antonovsky unterscheidet zwischen drei Arten von Stressoren:

1. Chronische Stressoren: Langanhaltende Lebensbedingungen oder Situationen, die eine kontinuierliche Anpassung erfordern (z.B. chronische Krankheiten, schwierige Arbeitsbedingungen).

2. Wichtige Lebensereignisse: Bedeutsame Veränderungen im Leben eines Menschen, die eine Neuorientierung erfordern (z.B. Heirat, Geburt eines Kindes, Verlust eines Arbeitsplatzes).

3. Tägliche Widrigkeiten: Kleinere, alltägliche Herausforderungen und Frustrationen.

Die Art und Weise, wie ein Individuum mit diesen Stressoren umgeht, hängt stark von seinem Kohärenzgefühl ab. Ein starkes Kohärenzgefühl ermöglicht es, Stressoren als Herausforderungen zu sehen, die bewältigt werden können, und nicht als überwältigende Bedrohungen.

Generalisierte Widerstandsressourcen (Generalized Resistance Resources, GRRs) sind der dritte Kernaspekt der Salutogenese. Sie umfassen alle Faktoren, die Menschen helfen, mit Stressoren umzugehen und ihr Kohärenzgefühl zu stärken. Diese Ressourcen können verschiedener Natur sein:

1. Physische und biochemische GRRs: Dazu gehören beispielsweise ein starkes Immunsystem, genetische Prädispositionen für Gesundheit oder eine gute körperliche Fitness.

2. Materielle GRRs: Hierzu zählen finanzielle Mittel, Zugang zu Gesundheitsversorgung, angemessene Wohnverhältnisse und andere materielle Lebensgrundlagen.

3. Kognitive und emotionale GRRs: Diese umfassen Wissen, Intelligenz, Selbstvertrauen, emotionale Stabilität und Copingstrategien.

4. Wertebezogene und einstellungsmäßige GRRs: Hierzu gehören persönliche Überzeugungen, Wertvorstellungen, eine positive Lebenseinstellung und ein starkes Identitätsgefühl.

5. Interpersonale und relationale GRRs: Diese beinhalten soziale Unterstützung, stabile Beziehungen und ein Gefühl der Zugehörigkeit zu einer Gemeinschaft.

6. Makrosozio-kulturelle GRRs: Dazu zählen kulturelle Stabilität, gesellschaftliche Normen und Werte, die Gesundheit fördern, sowie ein funktionierendes Gesundheitssystem.

Diese generalisierten Widerstandsressourcen ermöglichen es Menschen, Stressoren erfolgreich zu bewältigen und ihr Kohärenzgefühl zu stärken. Je mehr GRRs einer Person zur Verfügung stehen und je besser sie diese nutzen kann, desto wahrscheinlicher ist es, dass sie Herausforderungen erfolgreich meistert und ihre Gesundheit erhält oder verbessert.

Die Interaktion zwischen Kohärenzgefühl, Stressoren und generalisierten Widerstandsressourcen bildet einen dynamischen Prozess. Ein starkes Kohärenzgefühl ermöglicht es Menschen, GRRs effektiver zu nutzen und Stressoren als Herausforderungen zu betrachten, die bewältigt werden können. Erfolgreiche Bewältigung wiederum stärkt das Kohärenzgefühl und erhöht die Wahrscheinlichkeit, dass zukünftige Stressoren ebenfalls erfolgreich gemeistert werden.

Dieser salutogenetische Ansatz bietet eine Alternative zum traditionellen pathogenetischen Modell, indem er den Fokus auf die Entstehung und Erhaltung von Gesundheit legt, anstatt sich primär auf die Bekämpfung von Krankheiten zu konzentrieren. Er ermöglicht ein ganzheitlicheres Verständnis von Gesundheit und Krankheit und bietet Ansatzpunkte für Interventionen, die darauf abzielen, das Kohärenzgefühl zu stärken und die Nutzung von Widerstandsressourcen zu verbessern.

2.4 Wie der salutogenetische Ansatz den Fokus auf Gesundheitsförderung und Ressourcenstärkung legt

Der salutogenetische Ansatz, entwickelt von Aaron Antonovsky, stellt einen Paradigmenwechsel in der Betrachtung von Gesundheit und Krankheit dar. Im Gegensatz zum traditionellen, pathogenetischen Modell, das sich auf die Entstehung und Behandlung von Krankheiten konzentriert, legt die Salutogenese den Fokus auf die Förderung und Erhaltung von Gesundheit sowie die Stärkung individueller und kollektiver Ressourcen. Dieser Ansatz bietet eine umfassende und dynamische Perspektive auf Gesundheit, die weit über die bloße Abwesenheit von Krankheit hinausgeht.

Ein zentrales Element des salutogenetischen Ansatzes ist die Ressourcenorientierung. Anstatt sich auf Defizite, Schwächen oder Krankheiten zu konzentrieren, identifiziert und fördert dieser Ansatz die vorhandenen Stärken und Potenziale eines Individuums oder einer Gemeinschaft. Diese Ressourcen können vielfältig sein und umfassen persönliche Fähigkeiten und Kompetenzen, soziale Unterstützungssysteme, kulturelle Praktiken, ökonomische Mittel oder Umweltfaktoren. Durch die Aktivierung und Stärkung dieser Ressourcen wird die Fähigkeit des Individuums erhöht, mit Herausforderungen und Stressoren umzugehen und seine Gesundheit zu erhalten oder zu verbessern.

Ein weiterer wichtiger Aspekt des salutogenetischen Ansatzes ist das Konzept des Empowerments. Dieses zielt darauf ab, Menschen zu befähigen, mehr Kontrolle über ihre eigene Gesundheit und die Faktoren, die sie beeinflussen, zu erlangen. Empowerment fördert die Selbstbestimmung und Eigenverantwortung der Individuen in Bezug auf ihre Gesundheit. Es ermutigt sie, aktiv an Entscheidungsprozessen teilzunehmen, die ihre Gesundheit betreffen, und gibt ihnen die Werkzeuge und das Wissen an die Hand, um informierte Entscheidungen zu treffen. Dieser Ansatz steht im Gegensatz zu paternalistischen Gesundheitsmodellen, in denen Patienten als passive Empfänger medizinischer Leistungen betrachtet werden.

Die Salutogenese betont auch die Bedeutung einer ganzheitlichen Betrachtung der Gesundheit. Sie erkennt an, dass Gesundheit mehr ist als nur die Abwesenheit von körperlichen Symptomen und dass physische, psychische, soziale und spirituelle Aspekte des Wohlbefindens eng miteinander verwoben sind. Dieser holistische Ansatz berücksichtigt die komplexen Wechselwirkungen zwischen diesen verschiedenen Dimensionen und sucht nach Wegen, um das Gleichgewicht und die Harmonie zwischen ihnen zu fördern.

Ein Schlüsselkonzept der Salutogenese ist das Kohärenzgefühl (Sense of Coherence, SOC). Antonovsky beschrieb das Kohärenzgefühl als eine globale Orientierung, die ausdrückt, in welchem Ausmaß man ein durchdringendes, andauerndes und dennoch dynamisches Gefühl des Vertrauens hat, dass (1) die Stimuli, die sich im Verlauf des Lebens aus der inneren und äußeren Umgebung ergeben, strukturiert, vorhersehbar und erklärbar sind (Verstehbarkeit); (2) einem die Ressourcen zur Verfügung stehen, um den Anforderungen, die diese Stimuli stellen, zu begegnen (Handhabbarkeit); und (3) diese Anforderungen Herausforderungen sind, die Anstrengung und Engagement lohnen (Sinnhaftigkeit). Die Stärkung des Kohärenzgefühls ist ein zentrales Ziel salutogenetischer Interventionen, da ein starkes Kohärenzgefühl mit besserer Gesundheit und Wohlbefinden assoziiert ist.

Der salutogenetische Ansatz fördert auch eine positive Definition von Gesundheit. Gesundheit wird nicht als statischer Zustand oder als bloße Abwesenheit von Krankheit verstanden, sondern als dynamischer Prozess, in dem Individuen und Gemeinschaften kontinuierlich danach streben, ihr Potenzial zu verwirklichen und ihre Lebensqualität zu verbessern. Diese positive Sichtweise auf Gesundheit ermutigt Menschen, proaktiv an ihrer Gesunderhaltung zu arbeiten, anstatt nur auf Krankheiten zu reagieren.

Ein weiterer wichtiger Aspekt des salutogenetischen Ansatzes ist die Betrachtung von Gesundheitsförderung als lebenslangen Prozess. Gesundheit wird nicht als ein einmal erreichter und dann stabiler Zustand verstanden, sondern als kontinuierlicher Prozess des Lernens, der

Anpassung und des Wachstums. Dieser Ansatz betont die Bedeutung von Gesundheitsförderung in allen Lebensphasen, von der frühen Kindheit bis ins hohe Alter, und erkennt an, dass die Fähigkeiten und Bedürfnisse eines Menschen sich im Laufe des Lebens verändern.

Der Settingansatz ist ein weiteres wichtiges Element der Salutogenese. Dieser Ansatz erkennt an, dass Gesundheit nicht im Vakuum existiert, sondern stark von den Lebenswelten beeinflusst wird, in denen Menschen leben, arbeiten und spielen. Gesundheitsförderung nach dem salutogenetischen Ansatz zielt daher darauf ab, gesunde Lebenswelten zu schaffen - sei es in Schulen, am Arbeitsplatz, in Gemeinden oder in anderen Kontexten. Dies kann die Gestaltung gesundheitsförderlicher physischer Umgebungen, die Förderung sozialer Unterstützungssysteme oder die Entwicklung gesundheitsförderlicher Organisationskulturen umfassen.

Die Salutogenese betont auch die Bedeutung von Partizipation und Gemeinschaft in der Gesundheitsförderung. Sie erkennt an, dass Gesundheit nicht nur eine individuelle Angelegenheit ist, sondern auch von sozialen und gemeinschaftlichen Faktoren beeinflusst wird. Daher fördert sie Ansätze, die die aktive Beteiligung von Individuen und Gemeinschaften an der Gestaltung ihrer Gesundheit und Lebensbedingungen ermöglichen.

Schließlich legt der salutogenetische Ansatz großen Wert auf die Förderung von Resilienz. Resilienz bezieht sich auf die Fähigkeit, Widrigkeiten zu bewältigen und sich von Stress und Herausforderungen zu erholen. Durch die Stärkung von Resilienz zielt die Salutogenese darauf ab, Menschen besser auf die unvermeidlichen Herausforderungen und Stressoren des Lebens vorzubereiten und ihre Fähigkeit zu verbessern, diese zu bewältigen, ohne ihre Gesundheit zu beeinträchtigen.

Zusammenfassend lässt sich sagen, dass der salutogenetische Ansatz den Fokus der Gesundheitsförderung und Ressourcenstärkung auf vielfältige Weise legt. Er betont die Bedeutung von Ressourcen, Empowerment, ganzheitlicher Betrachtung, Kohärenzgefühl, positiver Gesundheitsdefinition, lebenslangem Lernen, gesunden Settings, Partizipation und Resilienz. Durch diese umfassende und positive Herangehensweise an Gesundheit bietet die Salutogenese ein Rahmenwerk für innovative und effektive Ansätze in der

2.5 Die Vorteile eines ressourcenorientierten Ansatzes in der Gesundheitsversorgung

Ein ressourcenorientierter Ansatz in der Gesundheitsversorgung, wie er insbesondere durch das Konzept der Salutogenese vertreten wird, bietet eine Vielzahl von Vorteilen, die sowohl für das Individuum als auch für das Gesundheitssystem als Ganzes von Bedeutung sind. Im Folgenden werden wir diese Vorteile ausführlicher diskutieren und ihre Implikationen für die Gesundheitsversorgung betrachten.

1. Stärkung der Selbstwirksamkeit:
Ein zentraler Vorteil des ressourcenorientierten Ansatzes ist die Förderung der Selbstwirksamkeit. Indem der Fokus auf die vorhandenen Stärken, Fähigkeiten und Ressourcen eines Menschen gelegt wird, wird das Vertrauen in die eigenen Kompetenzen gestärkt. Dies kann zu einer aktiveren Rolle des Individuums in Bezug auf die eigene Gesundheit führen. Menschen, die sich selbstwirksam fühlen, sind eher bereit, Verantwortung für ihre Gesundheit zu übernehmen und gesundheitsfördernde Verhaltensweisen zu adoptieren. Dies kann sich positiv auf die Bewältigung von Krankheiten, die Einhaltung von Behandlungsplänen und die allgemeine Lebensqualität auswirken.

2. Nachhaltigkeit:
Die Förderung von Ressourcen und Bewältigungsstrategien kann langfristig wirksamer sein als die reine Symptombekämpfung. Während traditionelle, defizitorientierte Ansätze oft auf die kurzfristige Linderung von Symptomen abzielen, konzentriert sich der ressourcenorientierte Ansatz darauf, Menschen mit den Werkzeugen und Fähigkeiten auszustatten, die sie benötigen, um langfristig mit Gesundheitsherausforderungen umzugehen. Dies kann zu nachhaltigeren Gesundheitsergebnissen führen, da die Menschen besser in der Lage sind, zukünftige Herausforderungen zu bewältigen.

3. Ganzheitliche Betrachtung:
Ein weiterer wesentlicher Vorteil des ressourcenorientierten Ansatzes ist seine ganzheitliche Perspektive. Er berücksichtigt nicht nur körperliche, sondern auch psychische, soziale und spirituelle Ressourcen. Diese umfassende Betrachtung ermöglicht eine ganzheitlichere Gesundheitsversorgung, die den Menschen in seiner Gesamtheit wahrnimmt. Dies kann zu einer besseren Integration verschiedener Aspekte der Gesundheitsversorgung führen und eine kohärentere Behandlung ermöglichen.

4. Prävention:
Durch die Stärkung von Ressourcen und die Förderung von Resilienz können zukünftige Gesundheitsprobleme möglicherweise verhindert oder abgemildert werden. Der ressourcenorientierte Ansatz legt einen starken Fokus auf Prävention, indem er Menschen dabei unterstützt, ihre Gesundheit aktiv zu erhalten und zu verbessern, anstatt nur auf das Auftreten von Krankheiten zu reagieren. Dies kann langfristig zu einer Verringerung der Krankheitslast in der Bevölkerung führen.

5. Kosteneffizienz:
Langfristig kann ein ressourcenorientierter Ansatz durch Prävention und bessere Bewältigung von Krankheiten zu Kosteneinsparungen im Gesundheitssystem führen. Indem Menschen in die Lage versetzt werden, ihre Gesundheit besser zu managen und Krankheiten vorzubeugen, können möglicherweise teure Behandlungen und Krankenhausaufenthalte vermieden werden. Zudem kann die Förderung von Selbstmanagement-Fähigkeiten zu einer effizienteren Nutzung von Gesundheitsressourcen führen.

6. Patientenzentrierung:
Der ressourcenorientierte Ansatz fördert eine partnerschaftliche Beziehung zwischen Gesundheitsfachkräften und Patienten. Er betont die Bedeutung der individuellen Stärken, Präferenzen und Bedürfnisse des Patienten und fördert dessen aktive Beteiligung am Gesundheitsprozess. Dies kann zu einer verbesserten Patientenzufriedenheit, einer besseren Adhärenz zu Behandlungsplänen und letztendlich zu besseren Gesundheitsergebnissen führen.

7. Resilienzförderung:
Ein zentrales Ziel des ressourcenorientierten Ansatzes ist die Stärkung der Resilienz. Durch die Identifikation und Förderung von Ressourcen wird die allgemeine Widerstandsfähigkeit gegenüber Stressoren und Krankheiten erhöht. Dies kann Menschen helfen, besser mit Herausforderungen umzugehen, sich von Rückschlägen zu erholen und insgesamt eine bessere psychische und physische Gesundheit zu erhalten.

8. Positive Psychologie:
Der Fokus auf Stärken und Ressourcen steht im Einklang mit den Prinzipien der positiven Psychologie. Dies kann zu einer positiveren Einstellung gegenüber Gesundheit und Wohlbefinden führen. Anstatt sich ausschließlich auf Probleme und Defizite zu konzentrieren, werden Menschen ermutigt, ihre Stärken zu erkennen und zu nutzen. Diese positive Ausrichtung kann motivierend wirken und zu einem optimistischeren Gesundheitsverhalten führen.

9. Förderung der Gesundheitskompetenz:
Ein ressourcenorientierter Ansatz kann zur Verbesserung der Gesundheitskompetenz beitragen. Indem Menschen dabei unterstützt werden, ihre eigenen Ressourcen zu erkennen und zu nutzen, werden sie auch befähigt, besser informierte Entscheidungen über ihre Gesundheit zu treffen. Dies kann zu einer verbesserten Fähigkeit führen, Gesundheitsinformationen zu verstehen und anzuwenden.

10. Kulturelle Sensibilität:
Der ressourcenorientierte Ansatz kann besonders gut auf unterschiedliche kulturelle Kontexte angewendet werden. Indem er die individuellen Stärken und Ressourcen in den Mittelpunkt stellt, kann er flexibel auf verschiedene kulturelle Vorstellungen von Gesundheit und Wohlbefinden eingehen. Dies kann zu einer kulturell sensibleren und inklusiveren Gesundheitsversorgung führen.

11. Unterstützung chronisch Kranker:
Für Menschen mit chronischen Erkrankungen kann ein ressourcenorientierter Ansatz besonders wertvoll sein. Er kann ihnen helfen, trotz ihrer

Erkrankung ein erfülltes Leben zu führen, indem er den Fokus auf ihre Fähigkeiten und Möglichkeiten legt, anstatt nur auf ihre Einschränkungen.

12. Förderung sozialer Unterstützung:
Der ressourcenorientierte Ansatz erkennt die Bedeutung sozialer Ressourcen an. Er kann dazu beitragen, soziale Unterstützungssysteme zu stärken und zu nutzen, was sich positiv auf die Gesundheit und das Wohlbefinden auswirken kann.

Zusammenfassend lässt sich sagen, dass ein ressourcenorientierter Ansatz in der Gesundheitsversorgung das Potenzial hat, zu einer umfassenderen, nachhaltigeren und patientenzentrierteren Gesundheitsversorgung beizutragen. Er fördert die Autonomie und Selbstwirksamkeit der Menschen, unterstützt Prävention und Gesundheitsförderung und kann zu einer effizienteren und effektiveren Gesundheitsversorgung beitragen. Allerdings ist es wichtig zu betonen, dass ein ressourcenorientierter Ansatz nicht als Ersatz, sondern als Ergänzung zu traditionellen medizinischen Ansätzen gesehen werden sollte.

Die Integration eines ressourcenorientierten Ansatzes in die bestehenden Gesundheitssysteme stellt jedoch auch Herausforderungen dar. Es erfordert ein Umdenken sowohl bei Gesundheitsfachkräften als auch bei Patienten. Gesundheitsfachkräfte müssen möglicherweise neue Fähigkeiten erlernen, um Ressourcen zu identifizieren und zu fördern, anstatt sich ausschließlich auf die Diagnose und Behandlung von Krankheiten zu konzentrieren. Patienten wiederum müssen ermutigt werden, eine aktivere Rolle in ihrer Gesundheitsversorgung zu übernehmen.

Darüber hinaus erfordert die Implementierung eines ressourcenorientierten Ansatzes möglicherweise Änderungen in der Struktur und Organisation des Gesundheitssystems. Dies könnte die Entwicklung neuer Versorgungsmodelle, die Anpassung von Vergütungssystemen und die Überarbeitung von Ausbildungscurricula für Gesundheitsfachkräfte umfassen.

Trotz dieser Herausforderungen bietet ein ressourcenorientierter Ansatz in der Gesundheitsversorgung erhebliche Vorteile. Er hat das Potenzial, zu einem Paradigmenwechsel in der Gesundheitsversorgung beizutragen, weg von einem rein krankheitsorientierten Modell hin zu einem, das Gesundheit und Wohlbefinden in den Vordergrund stellt. Indem er die Stärken und Ressourcen der Menschen betont, kann er zu einer positiveren und ermächtigenden Erfahrung in der Gesundheitsversorgung führen.

Letztendlich kann ein ressourcenorientierter Ansatz dazu beitragen, ein Gesundheitssystem zu schaffen, das nicht nur Krankheiten behandelt, sondern auch aktiv Gesundheit und Wohlbefinden fördert. Er kann Menschen dabei unterstützen, resilient zu werden, ihre Gesundheit selbst in die Hand zu nehmen und ein erfülltes Leben zu führen, unabhängig von eventuellen gesundheitlichen Herausforderungen. In einer Zeit, in der chronische Erkrankungen zunehmen und die Gesundheitssysteme unter Druck stehen, könnte ein solcher Ansatz einen wertvollen Beitrag zur Bewältigung dieser Herausforderungen leisten.

2.6 Wie Salutogenese in verschiedenen Bereichen angewendet werden kann

Die Salutogenese als ganzheitliches Konzept zur Förderung von Gesundheit und Wohlbefinden kann in verschiedenen Bereichen angewendet werden und bietet jeweils spezifische Vorteile und Ansatzpunkte. Im Folgenden wird erläutert, wie der salutogenetische Ansatz in unterschiedlichen Disziplinen und Praxisfeldern implementiert werden kann:

In der Medizin:
Die Anwendung der Salutogenese in der Medizin bedeutet einen Paradigmenwechsel vom traditionellen pathogenetischen Modell hin zu einem ganzheitlicheren Verständnis von Gesundheit und Krankheit. Konkret kann dies folgende Aspekte umfassen:

1. Ganzheitliches Patientenverständnis: Ärzte betrachten nicht nur die Symptome oder die Krankheit, sondern den Patienten als Ganzes, einschließlich seiner psychosozialen Situation, Lebensweise und individuellen Ressourcen.

2. Integration von Präventionsmaßnahmen: Neben der Behandlung akuter Erkrankungen wird verstärkt Wert auf Prävention und Gesundheitsförderung gelegt. Dies kann die Beratung zu gesunder Lebensführung, Stressmanagement oder die Förderung körperlicher Aktivität umfassen.

3. Stärkung der Arzt-Patient-Beziehung: Durch den Fokus auf die Ressourcen und Stärken des Patienten wird eine partnerschaftlichere Beziehung gefördert. Der Patient wird aktiv in Entscheidungsprozesse einbezogen und in seiner Selbstwirksamkeit gestärkt.

4. Berücksichtigung des Kohärenzgefühls: Ärzte können gezielt das Kohärenzgefühl ihrer Patienten stärken, indem sie Krankheiten und Behandlungen verständlich erklären, Handhabbarkeit durch klare Handlungsanweisungen fördern und die Bedeutsamkeit von Gesundheitsverhalten betonen.

5. Entwicklung salutogener Behandlungskonzepte: Neben der Symptombekämpfung werden verstärkt Therapien eingesetzt, die die Selbstheilungskräfte des Körpers aktivieren und die allgemeine Widerstandsfähigkeit stärken.

In der Psychologie:
Die Salutogenese bietet der Psychologie wertvolle Ansatzpunkte für Therapie, Beratung und Forschung:

1. Ressourcenorientierte Therapieansätze: Statt sich primär auf die Probleme und Störungen zu konzentrieren, rücken die Stärken und Bewältigungsressourcen des Klienten in den Vordergrund. Dies kann das Selbstwertgefühl stärken und neue Perspektiven eröffnen.

2. Förderung von Resilienz: Psychologen können gezielt an der Stärkung der psychischen Widerstandsfähigkeit arbeiten, indem sie Klienten dabei unterstützen, positive Bewältigungsstrategien zu entwickeln und ihre inneren und äußeren Ressourcen zu aktivieren.

3. Stärkung des Kohärenzgefühls: Das Kohärenzgefühl kann als zentrales Therapieziel definiert werden. Interventionen zielen darauf ab, das Gefühl von Verstehbarkeit, Handhabbarkeit und Bedeutsamkeit zu fördern.

4. Positive Psychologie: Die Salutogenese harmoniert gut mit Ansätzen der Positiven Psychologie, die sich auf die Förderung von Wohlbefinden, Glück und persönlichem Wachstum konzentriert.

5. Präventive Ansätze: In der psychologischen Beratung und Therapie wird verstärkt Wert auf Prävention und die Förderung psychischer Gesundheit gelegt, nicht nur auf die Behandlung bereits bestehender Störungen.

In der Pädagogik:
Die Salutogenese bietet wertvolle Impulse für die Gestaltung von Bildungsprozessen und Lernumgebungen:

1. Gesundheitsförderliche Lernumbungen: Schulen und andere Bildungseinrichtungen werden so gestaltet, dass sie das Wohlbefinden und die Gesundheit der Lernenden fördern. Dies umfasst sowohl physische Aspekte (z.B. ergonomische Möbel, ausreichend Bewegungsmöglichkeiten) als auch psychosoziale Faktoren (z.B. unterstützendes Lernklima, Förderung sozialer Beziehungen).

2. Stärkung von Selbstwirksamkeit und Selbstwertgefühl: Pädagogische Ansätze zielen darauf ab, das Vertrauen der Lernenden in ihre eigenen Fähigkeiten zu stärken und ein positives Selbstbild zu fördern.

3. Integration von Gesundheitsförderung in den Lehrplan: Gesundheitsthemen werden fächerübergreifend in den Unterricht integriert, um Gesundheitskompetenz und gesundheitsförderliches Verhalten zu entwickeln.

4. Ressourcenorientierte Pädagogik: Statt sich auf Defizite zu konzentrieren, werden die Stärken und Potenziale der Lernenden in den Vordergrund gestellt und gefördert.

5. Förderung des Kohärenzgefühls: Bildungsinhalte werden so vermittelt, dass sie für die Lernenden verstehbar, handhabbar und bedeutsam sind. Dies kann die intrinsische Motivation und das Engagement im Lernprozess steigern.

6. Stressbewältigung und Resilienzförderung: Lernende werden dabei unterstützt, effektive Strategien zur Bewältigung von Herausforderungen und Stress zu entwickeln.

In der Arbeitspsychologie:
Die Salutogenese bietet wichtige Ansatzpunkte für die Gestaltung gesunder Arbeitsbedingungen:

1. Entwicklung gesundheitsförderlicher Arbeitsplätze: Arbeitsumgebungen werden so gestaltet, dass sie das Wohlbefinden und die Gesundheit

der Mitarbeiter fördern. Dies umfasst ergonomische Aspekte, aber auch organisatorische und soziale Faktoren.

2. Stressmanagement und Burnout-Prävention: Unternehmen implementieren Programme zur Stressreduktion und zur Förderung der psychischen Gesundheit ihrer Mitarbeiter.

3. Förderung von Work-Life-Balance: Es werden Strukturen geschaffen, die eine ausgewogene Balance zwischen Arbeit und Privatleben ermöglichen.

4. Stärkung des Kohärenzgefühls am Arbeitsplatz: Arbeitsprozesse werden so gestaltet, dass sie für die Mitarbeiter verstehbar, handhabbar und bedeutsam sind. Dies kann die Arbeitszufriedenheit und das Engagement erhöhen.

5. Ressourcenorientiertes Personalmanagement: Statt sich auf Defizite zu konzentrieren, werden die Stärken und Potenziale der Mitarbeiter in den Vordergrund gestellt und gefördert.

In der Pflege:
Die Salutogenese kann die Pflegepraxis in vielerlei Hinsicht bereichern:

1. Ressourcenorientierte Pflegeplanung: Der Fokus liegt nicht nur auf den Problemen und Einschränkungen des Patienten, sondern auch auf seinen Ressourcen und Fähigkeiten.

2. Förderung der Autonomie und Selbstpflege: Patienten werden darin unterstützt, so weit wie möglich selbstständig zu sein und ihre eigene Gesundheit zu managen.

3. Stärkung der Resilienz von Pflegekräften: Salutogenetische Prinzipien werden auch auf die Pflegenden selbst angewendet, um ihre psychische Widerstandsfähigkeit zu stärken und Burnout vorzubeugen.

4. Ganzheitliche Pflegeansätze: Die Pflege berücksichtigt neben den physischen auch die psychischen, sozialen und spirituellen Bedürfnisse der Patienten.

5. Förderung des Kohärenzgefühls: Pflegemaßnahmen werden so gestaltet und erklärt, dass sie für die Patienten verstehbar, handhabbar und bedeutsam sind.

In der öffentlichen Gesundheit:
1. Entwicklung gesundheitsförderlicher Gemeinschaftsstrukturen: Städte und Gemeinden werden so gestaltet, dass sie die Gesundheit ihrer Bewohner fördern (z.B. durch Grünflächen, Sportanlagen, soziale Treffpunkte).

2. Implementierung von Präventionsprogrammen: Es werden verstärkt Programme zur Gesundheitsförderung und Prävention entwickelt, die auf die Stärkung von Ressourcen und Resilienz abzielen.

3. Förderung der Gesundheitskompetenz: Die Bevölkerung wird befähigt, informierte Entscheidungen über ihre Gesundheit zu treffen und Verantwortung für ihr Wohlbefinden zu übernehmen.

4. Salutogene Gesundheitskommunikation: Gesundheitsinformationen werden so vermittelt, dass sie das Kohärenzgefühl stärken und zu gesundheitsförderlichem Verhalten motivieren.

5. Intersektorale Zusammenarbeit: Gesundheitsförderung wird als gesamtgesellschaftliche Aufgabe verstanden, die die Zusammenarbeit verschiedener Sektoren (z.B. Gesundheit, Bildung, Stadtplanung) erfordert.

In der Rehabilitation:
1. Ressourcenorientierte Rehabilitationsplanung: Der Fokus liegt auf den verbliebenen Fähigkeiten und Potenzialen der Patienten, nicht nur auf den Einschränkungen.

2. Förderung der Selbstwirksamkeit: Patienten werden ermutigt, aktiv am Rehabilitationsprozess teilzunehmen und Verantwortung für ihre Genesung zu übernehmen.

3. Ganzheitliche Rehabilitationsansätze: Neben der körperlichen Rehabilitation werden auch psychosoziale Aspekte berücksichtigt.

4. Stärkung des Kohärenzgefühls: Der Rehabilitationsprozess wird so gestaltet, dass er für die Patienten verstehbar, handhabbar und bedeutsam ist.

In der Sozialarbeit:
1. Ressourcenorientierte Beratung: Der Fokus liegt auf den Stärken und Potenzialen der Klienten, nicht nur auf ihren Problemen.

2. Empowerment: Klienten werden dabei unterstützt, ihre eigenen Ressourcen zu erkennen und zu nutzen.

3. Förderung sozialer Unterstützungssysteme: Es wird an der Stärkung sozialer Netzwerke und Gemeinschaften gearbeitet.

4. Salutogene Gemeinwesenarbeit: Sozialräume werden so gestaltet, dass sie das Wohlbefinden und die Gesundheit der Bewohner fördern.

In der Organisationsentwicklung:
1. Schaffung gesundheitsförderlicher Organisationsstrukturen: Unternehmen und Institutionen werden so gestaltet, dass sie das Wohlbefinden ihrer Mitarbeiter fördern.

2. Förderung einer salutogenen Unternehmenskultur: Werte wie Wertschätzung, Transparenz und Partizipation werden in der Organisationskultur verankert.

3. Ressourcenorientiertes Führungsverhalten: Führungskräfte werden darin geschult, die Stärken und Potenziale ihrer Mitarbeiter zu erkennen und zu fördern.

4. Implementierung von betrieblichem Gesundheitsmanagement: Gesundheitsförderung wird als strategische Aufgabe in der Organisation verankert.

In der Sportwissenschaft und im Leistungssport:
1. Ganzheitliche Trainingsansätze: Neben der physischen Leistungsfähigkeit werden auch psychische und soziale Aspekte berücksichtigt.

2. Ressourcenorientiertes Coaching: Der Fokus liegt auf der Stärkung der individuellen Stärken und Potenziale der Athleten.

3. Förderung der mentalen Stärke: Es werden Techniken zur Stärkung der psychischen Widerstandsfähigkeit und des Kohärenzgefühls vermittelt.

4. Gesundheitsförderliche Gestaltung des Leistungssports: Es wird darauf geachtet, dass Leistungssport die Gesundheit fördert und nicht gefährdet.

Die Anwendung der Salutogenese in diesen verschiedenen Bereichen zeigt, dass es sich um ein vielseitiges und adaptives Konzept handelt, das in unterschiedlichen Kontexten wertvolle Impulse für eine gesundheitsförderliche Praxis liefern kann. Durch die konsequente Umsetzung salutogenetischer Prinzipien kann ein Paradigmenwechsel hin zu einer ressourcenorientierten und ganzheitlichen Sichtweise auf Gesundheit und Wohlbefinden in verschiedenen gesellschaftlichen Bereichen gefördert werden.

2.7 Forschungsergebnisse zur Wirksamkeit der Salutogenese

Der salutogenetische Ansatz, entwickelt von Aaron Antonovsky, hat in den letzten Jahrzehnten zunehmend an Bedeutung in der Gesundheitsforschung und -praxis gewonnen. Zahlreiche Studien haben die Wirksamkeit dieses Ansatzes in verschiedenen Kontexten untersucht und belegt. Im Folgenden werden einige der wichtigsten Forschungsergebnisse vorgestellt, die die Effektivität des salutogenetischen Ansatzes untermauern.

1. Kohärenzgefühl und Gesundheit:
Das Kohärenzgefühl (Sense of Coherence, SOC) ist ein zentrales Konzept der Salutogenese. Mehrere Metaanalysen haben eine positive Korrelation zwischen einem starken Kohärenzgefühl und besserer physischer sowie psychischer Gesundheit nachgewiesen. Eine umfassende Metaanalyse von Eriksson und Lindström (2006) untersuchte 458 wissenschaftliche Publikationen und 13 Doktorarbeiten. Sie fanden konsistente Belege dafür, dass ein starkes SOC mit besserer wahrgenommener Gesundheit, Lebensqualität und Wohlbefinden assoziiert ist. Interessanterweise zeigte sich diese Verbindung unabhängig von Alter, Geschlecht, Ethnizität und Nationalität.

2. Stressmanagement und Burnout-Prävention:
Studien belegen, dass Menschen mit einem höheren Kohärenzgefühl Stress besser bewältigen und weniger anfällig für Burnout sind. Eine Längsschnittstudie von Feldt (1997) an finnischen Arbeitnehmern zeigte, dass ein starkes SOC als Puffer gegen arbeitsbedingten Stress wirkt. Personen mit hohem SOC berichteten über weniger emotionale Erschöpfung und psychosomatische Symptome, selbst unter hoher Arbeitsbelastung. Eine weitere Studie von Albertsen et al. (2001) bestätigte diese Ergebnisse und fand zudem, dass ein hohes SOC mit einer geringeren Wahrscheinlichkeit für krankheitsbedingte Fehlzeiten verbunden war.

3. Chronische Erkrankungen:

Forschungen zeigen, dass ein salutogenetischer Ansatz die Lebensqualität und Krankheitsbewältigung bei chronischen Erkrankungen wie Diabetes oder Herzerkrankungen verbessern kann. Eine Studie von Lundman und Norberg (1993) an Patienten mit Diabetes mellitus Typ I zeigte, dass ein höheres SOC mit besserer metabolischer Kontrolle und weniger diabetesbezogenen Komplikationen assoziiert war. In einer Untersuchung von Motzer und Stewart (1996) an Patienten mit Herzerkrankungen war ein stärkeres SOC mit besserer psychosozialer Anpassung und höherer Lebensqualität verbunden.

4. Psychische Gesundheit:

Studien belegen die Wirksamkeit salutogenetischer Interventionen bei der Prävention und Behandlung von Depressionen und Angststörungen. Eine Metaanalyse von Eriksson und Lindström (2006) zeigte eine starke negative Korrelation zwischen SOC und Ängstlichkeit, Wut, Burnout, Demoralisierung, Feindseligkeit, Hoffnungslosigkeit, Depression, wahrgenommenem Stress und posttraumatischem Stresssyndrom. Eine Interventionsstudie von Langeland et al. (2006) an Patienten mit psychischen Störungen fand, dass eine salutogenetische Gruppentherapie zu einer signifikanten Verbesserung des SOC und der Lebensqualität führte.

5. Arbeitsplatzgesundheit:

Untersuchungen zeigen, dass salutogenetische Ansätze am Arbeitsplatz zu höherer Arbeitszufriedenheit und geringeren Fehlzeiten führen können. Eine Studie von Feldt et al. (2000) an finnischen Managern fand, dass ein hohes SOC mit besserer Arbeitszufriedenheit, weniger psychosomatischen Symptomen und geringerem Burnout-Risiko verbunden war. Eine Interventionsstudie von Bauer und Jenny (2007) in einem Schweizer Unternehmen zeigte, dass die Implementierung salutogenetischer Prinzipien in der Organisationskultur zu einer Verbesserung des Arbeitsklimas, der Mitarbeiterzufriedenheit und der wahrgenommenen Gesundheit führte.

6. Gesundheitsförderung in Schulen:

Studien belegen positive Effekte salutogenetischer Programme auf das Wohlbefinden und die akademische Leistung von Schülern. Eine Interventionsstudie von Krause (2011) an deutschen Schulen zeigte, dass ein salutogenetisches Schulprogramm zu einer Verbesserung des SOC, der Selbstwirksamkeit und der Stressbewältigung bei Schülern führte. Zudem wurde eine positive Auswirkung auf die schulischen Leistungen beobachtet.

7. Gerontologie:

Forschungen zeigen, dass ein starkes Kohärenzgefühl mit besserem Altern und höherer Lebensqualität im Alter assoziiert ist. Eine Längsschnittstudie von Wiesmann und Hannich (2010) an älteren Menschen in Deutschland fand, dass ein hohes SOC ein wichtiger Prädiktor für erfolgreiches Altern war, einschließlich besserer körperlicher Funktionsfähigkeit, psychischen Wohlbefindens und sozialer Einbindung. Eine weitere Studie von Drageset et al. (2008) an Bewohnern von Pflegeheimen in Norwegen zeigte, dass ein stärkeres SOC mit höherer Lebensqualität und geringeren depressiven Symptomen verbunden war.

8. Rehabilitation:

Studien belegen die Wirksamkeit salutogenetischer Ansätze in der Rehabilitation, insbesondere bei der Verbesserung der Funktionsfähigkeit und Lebensqualität. Eine Studie von Lillefjell und Jakobsen (2007) an Patienten in einem multidisziplinären Rehabilitationsprogramm zeigte, dass Verbesserungen im SOC mit besseren funktionellen und arbeitsbezogenen Ergebnissen assoziiert waren. Eine weitere Untersuchung von Griffiths et al. (2011) bei Patienten mit chronischen Rückenschmerzen fand, dass ein salutogenetischer Rehabilitationsansatz zu einer signifikanten Verbesserung der Schmerzintensität, Funktionsfähigkeit und Lebensqualität führte.

Diese Forschungsergebnisse unterstreichen die Wirksamkeit und Relevanz des salutogenetischen Ansatzes in verschiedenen Bereichen der Gesundheitsförderung und -versorgung. Sie zeigen, dass die Fokussierung auf Ressourcen und Schutzfaktoren, wie sie im salutogenetischen

Modell vorgeschlagen wird, zu messbaren Verbesserungen in Gesundheit, Wohlbefinden und Lebensqualität führen kann. Dabei ist besonders bemerkenswert, dass diese positiven Effekte über verschiedene Populationen, Altersgruppen und Gesundheitszustände hinweg beobachtet werden konnten.

Es ist jedoch wichtig zu betonen, dass weitere Forschung notwendig ist, um die langfristigen Auswirkungen salutogenetischer Interventionen zu untersuchen und die genauen Mechanismen zu verstehen, durch die das Kohärenzgefühl und andere salutogenetische Konzepte die Gesundheit beeinflussen. Zudem sollten zukünftige Studien sich darauf konzentrieren, wie salutogenetische Prinzipien effektiv in bestehende Gesundheitssysteme und -praktiken integriert werden können.

9. Perinatale Gesundheit:
Eine Studie von Ferguson et al. (2015) zeigte, dass ein höheres Kohärenzgefühl bei schwangeren Frauen mit einem geringeren Risiko für postpartale Depression und besserer Anpassung an die Mutterschaft verbunden war. Diese Ergebnisse unterstreichen das Potenzial salutogenetischer Ansätze in der perinatalen Versorgung.

10. Suchtprävention und -behandlung:
Forschungen von Midanik et al. (1992) und Andersen und Berg (2001) haben gezeigt, dass ein stärkeres Kohärenzgefühl mit einem geringeren Risiko für problematischen Alkoholkonsum und einer besseren Prognose in der Suchtbehandlung assoziiert ist. Diese Erkenntnisse deuten auf die mögliche Rolle salutogenetischer Interventionen in der Suchtprävention und -therapie hin.

11. Onkologie:
Studien wie die von Rohani et al. (2015) haben gezeigt, dass Krebspatienten mit einem höheren SOC eine bessere Lebensqualität, geringere psychische Belastung und effektivere Bewältigungsstrategien aufweisen. Diese Ergebnisse legen nahe, dass salutogenetische Ansätze in der onkologischen Versorgung von Nutzen sein könnten.

12. Autoimmunerkrankungen:
Eine Studie von Matsuura et al. (2003) an Patienten mit systemischem Lupus erythematodes fand, dass ein stärkeres SOC mit besserer Krankheitsbewältigung und geringerer Krankheitsaktivität verbunden war. Dies deutet auf das Potenzial salutogenetischer Interventionen bei der Behandlung von Autoimmunerkrankungen hin.

Zusammenfassend lässt sich sagen, dass die wachsende Zahl an Forschungsergebnissen die Wirksamkeit des salutogenetischen Ansatzes in verschiedenen Bereichen der Gesundheitsversorgung und -förderung belegt. Die Studien zeigen konsistent, dass ein starkes Kohärenzgefühl und die Anwendung salutogenetischer Prinzipien mit besserer physischer und psychischer Gesundheit, höherer Lebensqualität und effektiverer Krankheitsbewältigung assoziiert sind.

Diese Erkenntnisse unterstreichen die Notwendigkeit, salutogenetische Konzepte stärker in die Gesundheitspolitik, Präventionsprogramme und klinische Praxis zu integrieren. Zukünftige Forschung sollte sich darauf konzentrieren, spezifische Interventionen zu entwickeln und zu evaluieren, die das Kohärenzgefühl stärken und salutogenetische Ressourcen fördern. Dabei ist es wichtig, den kulturellen Kontext zu berücksichtigen und Ansätze zu entwickeln, die für verschiedene Bevölkerungsgruppen und Gesundheitssysteme weltweit anwendbar sind.

Trotz der vielversprechenden Ergebnisse ist es wichtig anzumerken, dass der salutogenetische Ansatz nicht als Ersatz, sondern als Ergänzung zu bestehenden medizinischen Praktiken verstanden werden sollte. Die Integration salutogenetischer Prinzipien in das Gesundheitssystem bietet die Chance, einen ganzheitlicheren und ressourcenorientierteren Ansatz in der Gesundheitsversorgung zu etablieren, der sowohl die Behandlung von Krankheiten als auch die Förderung von Gesundheit und Wohlbefinden umfasst.

2.8 Wie ein auf Salutogenese basierendes Gesundheitssystem aussehen könnte

Ein auf Salutogenese basierendes Gesundheitssystem würde einen fundamentalen Paradigmenwechsel in der Art und Weise darstellen, wie wir Gesundheit und Krankheit verstehen und behandeln. Dieses System würde sich von dem traditionellen, defizitorientierten Ansatz abwenden und stattdessen den Fokus auf die Förderung und Erhaltung von Gesundheit legen. Lassen Sie uns die verschiedenen Aspekte eines solchen Systems genauer betrachten und diskutieren, wie es in der Praxis aussehen könnte.

Zunächst einmal würde ein salutogenetisches Gesundheitssystem den Schwerpunkt auf Gesundheitsförderung und Prävention legen. Anstatt primär auf die Behandlung von Krankheiten zu warten, würden proaktive Maßnahmen ergriffen, um die Gesundheit der Bevölkerung zu verbessern und zu erhalten. Dies könnte durch umfassende Programme zur Stärkung des Kohärenzgefühls und der generalisierten Widerstandsressourcen geschehen. Beispielsweise könnten in Schulen, Arbeitsplätzen und Gemeinden Workshops und Kurse angeboten werden, die Menschen dabei unterstützen, ihre inneren und äußeren Ressourcen zu erkennen und zu stärken.

Ein weiteres wichtiges Merkmal wäre der ganzheitliche Ansatz. In einem salutogenetischen System würden physische, psychische und soziale Aspekte der Gesundheit als gleichwertig betrachtet und in ihrer Wechselwirkung verstanden. Dies würde bedeuten, dass bei der Beurteilung des Gesundheitszustands eines Menschen nicht nur körperliche Symptome, sondern auch psychisches Wohlbefinden, soziale Beziehungen und Umweltfaktoren berücksichtigt würden. Behandlungspläne würden dementsprechend alle diese Aspekte einbeziehen und darauf abzielen, das gesamte Wohlbefinden zu verbessern.

Die Rolle der Patienten würde sich in einem solchen System grundlegend verändern. Anstatt passive Empfänger von medizinischen Leistungen zu sein, würden Patienten als aktive Partner in ihrer Gesundheitsversorgung betrachtet. Der Fokus würde auf Empowerment und Selbstmanagement liegen. Gesundheitsfachkräfte würden Patienten dabei unterstützen, ihre eigenen Ressourcen zu erkennen und zu nutzen, um ihre Gesundheit zu erhalten oder wiederherzustellen. Dies könnte durch Schulungen, Coaching und die Förderung von Selbsthilfegruppen geschehen.

Die Diagnostik in einem salutogenetischen System würde sich ebenfalls von der traditionellen Herangehensweise unterscheiden. Neben der Identifikation von Problemen und Krankheiten würde eine systematische Erfassung von Ressourcen und Stärken erfolgen. Dies könnte durch spezielle Assessmenttools geschehen, die nicht nur Symptome und Risikofaktoren, sondern auch Schutzfaktoren, Copingstrategien und Resilienzfaktoren erfassen. Diese umfassende Diagnostik würde die Grundlage für individualisierte, ressourcenorientierte Behandlungspläne bilden.

Um eine ganzheitliche Versorgung zu gewährleisten, würde ein salutogenetisches Gesundheitssystem stark auf interdisziplinäre Zusammenarbeit setzen. Teams aus Ärzten, Psychologen, Sozialarbeitern, Ernährungsberatern, Physiotherapeuten und anderen Gesundheitsfachkräften würden eng zusammenarbeiten, um alle Aspekte der Gesundheit zu adressieren. Diese Zusammenarbeit würde nicht nur in Krankenhäusern und Praxen stattfinden, sondern auch in Gemeinden, Schulen und Arbeitsplätzen.

Ein weiteres wichtiges Element wäre der Settingansatz. Gesundheitsförderung würde nicht nur im medizinischen Kontext stattfinden, sondern in verschiedene Lebensbereiche integriert werden. Dies könnte bedeuten, dass Gesundheitsexperten mit Schulen zusammenarbeiten, um gesunde Lernumgebungen zu schaffen, oder mit Unternehmen kooperieren, um gesundheitsförderliche Arbeitsbedingungen zu entwickeln. Gemeinden würden unterstützt, um soziale Netzwerke und Unterstützungssysteme aufzubauen, die zur Gesundheit ihrer Mitglieder beitragen.

Ein salutogenetisches Gesundheitssystem würde auch eine Lebenslaufperspektive einnehmen. Gesundheit würde als lebenslanger Prozess betrachtet, und das System würde Unterstützung in allen Lebensphasen bieten. Von der pränatalen Versorgung über die Kindheit und das Erwachsenenalter bis hin zum hohen Alter würden spezifische Programme und Interventionen angeboten, die auf die jeweiligen Bedürfnisse und Herausforderungen der verschiedenen Lebensphasen zugeschnitten sind.

Um ein solches System zu implementieren, wäre eine grundlegende Neuausrichtung der Ausbildung von Gesundheitsfachkräften erforderlich. Medizinische Curricula würden um salutogenetische Prinzipien und ressourcenorientierte Ansätze erweitert. Zukünftige Ärzte, Pflegekräfte und andere Gesundheitsfachkräfte würden nicht nur in der Diagnose und Behandlung von Krankheiten geschult, sondern auch darin, Gesundheitsressourcen zu erkennen und zu fördern.

Ein wichtiger Aspekt bei der Umsetzung eines salutogenetischen Gesundheitssystems wäre die Anpassung der Finanzierungsmodelle. Anstatt primär für die Behandlung von Krankheiten zu bezahlen, würden Anreize für Prävention und Gesundheitsförderung geschaffen. Dies könnte bedeuten, dass Krankenkassen und Gesundheitssysteme Bonusprogramme für gesundheitsförderliches Verhalten einführen oder Unternehmen für die Implementierung von Gesundheitsförderungsprogrammen belohnt werden.

Schließlich würde ein salutogenetisches Gesundheitssystem auch neue Schwerpunkte in der Forschung setzen. Neben der traditionellen biomedizinischen Forschung würde verstärkt zu Themen wie Ressourcen, Resilienz und Gesundheitsförderung geforscht. Studien würden sich damit befassen, wie das Kohärenzgefühl gestärkt werden kann, welche Faktoren zur Entwicklung von Resilienz beitragen und wie Gesundheitsförderungsmaßnahmen am effektivsten gestaltet und implementiert werden können.

Die Umsetzung eines solchen Systems würde zweifellos erhebliche Herausforderungen mit sich bringen. Es würde nicht nur eine Umstrukturierung des Gesundheitswesens erfordern, sondern auch einen tiefgreifenden kulturellen Wandel in der Gesellschaft. Menschen müssten lernen, Verantwortung für ihre eigene Gesundheit zu übernehmen und aktiv an ihrer Gesundheitsförderung mitzuwirken. Gesundheitsfachkräfte müssten umdenken und neue Kompetenzen erwerben. Politische Entscheidungsträger müssten langfristig denken und in Prävention und Gesundheitsförderung investieren, auch wenn die Ergebnisse möglicherweise erst nach Jahren oder Jahrzehnten sichtbar werden.

Trotz dieser Herausforderungen bietet ein salutogenetisches Gesundheitssystem enorme Potenziale.

3. Der recoveryorientierte Ansatz im Gesundheitssystem

Der recoveryorientierte Ansatz im Gesundheitssystem stellt einen Paradigmenwechsel in der Betrachtung und Behandlung von psychischen Erkrankungen und anderen gesundheitlichen Herausforderungen dar. Dieser Ansatz hat seine Wurzeln in der Psychiatrie-Reformbewegung und der Betroffenen-Selbsthilfe und hat in den letzten Jahrzehnten zunehmend an Bedeutung gewonnen. Im Kern geht es darum, den Menschen als Ganzes zu betrachten und nicht auf seine Diagnose oder Symptome zu reduzieren.

Recovery, oft als "Genesung" übersetzt, bedeutet in diesem Kontext nicht unbedingt die vollständige Abwesenheit von Symptomen oder eine "Heilung" im klassischen Sinne. Vielmehr geht es um einen persönlichen Prozess der Entwicklung und des Wachstums, in dem Menschen trotz - oder gerade wegen - ihrer gesundheitlichen Herausforderungen ein erfülltes und sinnstiftendes Leben führen können. Der Recovery-Ansatz betont die Fähigkeit des Einzelnen, auch mit anhaltenden Symptomen oder Einschränkungen ein zufriedenes und produktives Leben zu führen.

Ein zentrales Element des Recovery-Ansatzes ist die Betonung von Hoffnung und Optimismus. In der traditionellen psychiatrischen Versorgung wurde lange Zeit von der Unheilbarkeit vieler psychischer Erkrankungen ausgegangen, was oft zu einer pessimistischen Grundhaltung führte. Der Recovery-Ansatz hingegen geht davon aus, dass Veränderung und Wachstum immer möglich sind und dass jeder Mensch das Potenzial hat, sein Leben positiv zu gestalten - unabhängig von der Schwere seiner Erkrankung.

Ein weiteres Kernprinzip ist die Selbstbestimmung und Eigenverantwortung der Betroffenen. Während im klassischen medizinischen Modell die Expertenmeinung und die Compliance des Patienten im Vordergrund stehen, betont der Recovery-Ansatz die Expertise der Betroffenen in Bezug auf ihre eigenen Erfahrungen und Bedürfnisse. Die Betroffenen werden als aktive Gestalter ihres Genesungsprozesses gesehen, nicht als passive Empfänger von Behandlungen.

Die Förderung von Empowerment ist ein weiterer wichtiger Aspekt. Dies beinhaltet die Stärkung der persönlichen Ressourcen und Fähigkeiten sowie die Unterstützung bei der Übernahme von Kontrolle über das eigene Leben. Empowerment bedeutet auch, dass Betroffene in Entscheidungsprozesse einbezogen werden und ihre Stimme in der Gestaltung von Versorgungsstrukturen Gehör findet.

Der Recovery-Ansatz legt großen Wert auf die individuellen Ziele und Werte der Betroffenen. Anstatt vordefinierte Behandlungsziele zu verfolgen, geht es darum, gemeinsam mit den Betroffenen zu erarbeiten, was für sie ein "gutes Leben" ausmacht und wie sie ihre persönlichen Ziele erreichen können. Dies kann bedeuten, dass traditionelle klinische Ziele wie Symptomreduktion in den Hintergrund treten, während Aspekte wie soziale Teilhabe, berufliche Entwicklung oder persönliche Beziehungen in den Fokus rücken.

Ein weiteres wichtiges Element des Recovery-Ansatzes ist die Betonung von sozialer Inklusion und Gemeinschaft. Psychische Erkrankungen gehen oft mit Isolation und sozialer Ausgrenzung einher. Der Recovery-Ansatz zielt darauf ab, Betroffene dabei zu unterstützen, bedeutungsvolle soziale Rollen einzunehmen und Teil der Gemeinschaft zu sein. Dies beinhaltet auch die Bekämpfung von Stigmatisierung und Diskriminierung.

Die Rolle von Peer-Support und Erfahrungsexperten ist im Recovery-Ansatz von besonderer Bedeutung. Menschen, die selbst Erfahrungen mit psychischen Erkrankungen und Genesungsprozessen gemacht haben, werden als wertvolle Ressource gesehen. Sie können anderen Betroffenen Hoffnung vermitteln, praktische Unterstützung bieten und als Rollenvorbilder dienen. In vielen recoveryorientierten Versorgungsstrukturen werden Peers als gleichberechtigte Mitglieder in Behandlungsteams integriert.

Die Implementierung des Recovery-Ansatzes in bestehende Gesundheitssysteme stellt eine erhebliche Herausforderung dar. Es erfordert nicht nur eine Veränderung von Strukturen und Prozessen, sondern vor allem einen Wandel in den Haltungen und Überzeugungen der Fachkräfte. Viele Gesundheitsprofessionen sind traditionell in einem eher paternalistischen, expertenorientierten Modell ausgebildet worden. Der Übergang zu einer partnerschaftlichen, die Autonomie der Betroffenen respektierenden Haltung erfordert oft ein Umdenken und neue Kompetenzen.

In der Praxis bedeutet die Umsetzung des Recovery-Ansatzes oft eine Neugestaltung von Behandlungsplänen und Dokumentationssystemen. Anstelle einer rein symptomorientierten Dokumentation treten Instrumente, die die persönlichen Ziele, Ressourcen und Fortschritte der Betroffenen in den Mittelpunkt stellen. Recoveryorientierte Behandlungsplanung ist ein kollaborativer Prozess, in dem Betroffene, Angehörige und Fachkräfte gemeinsam Ziele definieren und Wege zu deren Erreichung erarbeiten.

Die Anwendung des Recovery-Ansatzes beschränkt sich nicht auf den Bereich der psychischen Gesundheit. Auch in anderen Bereichen des Gesundheitswesens, etwa in der Rehabilitation oder der Behandlung chronischer Erkrankungen, finden Prinzipien des Recovery-Ansatzes zunehmend Anwendung. Die Betonung von Selbstmanagement, Empowerment und personenzentrierter Versorgung sind Aspekte, die in vielen Bereichen der Gesundheitsversorgung relevant sind.

Trotz der zunehmenden Anerkennung und Verbreitung des Recovery-Ansatzes gibt es auch kritische Stimmen und Herausforderungen. Eine Kritik lautet, dass der Begriff "Recovery" missverstanden werden kann und falsche Erwartungen wecken könnte. Es besteht die Gefahr, dass der Ansatz als Rechtfertigung für den Abbau von Versorgungsstrukturen missbraucht wird, indem suggeriert wird, dass Betroffene allein für ihre Genesung verantwortlich sind.

Eine weitere Herausforderung liegt in der Messung und Evaluation recoveryorientierter Versorgung. Traditionelle klinische Outcome-Maße greifen oft zu kurz, um die vielfältigen Aspekte von Recovery zu erfassen. Es bedarf neuer, ganzheitlicher Evaluationsinstrumente, die auch subjektive Aspekte wie Lebensqualität, Hoffnung und persönliche Entwicklung berücksichtigen.

In den folgenden Abschnitten werden wir die verschiedenen Aspekte des Recovery-Ansatzes im Detail betrachten. Wir werden uns mit den Grundprinzipien und der Philosophie des Ansatzes auseinandersetzen, seine Implementierung in verschiedenen Bereichen des Gesundheitssystems untersuchen und die spezifische Rolle von Peer-Support und Erfahrungsexperten beleuchten. Darüber hinaus werden wir uns mit der recoveryorientierten Behandlungsplanung und Dokumentation befassen und die Herausforderungen und Chancen bei der Umsetzung des Ansatzes diskutieren.

Der Recovery-Ansatz stellt einen vielversprechenden Weg dar, um die Versorgung von Menschen mit psychischen Erkrankungen und anderen gesundheitlichen Herausforderungen zu verbessern. Er bietet die Möglichkeit, das Gesundheitssystem humaner, effektiver und stärker an den Bedürfnissen der Betroffenen orientiert zu gestalten. Gleichzeitig erfordert seine Umsetzung ein Umdenken auf vielen Ebenen - von der individuellen Haltung der Fachkräfte bis hin zu strukturellen Veränderungen im Gesundheitssystem.

In den folgenden Abschnitten werden wir tiefer in die einzelnen Aspekte des Recovery-Ansatzes eintauchen. Wir werden untersuchen, wie dieser Ansatz das Potenzial hat, nicht nur die Lebensqualität der Betroffenen zu verbessern, sondern auch die Effektivität und Nachhaltigkeit des Gesundheitssystems als Ganzes zu steigern. Dabei werden wir sowohl theoretische Grundlagen als auch praktische Umsetzungsbeispiele betrachten und kritisch reflektieren.

Ziel ist es, ein umfassendes Verständnis des Recovery-Ansatzes zu vermitteln und seine Bedeutung für die Zukunft der Gesundheitsversorgung zu verdeutlichen. Gleichzeitig sollen auch die Herausforderungen und offenen Fragen nicht außer Acht gelassen werden, um eine differenzierte und realistische Sicht auf diesen innovativen Ansatz zu ermöglichen.

3.1. Grundprinzipien und Philosophie des Recovery-Ansatzes

Der Recovery-Ansatz stellt einen fundamentalen Paradigmenwechsel in der psychischen Gesundheitsversorgung dar. Im Gegensatz zum traditionellen, defizitorientierten Modell, das sich primär auf die Reduzierung von Symptomen konzentriert, sieht der Recovery-Ansatz den Menschen in seiner Ganzheit und fokussiert sich auf dessen Potenzial für persönliches Wachstum und ein erfülltes Leben.

Ein Kernprinzip des Recovery-Ansatzes ist die Anerkennung der Individualität jedes Genesungsprozesses. Es gibt keinen vorgegebenen Weg oder Zeitrahmen für Recovery; vielmehr wird betont, dass jeder Mensch seinen eigenen, einzigartigen Weg finden muss. Dies erfordert von Fachkräften eine flexible, personenzentrierte Haltung, die die individuellen Bedürfnisse, Werte und Ziele des Betroffenen in den Mittelpunkt stellt.

Die Förderung von Hoffnung spielt eine zentrale Rolle im Recovery-Ansatz. Hoffnung wird als treibende Kraft für Veränderung und Wachstum gesehen. Fachkräfte sind aufgefordert, Hoffnung zu vermitteln und zu nähren, selbst in Situationen, die zunächst aussichtslos erscheinen mögen. Dies beinhaltet auch, Erfolgsgeschichten von Menschen zu teilen, die trotz schwerer psychischer Erkrankungen ein erfülltes Leben führen.

Selbstbestimmung und Empowerment sind weitere Schlüsselelemente des Recovery-Ansatzes. Betroffene werden ermutigt, aktiv Entscheidungen über ihre Behandlung und ihr Leben zu treffen. Dies kann einen Kulturwandel in vielen Einrichtungen erfordern, weg von einer paternalistischen Haltung hin zu einer partnerschaftlichen Zusammenarbeit zwischen Fachkräften und Betroffenen.

Der Recovery-Ansatz betont die Bedeutung von Identität jenseits der Erkrankung. Statt Menschen auf ihre Diagnose zu reduzieren, wird die Entwicklung einer positiven Selbstwahrnehmung gefördert. Dies beinhaltet die Anerkennung und Wertschätzung individueller Stärken, Fähigkeiten und Interessen.

Ein weiteres wichtiges Prinzip ist die soziale Inklusion. Der Recovery-Ansatz erkennt an, dass psychische Gesundheit nicht im Vakuum existiert, sondern eng mit sozialen Beziehungen und der Teilhabe am gesellschaftlichen Leben verbunden ist. Die Wiederherstellung bedeutungsvoller sozialer Rollen - sei es in der Familie, im Beruf oder in der Gemeinschaft - wird als wesentlicher Bestandteil des Genesungsprozesses betrachtet.

Der Recovery-Ansatz fordert auch ein Umdenken in Bezug auf das Verständnis von "Erfolg" in der psychischen Gesundheitsversorgung. Statt den Fokus ausschließlich auf Symptomreduktion zu legen, werden Aspekte wie Lebensqualität, persönliche Zufriedenheit und die Fähigkeit, ein selbstbestimmtes Leben zu führen, als wichtige Erfolgsindikatoren betrachtet.

Eine weitere wichtige Komponente des Recovery-Ansatzes ist die Anerkennung der Expertise durch Erfahrung. Die Perspektiven und Erfahrungen von Menschen mit psychischen Erkrankungen werden als wertvolle Quelle des Wissens anerkannt. Dies führt zu einer Neubewertung der traditionellen Machtverhältnisse zwischen Fachkräften und Betroffenen und fördert eine partnerschaftliche Zusammenarbeit.

Der Recovery-Ansatz betont auch die Bedeutung von Resilienz und Bewältigungsstrategien. Anstatt sich ausschließlich auf die Reduzierung von Symptomen zu konzentrieren, wird der Fokus darauf gelegt, Fähigkeiten und Strategien zu entwickeln, um mit Herausforderungen umzugehen. Dies kann das Erlernen von Stressmanagement-Techniken, die Entwicklung von Problemlösefähigkeiten oder die Stärkung sozialer Unterstützungsnetzwerke umfassen.

Ein weiteres Prinzip des Recovery-Ansatzes ist die Anerkennung der potenziell transformativen Natur von Krisenerfahrungen. Statt psychische Krisen ausschließlich als negative Ereignisse zu betrachten, die es zu vermeiden gilt, werden sie auch als Möglichkeiten für persönliches Wachstum und Veränderung gesehen. Dies bedeutet nicht, das Leid zu romantisieren, sondern anzuerkennen, dass schwierige Erfahrungen auch zu neuen Einsichten und persönlicher Entwicklung führen können.

Der Recovery-Ansatz fordert auch eine Neubewertung des Konzepts der "Normalität". Anstatt einen starren, normbasierten Ansatz zu verfolgen, wird die Vielfalt menschlicher Erfahrungen und Lebensweisen anerkannt und wertgeschätzt. Dies kann dazu beitragen, Stigmatisierung abzubauen und ein inklusiveres Verständnis von psychischer Gesundheit zu fördern.

Schließlich betont der Recovery-Ansatz die Bedeutung ganzheitlicher Gesundheit. Psychische Gesundheit wird nicht isoliert betrachtet, sondern in Zusammenhang mit körperlicher Gesundheit, spirituellem Wohlbefinden und sozialen Faktoren gesehen. Dies erfordert oft eine interdisziplinäre Zusammenarbeit und die Integration verschiedener Behandlungsansätze.

Die Umsetzung des Recovery-Ansatzes in der Praxis erfordert oft tiefgreifende Veränderungen in der Organisation und Kultur von Gesundheitseinrichtungen. Es geht darum, eine Umgebung zu schaffen, die Hoffnung, Empowerment und persönliches Wachstum fördert. Dies kann die Einbeziehung von Peer-Supportern, die Schaffung von Möglichkeiten für Betroffene, ihre Erfahrungen zu teilen, oder die Entwicklung von Recovery-orientierten Behandlungsplänen umfassen.

Zusammenfassend lässt sich sagen, dass der Recovery-Ansatz eine umfassende Philosophie darstellt, die den Menschen in seiner Ganzheit betrachtet und auf seine Fähigkeit zur persönlichen Entwicklung und einem erfüllten Leben vertraut. Er fordert ein Umdenken in der Art und Weise, wie wir psychische Gesundheit verstehen und behandeln, und bietet eine hoffnungsvolle, ermächtigende Alternative zum traditionellen defizitorientierten Modell.

3.2. Implementierung in verschiedenen Bereichen des Gesundheitssystems

Die Implementierung des Recovery-Ansatzes in verschiedenen Bereichen des Gesundheitssystems stellt eine komplexe und vielschichtige Herausforderung dar, die tiefgreifende Veränderungen auf struktureller, kultureller und praktischer Ebene erfordert. Um ein umfassendes Bild dieser Implementierung zu zeichnen, ist es wichtig, die verschiedenen Bereiche des Gesundheitssystems einzeln zu betrachten und dabei die spezifischen Herausforderungen und Möglichkeiten zu berücksichtigen.

In der stationären Versorgung, die traditionell oft von hierarchischen Strukturen und rigiden Abläufen geprägt ist, erfordert die Implementierung des Recovery-Ansatzes einen grundlegenden Paradigmenwechsel. Dies beginnt mit der Gestaltung der physischen Umgebung, die einladender und weniger klinisch gestaltet werden sollte, um eine Atmosphäre der Hoffnung und des Wohlbefindens zu fördern. Die Stationsregeln müssen flexibler gestaltet werden, um den individuellen Bedürfnissen und Rhythmen der Patienten besser gerecht zu werden. Dies kann beispielsweise bedeuten, fixe Essens- oder Schlafenszeiten zu lockern oder den Zugang zu persönlichen Gegenständen und Kommunikationsmitteln zu erleichtern.

Ein zentraler Aspekt ist die Förderung der Mitbestimmung und Autonomie der Patienten. Dies kann durch die Einführung von regelmäßigen Stationsversammlungen, in denen Patienten aktiv an Entscheidungsprozessen beteiligt werden, oder durch die gemeinsame Erstellung von Behandlungsplänen realisiert werden. Die Beziehung zwischen Personal und Patienten muss von einer paternalistischen zu einer partnerschaftlichen Dynamik übergehen. Dies erfordert intensive Schulungen des Personals, um alte Denkmuster zu durchbrechen und neue Formen der Interaktion zu erlernen.

In der ambulanten Versorgung bietet die Implementierung des Recovery-Ansatzes die Möglichkeit, die Behandlung stärker in den Lebensalltag der Betroffenen zu integrieren. Die Einrichtung von

Recoverygruppen, die von Peers (Menschen mit eigener Krankheitserfahrung) geleitet werden, kann ein wichtiger Baustein sein. Diese Gruppen bieten nicht nur Unterstützung und Verständnis, sondern auch Vorbilder für erfolgreiche Recovery-Prozesse.

Die Förderung von Selbsthilfe ist ein weiterer zentraler Aspekt. Dies kann durch die Bereitstellung von Ressourcen und Werkzeugen zur Selbstreflexion und Selbstmanagement geschehen, wie etwa Recovery-Tagebücher oder digitale Apps zur Symptomüberwachung und Zielsetzung. Die Einbeziehung von Peers in die reguläre Behandlung, etwa als Begleiter bei Arztgesprächen oder als Berater in Krisensituationen, kann die Perspektive der professionellen Helfer erweitern und die Selbstwirksamkeit der Betroffenen stärken.

Die Ausbildung von Fachkräften muss grundlegend überdacht werden, um recovery-orientierte Prinzipien zu vermitteln. Dies bedeutet nicht nur die Integration neuer Inhalte in bestehende Curricula, sondern auch eine Veränderung der Lehrmetbisthen und der zugrundeliegenden Haltung. Erfahrungsbasiertes Lernen, etwa durch den direkten Austausch mit Menschen in Recovery, sollte ein fester Bestandteil der Ausbildung werden. Auch die kontinuierliche Fortbildung bereits praktizierender Fachkräfte ist entscheidend, um einen nachhaltigen Kulturwandel zu bewirken.

Im Bereich der Rehabilitation erfordert die Recovery-Orientierung eine Neuausrichtung der Ziele und Methoden. Anstatt sich primär auf die Symptomreduktion zu konzentrieren, rückt die Förderung von Lebensqualität und sozialer Teilhabe in den Vordergrund. Dies bedeutet eine stärkere Fokussierung auf berufliche und soziale Wiedereingliederung sowie die Förderung von Alltagskompetenzen. Rehabilitationsprogramme sollten flexibler gestaltet werden, um individuellen Recovery-Wegen Raum zu geben. Die Einbindung von Arbeitgebern, Bildungseinrichtungen und sozialen Netzwerken in den Rehabilitationsprozess kann die Nachhaltigkeit der Erfolge erhöhen.

In der Gemeindepsychiatrie bietet der Recovery-Ansatz die Chance, die Versorgung stärker in die Lebenswelt der Betroffenen zu integrieren. Die Schaffung von recovery-orientierten Tagesstätten oder Wohnprojekten kann wichtige Schritte in Richtung Selbstständigkeit und gesellschaftlicher Teilhabe unterstützen. Diese Einrichtungen sollten nicht als Endstationen, sondern als Übergangsräume konzipiert werden, die Menschen in ihrem individuellen Recovery-Prozess begleiten.

Eine umfassende Implementierung des Recovery-Ansatzes erfordert auch Veränderungen auf systemischer Ebene. Die Anpassung von Finanzierungsmodellen ist entscheidend, um recovery-orientierte Praktiken zu fördern und zu belohnen. Dies könnte bedeuten, Vergütungssysteme zu entwickeln, die langfristige Outcomes und Lebensqualität stärker berücksichtigen als kurzfristige Symptomreduktion. Auch die Qualitätsindikatoren müssen überdacht werden. Anstatt sich ausschließlich auf klinische Maßstäbe zu konzentrieren, sollten sie auch subjektive Faktoren wie Lebensqualität, soziale Teilhabe und persönliche Zielerreichung einbeziehen.

Die Implementierung des Recovery-Ansatzes erfordert auch eine Neugestaltung der Dokumentation und Berichterstattung. Anstatt sich auf Defizite und Symptome zu konzentrieren, sollten Dokumentationssysteme die Stärken, Ressourcen und Fortschritte der Betroffenen in den Vordergrund stellen. Dies kann durch die Einführung von recovery-orientierten Assessmentinstrumenten und Behandlungsplänen erreicht werden, die gemeinsam mit den Betroffenen entwickelt und regelmäßig überprüft werden.

Ein weiterer wichtiger Aspekt ist die Förderung der intersektoralen Zusammenarbeit. Der Recovery-Ansatz erkennt an, dass Gesundheit und Wohlbefinden von vielen Faktoren beeinflusst werden, die über den traditionellen Gesundheitssektor hinausgehen. Die Schaffung von Netzwerken und Kooperationen mit Akteuren aus Bereichen wie Bildung, Arbeit, Wohnen und Freizeit ist daher entscheidend für eine umfassende Unterstützung des Recovery-Prozesses.

Die Implementierung des Recovery-Ansatzes in verschiedenen Bereichen des Gesundheitssystems ist ein komplexer und langfristiger Prozess, der Geduld, Engagement und kontinuierliche Reflexion erfordert.
Es ist wichtig, dass dieser Prozess von regelmäßiger Evaluation und Forschung begleitet wird, um die Wirksamkeit der Maßnahmen zu überprüfen und notwendige Anpassungen vorzunehmen. Dabei sollten sowohl
quantitative als auch qualitative Forschungsmethoden zum Einsatz kommen, um die vielfältigen Aspekte des Recovery-Prozesses adäquat zu erfassen.

Letztendlich zielt die Implementierung des Recovery-Ansatzes darauf
ab, ein Gesundheitssystem zu schaffen, das die Individualität und
Selbstbestimmung der Menschen respektiert und fördert. Es geht darum, ein System zu entwickeln, das nicht nur Symptome behandelt, sondern Menschen dabei unterstützt, ein erfülltes und sinnvolles Leben zu
führen, unabhängig von etwaigen gesundheitlichen Herausforderungen.

Die erfolgreiche Implementierung erfordert auch eine breite öffentliche
Aufklärung und Sensibilisierung. Es ist wichtig, das Verständnis für psychische Gesundheit in der Gesellschaft zu verbessern und Stigmatisierung abzubauen. Dies kann durch Medienkampagnen, öffentliche Veranstaltungen und die Integration von Mental-Health-Themen in
Bildungsprogramme erreicht werden.

Ein weiterer wichtiger Aspekt ist die Entwicklung von Peer-Support-Programmen in allen Bereichen des Gesundheitssystems. Die Einbindung
von Erfahrungsexperten kann nicht nur die Qualität der Versorgung verbessern, sondern auch dazu beitragen, die Machtdynamiken im Gesundheitssystem zu verändern und ein gleichberechtigteres Verhältnis
zwischen Fachkräften und Nutzern zu schaffen.

Die Implementierung des Recovery-Ansatzes sollte auch die Nutzung
moderner Technologien berücksichtigen. Digitale Tools wie Apps zur
Selbstüberwachung, Online-Therapieplattformen oder virtuelle Peer-

Support-Gruppen können wertvolle Ergänzungen zu traditionellen Versorgungsformen sein und die Zugänglichkeit und Flexibilität der Unterstützung erhöhen.

Schließlich ist es wichtig, die Implementierung als einen kontinuierlichen Prozess zu verstehen. Regelmäßige Überprüfungen, Feedback-Schleifen und die Bereitschaft zur Anpassung sind notwendig, um sicherzustellen, dass der Recovery-Ansatz nicht nur oberflächlich umgesetzt wird, sondern tief in der Kultur und Praxis des Gesundheitssystems verankert wird.

Die umfassende Implementierung des Recovery-Ansatzes in allen Bereichen des Gesundheitssystems stellt zwar eine große Herausforderung dar, bietet aber auch die Chance, ein humaneres, effektiveres und nachhaltigeres Versorgungssystem zu schaffen, das den komplexen Bedürfnissen von Menschen mit psychischen Herausforderungen besser gerecht wird.

3.3. Rolle von Peer-Support und Erfahrungsexperten

Peer-Support und der Einsatz von Erfahrungsexperten sind zentrale Elemente des Recovery-Ansatzes im Gesundheitssystem, insbesondere im Bereich der psychischen Gesundheit. Diese Konzepte basieren auf der Erkenntnis, dass Menschen, die selbst Erfahrungen mit psychischen Erkrankungen gemacht und Genesungsprozesse durchlaufen haben, eine einzigartige und wertvolle Perspektive einbringen können, die das traditionelle Gesundheitssystem ergänzt und bereichert.

Peers sind Menschen, die selbst Erfahrungen mit psychischen Erkrankungen haben und diese nutzen, um andere in ihrem Genesungsprozess zu unterstützen. Sie bieten eine Form der Unterstützung, die auf geteilten Erfahrungen, gegenseitigem Verständnis und Empathie basiert. Diese Art der Unterstützung unterscheidet sich fundamental von der professionellen Hilfe, die von Ärzten, Therapeuten oder Pflegekräften geleistet wird. Während professionelle Helfer ihr Fachwissen und ihre klinische Erfahrung einbringen, können Peers eine Brücke zwischen der Welt der Betroffenen und dem Gesundheitssystem schlagen.

Die Rolle von Peer-Support im Recovery-Ansatz ist vielschichtig und umfasst mehrere wichtige Aspekte:

Hoffnung vermitteln: Durch ihr eigenes Beispiel zeigen Peers, dass Genesung und ein erfülltes Leben trotz psychischer Erkrankung möglich sind. Dies kann für Menschen, die sich in akuten Krisen befinden oder am Anfang ihres Genesungsweges stehen, eine enorme Quelle der Hoffnung und Motivation sein.

Erfahrungsbasierte Unterstützung: Peers können praktische Tipps und Bewältigungsstrategien teilen, die sie selbst als hilfreich erfahren haben. Diese Art von Wissen, das aus erster Hand kommt, kann für Betroffene oft besonders wertvoll und glaubwürdig sein.

Empowerment fördern: Peer-Support ermutigt Menschen dazu, eine aktive Rolle in ihrem eigenen Genesungsprozess einzunehmen. Durch den

Austausch mit Peers können Betroffene lernen, ihre eigenen Stärken und Ressourcen zu erkennen und zu nutzen.

Entstigmatisierung: Indem Peers offen über ihre Erfahrungen sprechen, tragen sie dazu bei, Vorurteile und Stigmata im Zusammenhang mit psychischen Erkrankungen abzubauen.

Soziale Unterstützung: Peer-Support-Gruppen bieten einen Raum für sozialen Austausch und gegenseitige Unterstützung, was besonders wichtig ist, da soziale Isolation oft ein großes Problem für Menschen mit psychischen Erkrankungen darstellt.
Peer-Support kann in verschiedenen Formen angeboten werden, von informellen Selbsthilfegruppen bis hin zu formalen Peer-Beratungsangeboten innerhalb von Gesundheitseinrichtungen. In manchen Ländern gibt es inzwischen auch zertifizierte Ausbildungen für Peer-Supporter, was zur Professionalisierung und Anerkennung dieser Rolle beiträgt.

Erfahrungsexperten gehen noch einen Schritt weiter als Peer-Supporter. Sie bringen ihre persönlichen Erfahrungen mit psychischen Erkrankungen und Genesung in professionelle Rollen ein. Erfahrungsexperten können in verschiedenen Bereichen tätig sein:

Beratung und Coaching: Sie können als Berater für Einzelpersonen oder Gruppen arbeiten und ihre Erfahrungen nutzen, um anderen bei der Bewältigung ähnlicher Herausforderungen zu helfen.

Training und Fortbildung: Erfahrungsexperten können an der Ausbildung von Fachkräften im Gesundheitswesen beteiligt sein, um deren Verständnis für die Perspektive der Betroffenen zu verbessern.

Forschung: In der Gesundheitsforschung können Erfahrungsexperten wertvolle Beiträge leisten, indem sie bei der Gestaltung von Studien mitwirken und sicherstellen, dass die Forschung die Bedürfnisse und Erfahrungen der Betroffenen berücksichtigt.

Politikberatung: Auf politischer Ebene können Erfahrungsexperten dazu beitragen, dass die Stimmen der Betroffenen bei der Gestaltung von Gesundheitspolitik und -services gehört werden.

Qualitätsmanagement: In Gesundheitseinrichtungen können Erfahrungsexperten eine wichtige Rolle bei der Evaluation und Verbesserung der Versorgungsqualität spielen.

Die Integration von Peers und Erfahrungsexperten in professionelle Teams kann zu einer tiefgreifenden Veränderung der Organisationskultur im Gesundheitswesen beitragen. Sie fördert einen Perspektivwechsel, bei dem die Erfahrungen und das Wissen der Betroffenen als gleichwertig neben dem professionellen Fachwissen anerkannt werden. Dies kann zu einer humaneren und stärker recovery-orientierten Praxis führen.

Allerdings gibt es auch Herausforderungen bei der Integration von Peer-Support und Erfahrungsexperten in das bestehende Gesundheitssystem:

Rollenklarheit: Es kann zu Unklarheiten und Konflikten kommen, wenn die Rollen und Verantwortlichkeiten von Peers und Erfahrungsexperten nicht klar definiert sind.

Professionelle Grenzen: Peers und Erfahrungsexperten müssen lernen, eine Balance zwischen dem Teilen persönlicher Erfahrungen und der Wahrung professioneller Grenzen zu finden.

Akzeptanz im Team: Nicht alle Fachkräfte sind sofort offen für die Integration von Peers und Erfahrungsexperten. Es kann Zeit und Bildungsarbeit erfordern, um Vorurteile abzubauen und den Wert dieser Rollen anzuerkennen.

Belastung und Selbstfürsorge: Die Arbeit als Peer oder Erfahrungsexperte kann emotional herausfordernd sein. Es ist wichtig, dass ausreichende Unterstützung und Supervisionsangebote zur Verfügung stehen.

Vergütung und Anerkennung: Es besteht die Gefahr, dass die Arbeit von Peers und Erfahrungsexperten als "kostengünstige Alternative" zu professioneller Unterstützung gesehen wird. Es ist wichtig, dass ihre Arbeit angemessen vergütet und wertgeschätzt wird.

Trotz dieser Herausforderungen zeigen zahlreiche Studien die positiven Auswirkungen von Peer-Support und dem Einsatz von Erfahrungsexperten. Betroffene berichten von einem gesteigerten Selbstwertgefühl, verbesserter Symptombewältigung, größerem Hoffnungsgefühl und einer stärkeren sozialen Einbindung. Auch auf Systemebene können positive Effekte beobachtet werden, wie eine Reduzierung von Zwangsmaßnahmen in psychiatrischen Einrichtungen oder eine verbesserte Patientenzufriedenheit.

Um das volle Potenzial von Peer-Support und Erfahrungsexperten im Gesundheitssystem zu nutzen, sind folgende Schritte wichtig:

1. Entwicklung von Ausbildungs- und Zertifizierungsprogrammen: Standardisierte Schulungen für Peers und Erfahrungsexperten können die Qualität ihrer Arbeit sicherstellen und ihre Anerkennung im professionellen Umfeld fördern.

2. Integration in Behandlungsteams: Peers und Erfahrungsexperten sollten als vollwertige Mitglieder in multidisziplinäre Teams eingebunden werden, um eine ganzheitliche, recovery-orientierte Versorgung zu gewährleisten.

3. Forschung und Evaluation: Weitere Studien zur Wirksamkeit von Peer-Support und zum Einsatz von Erfahrungsexperten sind notwendig, um evidenzbasierte Praktiken zu entwickeln und die Akzeptanz im Gesundheitssystem zu erhöhen.

4. Politische Unterstützung: Die Schaffung rechtlicher und finanzieller Rahmenbedingungen für die Integration von Peers und Erfahrungsexperten in das Gesundheitssystem ist entscheidend für eine nachhaltige Implementierung.

5. Kulturwandel in Organisationen: Gesundheitseinrichtungen müssen eine Kultur fördern, die die Expertise von Betroffenen wertschätzt und als gleichwertig neben dem professionellen Fachwissen anerkennt.

Die zunehmende Anerkennung der Rolle von Peer-Support und Erfahrungsexperten im Gesundheitssystem markiert einen wichtigen Paradigmenwechsel. Sie symbolisiert eine Abkehr von einem paternalistischen Modell der Gesundheitsversorgung hin zu einem partizipativen Ansatz, der die Erfahrungen, das Wissen und die Fähigkeiten der Betroffenen in den Mittelpunkt stellt.

Dieser Wandel steht im Einklang mit den Prinzipien des Recovery-Ansatzes, der Selbstbestimmung, Hoffnung und persönliches Wachstum betont. Indem Peers und Erfahrungsexperten als Brückenbauer zwischen dem professionellen Gesundheitssystem und der Lebenswelt der Betroffenen fungieren, tragen sie dazu bei, die Kluft zwischen diesen beiden Welten zu überbrücken.

Letztendlich geht es bei der Integration von Peer-Support und Erfahrungsexperten darum, ein Gesundheitssystem zu schaffen, das die Menschlichkeit und die individuellen Erfahrungen jedes Einzelnen in den Vordergrund stellt. Es ist ein System, das anerkennt, dass Genesung mehr ist als die Abwesenheit von Symptomen, sondern ein persönlicher Prozess der Sinnfindung, des Wachstums und der Selbstverwirklichung.

Die Herausforderung für die Zukunft wird darin bestehen, Wege zu finden, um Peer-Support und den Einsatz von Erfahrungsexperten noch stärker in das bestehende Gesundheitssystem zu integrieren, ohne dabei ihre einzigartige Perspektive und ihren besonderen Wert zu verwässern. Es geht darum, ein Gleichgewicht zu finden zwischen Professionalisierung und dem Erhalt der authentischen, erfahrungsbasierten Unterstützung, die den Kern von Peer-Support ausmacht.

In diesem Sinne stellt die Rolle von Peer-Support und Erfahrungsexperten nicht nur eine Ergänzung des bestehenden Gesundheitssystems dar, sondern einen transformativen Ansatz, der das Potenzial hat, die Art und Weise, wie wir über Gesundheit, Krankheit und Genesung denken, grundlegend zu verändern. Es ist ein Schritt in Richtung eines humaneren, inklusiveren und wirksameren Gesundheitssystems, das die Weisheit und Stärke derjenigen anerkennt und nutzt, die den Weg der Genesung selbst gegangen sind.

3.4. Recovery-orientierte Behandlungsplanung und Dokumentation

Recovery-orientierte Behandlungsplanung und Dokumentation stellen einen Paradigmenwechsel in der Gesundheitsversorgung dar, insbesondere im Bereich der psychischen Gesundheit. Dieser Ansatz basiert auf der Überzeugung, dass Genesung mehr ist als nur die Abwesenheit von Symptomen, sondern vielmehr ein individueller Prozess der persönlichen Entwicklung und des Wachstums.

Im Gegensatz zu traditionellen Behandlungsmodellen, die oft defizitorientiert sind und sich primär auf die Reduzierung von Symptomen konzentrieren, setzt die recovery-orientierte Behandlungsplanung den Menschen als Ganzes in den Mittelpunkt. Sie berücksichtigt nicht nur die klinischen Aspekte einer Erkrankung, sondern auch die persönlichen Lebensziele, Werte und Aspirationen des Betroffenen.

Ein zentrales Element dieses Ansatzes ist die partnerschaftliche Zusammenarbeit zwischen dem Betroffenen und den Gesundheitsfachkräften. Der Behandlungsplan wird nicht einseitig vom medizinischen Personal erstellt, sondern in einem kollaborativen Prozess entwickelt, bei dem der Betroffene als Experte für sein eigenes Leben anerkannt wird. Dies fördert nicht nur das Engagement und die Motivation des Betroffenen, sondern stärkt auch sein Selbstwertgefühl und seine Selbstwirksamkeit.

Die Ziele, die in einem recovery-orientierten Behandlungsplan festgelegt werden, gehen weit über die reine Symptomkontrolle hinaus. Sie können verschiedene Lebensbereiche umfassen, wie zum Beispiel:

1. Arbeit und Beschäftigung: Dies kann die Rückkehr in den Beruf, die Aufnahme einer Ausbildung oder die Entwicklung neuer beruflicher Perspektiven beinhalten.

2. Soziale Beziehungen: Hierzu gehören der Aufbau und die Pflege von Freundschaften, familiären Beziehungen oder romantischen Partnerschaften.

3. Wohnsituation: Dies kann Ziele wie selbstständiges Wohnen, die Suche nach einer geeigneten Wohnform oder die Verbesserung der aktuellen Wohnsituation umfassen.

4. Persönliche Entwicklung: Hierunter fallen Aspekte wie die Entwicklung neuer Fähigkeiten, die Verfolgung von Hobbys oder die Arbeit an persönlichen Charaktereigenschaften.

5. Körperliche Gesundheit: Dies kann Ziele zur Verbesserung der Ernährung, Steigerung der körperlichen Aktivität oder Management chronischer körperlicher Erkrankungen beinhalten.

6. Spiritualität: Für manche Menschen kann die Entwicklung oder Vertiefung spiritueller Praktiken ein wichtiger Aspekt ihrer Genesung sein.

Ein weiterer wichtiger Aspekt der recovery-orientierten Behandlungsplanung ist die Berücksichtigung von Stärken und Ressourcen. Anstatt sich ausschließlich auf Probleme und Defizite zu konzentrieren, werden die vorhandenen Fähigkeiten, Talente und Unterstützungssysteme des Betroffenen aktiv in den Genesungsprozess einbezogen. Dies kann das Selbstvertrauen stärken und neue Perspektiven eröffnen.

Die Dokumentation in einem recovery-orientierten Ansatz unterscheidet sich deutlich von traditionellen klinischen Aufzeichnungen. Während letztere oft auf Symptome, Diagnosen und medizinische Interventionen fokussiert sind, umfasst eine recovery-orientierte Dokumentation ein breiteres Spektrum an Informationen. Sie kann folgende Elemente beinhalten:

1. Persönliche Recovery-Geschichte: Eine Beschreibung des individuellen Genesungswegs, einschließlich bedeutsamer Ereignisse, Wendepunkte und persönlicher Erkenntnisse.

2. Stärken und Ressourcen: Eine Auflistung der Fähigkeiten, Talente und Unterstützungssysteme des Betroffenen.

3. Persönliche Ziele und Aspirationen: Eine detaillierte Beschreibung der kurz- und langfristigen Ziele des Betroffenen in verschiedenen Lebensbereichen.

4. Fortschritte und Rückschläge: Eine ehrliche Darstellung von Erfolgen und Herausforderungen im Genesungsprozess.

5. Individuelle Coping-Strategien: Eine Beschreibung der Methoden und Techniken, die der Betroffene als hilfreich empfindet, um mit Schwierigkeiten umzugehen.

6. Wellness Recovery Action Plan (WRAP): Ein strukturiertes Instrument zur Selbsthilfe, das vom Betroffenen selbst entwickelt wird und Strategien zur Aufrechterhaltung des Wohlbefindens sowie Handlungsanweisungen für Krisensituationen enthält.

7. Persönliche Statements: Direkte Zitate oder Reflexionen des Betroffenen, die seine Perspektive und Erfahrungen widerspiegeln.

Diese Art der Dokumentation dient mehreren Zwecken. Zum einen fördert sie die Selbstreflexion und das Empowerment des Betroffenen, indem sie ihm ermöglicht, seinen eigenen Genesungsprozess aktiv zu verfolgen und zu gestalten. Zum anderen bietet sie den Gesundheitsfachkräften ein umfassenderes Bild der Person und ihrer Bedürfnisse, was zu einer individualisierten und effektiveren Unterstützung führen kann.

Die recovery-orientierte Dokumentation ist auch ein wichtiges Instrument zur kontinuierlichen Anpassung und Verbesserung des Unterstützungsangebots. Durch die regelmäßige Überprüfung und Aktualisierung des Behandlungsplans können Fortschritte erkannt, Ziele angepasst und neue Strategien entwickelt werden. Dies ermöglicht eine flexible und responsive Betreuung, die sich den sich ändernden Bedürfnissen und Prioritäten des Betroffenen anpasst.

Es ist wichtig zu betonen, dass die Implementierung einer recovery-orientierten Behandlungsplanung und Dokumentation oft eine signifikante Umstellung für Gesundheitseinrichtungen und -fachkräfte bedeutet. Sie erfordert nicht nur neue Fähigkeiten und Arbeitsweisen, sondern auch eine grundlegende Verschiebung in der Haltung gegenüber den Betroffenen. Schulungen und kontinuierliche Reflexion sind notwendig, um sicherzustellen, dass die Prinzipien des Recovery-Ansatzes nicht nur oberflächlich angewendet, sondern tief in der Praxis verankert werden.

Trotz dieser Herausforderungen bietet die recovery-orientierte Behandlungsplanung und Dokumentation erhebliche Vorteile. Sie fördert eine ganzheitliche, personenzentrierte Versorgung, die das Potenzial hat, nicht nur die klinischen Ergebnisse zu verbessern, sondern auch die Lebensqualität und Zufriedenheit der Betroffenen zu steigern. Indem sie den Betroffenen als aktiven Partner in seinem eigenen Genesungsprozess anerkennt und einbezieht, kann sie zu nachhaltigeren und bedeutungsvolleren Verbesserungen führen als traditionelle, eher paternalistische Ansätze.

Die Umsetzung einer recovery-orientierten Behandlungsplanung und Dokumentation erfordert oft eine Neugestaltung bestehender Systeme und Prozesse in Gesundheitseinrichtungen. Dies kann die Entwicklung neuer Formulare und Dokumentationstools beinhalten, die die ganzheitliche Perspektive des Recovery-Ansatzes widerspiegeln. Elektronische Patientenakten können beispielsweise so angepasst werden, dass sie neben klinischen Daten auch Raum für persönliche Ziele, Ressourcen und Fortschrittsberichte bieten.

Ein wichtiger Aspekt der recovery-orientierten Dokumentation ist die Verwendung einer respektvollen, hoffnungsvollen und entstigmatisierenden Sprache. Anstatt sich auf Defizite und Diagnosen zu konzentrieren, sollte die Dokumentation die Stärken, Fortschritte und Potenziale des Betroffenen hervorheben. Dies kann einen positiven Einfluss auf die Selbstwahrnehmung des Betroffenen haben und auch dazu beitragen, negative Stereotype bei Gesundheitsfachkräften abzubauen.

Die Einbeziehung von Peer-Support-Mitarbeitern in den Prozess der Behandlungsplanung und Dokumentation kann ebenfalls von großem Wert sein. Peer-Supporter, die eigene Erfahrungen mit psychischen Herausforderungen und Genesung haben, können eine einzigartige Perspektive einbringen und den Betroffenen dabei unterstützen, ihre eigenen Ziele und Strategien zu formulieren.

Regelmäßige Überprüfungen und Anpassungen des Behandlungsplans sind ein wesentlicher Bestandteil des recovery-orientierten Ansatzes. Diese Überprüfungen sollten nicht nur von Fachkräften, sondern auch vom Betroffenen selbst initiiert werden können. Sie bieten die Möglichkeit, Fortschritte zu feiern, neue Herausforderungen zu identifizieren und den Plan entsprechend anzupassen.

Die Implementierung einer recovery-orientierten Behandlungsplanung und Dokumentation kann auch positive Auswirkungen auf die Teamarbeit und interdisziplinäre Zusammenarbeit haben. Indem sie einen ganzheitlichen Blick auf den Betroffenen fördert, kann sie die Kommunikation und Koordination zwischen verschiedenen Fachkräften und Diensten verbessern.

Schließlich ist es wichtig zu betonen, dass die recovery-orientierte Behandlungsplanung und Dokumentation nicht als starres Protokoll, sondern als flexibler, individueller Prozess verstanden werden sollte. Sie sollte den sich ändernden Bedürfnissen und Präferenzen des Betroffenen angepasst werden können und Raum für Kreativität und Innovation lassen.

Zusammenfassend lässt sich sagen, dass die recovery-orientierte Behandlungsplanung und Dokumentation einen grundlegenden Wandel In der Art und Weise darstellt, wie wir Gesundheitsversorgung konzeptualisieren und praktizieren. Sie stellt den Menschen in seiner Ganzheit in den Mittelpunkt und erkennt an, dass Genesung ein individueller, oft nicht-linearer Prozess ist, der weit über die klinische Symptomkontrolle hinausgeht. Indem sie die Autonomie, die Stärken und die persönlichen Ziele des Betroffenen in den Vordergrund stellt, hat sie das Potenzial, nicht nur die Qualität der Gesundheitsversorgung zu verbessern, sondern auch zu einem grundlegenden gesellschaftlichen Wandel in der Wahrnehmung und Unterstützung von Menschen mit psychischen Herausforderungen beizutragen.

3.5. Herausforderungen und Chancen bei der Umsetzung

Die Implementierung des Recovery-Ansatzes im Gesundheitssystem bietet vielversprechende Chancen für eine verbesserte und humanere Versorgung von Menschen mit psychischen Erkrankungen. Gleichzeitig stellt sie das bestehende System vor erhebliche Herausforderungen. Eine detaillierte Betrachtung dieser Aspekte ist entscheidend, um den Weg für eine erfolgreiche Umsetzung zu ebnen.

Chancen des Recovery-Ansatzes:

1. Verbesserung der Lebensqualität: Der Recovery-Ansatz zielt darauf ab, die Lebensqualität der Betroffenen signifikant zu verbessern. Indem er den Fokus auf persönliche Ziele, Hoffnungen und Träume legt, ermöglicht er ein erfüllteres Leben jenseits der Symptomkontrolle. Dies kann zu einer größeren Zufriedenheit und einem gesteigerten Selbstwertgefühl führen.

2. Stärkung der Selbstbestimmung: Durch die aktive Einbeziehung der Betroffenen in den Behandlungsprozess fördert der Recovery-Ansatz deren Autonomie und Selbstbestimmung. Dies kann zu einer erhöhten Motivation und einem stärkeren Engagement in der eigenen Genesung führen.

3. Ganzheitlicher Ansatz: Recovery berücksichtigt alle Lebensbereiche eines Menschen, nicht nur die medizinischen Aspekte. Dies ermöglicht eine umfassendere Unterstützung, die soziale, berufliche und persönliche Faktoren einbezieht.

4. Entstigmatisierung: Durch die Betonung von Stärken und Ressourcen kann der Recovery-Ansatz dazu beitragen, Stigmata rund um psychische Erkrankungen abzubauen. Dies kann sowohl auf individueller als auch auf gesellschaftlicher Ebene positive Auswirkungen haben.

5. Langfristige Kosteneffizienz: Obwohl initiale Investitionen erforderlich sein können, verspricht der Recovery-Ansatz langfristig eine höhere

Kosteneffizienz durch verbesserte Outcomes und eine reduzierte Abhängigkeit von intensiven medizinischen Interventionen.

6. Innovation in der Versorgung: Die Implementierung des Recovery-Ansatzes kann als Katalysator für weitere Innovationen im Gesundheitssystem dienen, indem er neue Perspektiven und Methoden in die Versorgung einbringt.

Herausforderungen bei der Umsetzung:

1. Paradigmenwechsel: Eine der größten Herausforderungen liegt in der Überwindung tief verwurzelter paternalistischer Strukturen im Gesundheitssystem. Der Wechsel von einer defizitorientierten zu einer stärkenbasierten Perspektive erfordert ein fundamentales Umdenken bei Fachkräften und Institutionen.

2. Ausbildung und Schulung: Es besteht ein erheblicher Bedarf an Aus- und Weiterbildung für Gesundheitsfachkräfte, um sie mit den Prinzipien und Praktiken des Recovery-Ansatzes vertraut zu machen. Dies erfordert Zeit, Ressourcen und möglicherweise eine Neuausrichtung von Lehrplänen in medizinischen und pflegerischen Ausbildungsstätten.

3. Strukturelle Anpassungen: Bestehende Strukturen und Prozesse im Gesundheitssystem sind oft nicht auf einen recovery-orientierten Ansatz ausgerichtet. Die Anpassung von Dokumentationssystemen, Behandlungsrichtlinien und Qualitätssicherungsmaßnahmen kann komplex und zeitaufwendig sein.

4. Integration von Peer-Support: Die Einbindung von Peers und Erfahrungsexperten in professionelle Teams kann zu Rollenunklarheiten und Spannungen führen. Es bedarf klarer Konzepte für die Zusammenarbeit und die Anerkennung der spezifischen Expertise von Peers.

5. Rechtliche und finanzielle Rahmenbedingungen: Bestehende gesetzliche Regelungen und Finanzierungsmodelle können die Umsetzung recovery-orientierter Praktiken erschweren. Es können Anpassungen in

Bereichen wie Haftung, Datenschutz und Vergütungsstrukturen erforderlich sein.

6. Messbarkeit und Evaluation: Die Entwicklung geeigneter Instrumente zur Messung von Recovery-Outcomes stellt eine Herausforderung dar. Traditionelle klinische Maßstäbe reichen oft nicht aus, um den individuellen und vielschichtigen Genesungsprozess adäquat abzubilden.

7. Balancierung mit evidenzbasierten Praktiken: Es besteht die Herausforderung, recovery-orientierte Ansätze mit etablierten evidenzbasierten Behandlungsmethoden in Einklang zu bringen. Dies erfordert eine sorgfältige Abwägung und möglicherweise die Entwicklung neuer Forschungsparadigmen.

8. Kultureller Wandel: Die Implementierung des Recovery-Ansatzes erfordert einen tiefgreifenden kulturellen Wandel nicht nur innerhalb des Gesundheitssystems, sondern auch in der breiteren Gesellschaft. Dies betrifft Einstellungen gegenüber psychischen Erkrankungen, Vorstellungen von Heilung und die Rolle von Betroffenen im Genesungsprozess.

9. Ressourcenallokation: Die Umsetzung des Recovery-Ansatzes kann initial zusätzliche Ressourcen erfordern, was in einem oft bereits überlasteten Gesundheitssystem eine Herausforderung darstellen kann.

10. Kontinuität der Versorgung: Der Recovery-Ansatz erfordert oft eine langfristige, kontinuierliche Unterstützung, was in einem auf kurzfristige Interventionen ausgerichteten System schwierig umzusetzen sein kann.

Strategien zur Bewältigung der Herausforderungen:

1. Schrittweise Implementation: Ein gradueller Ansatz, bei dem recovery-orientierte Praktiken zunächst in Pilotprojekten erprobt werden, kann helfen, Erfahrungen zu sammeln und Anpassungen vorzunehmen.

2. Partizipative Entwicklung: Die aktive Einbeziehung von Betroffenen, Angehörigen und Fachkräften in die Entwicklung und Umsetzung von Recovery-orientierten Programmen kann die Akzeptanz und Effektivität erhöhen.

3. Interdisziplinäre Zusammenarbeit: Die Förderung des Austauschs zwischen verschiedenen Disziplinen und Sektoren kann innovative Lösungsansätze hervorbringen und eine ganzheitliche Umsetzung unterstützen.

4. Evidenzbasierung: Die systematische Erforschung und Dokumentation der Wirksamkeit recovery-orientierter Ansätze kann deren Akzeptanz und Integration in bestehende Versorgungsstrukturen fördern.

5. Politische Advocacy: Die Sensibilisierung politischer Entscheidungsträger für die Vorteile des Recovery-Ansatzes kann dazu beitragen, notwendige rechtliche und finanzielle Rahmenbedingungen zu schaffen.

Die erfolgreiche Implementierung des Recovery-Ansatzes erfordert einen langfristigen Veränderungsprozess auf allen Ebenen des Gesundheitssystems. Trotz der Herausforderungen bietet dieser Ansatz das Potenzial, die Versorgung von Menschen mit psychischen Erkrankungen grundlegend zu verbessern und ein humaneres, effektiveres Gesundheitssystem zu schaffen. Die Bewältigung dieser Herausforderungen erfordert Geduld, Engagement und eine kontinuierliche Reflexion und Anpassung der Implementierungsstrategien.

6. Schulung und Bewusstseinsbildung: Umfassende Schulungsprogramme für Gesundheitsfachkräfte, aber auch für Verwaltungspersonal und Entscheidungsträger, können dazu beitragen, ein tieferes Verständnis für den Recovery-Ansatz zu entwickeln und dessen Umsetzung zu erleichtern.

7. Entwicklung angepasster Qualitätsindikatoren: Die Schaffung neuer, recovery-orientierter Qualitätsindikatoren kann helfen, den Erfolg von Interventionen besser zu messen und die Versorgungsqualität kontinuierlich zu verbessern.

8. Förderung von Peer-Support-Programmen: Die systematische Integration und Förderung von Peer-Support-Programmen kann nicht nur die Versorgung verbessern, sondern auch zur Entstigmatisierung und zum Empowerment von Betroffenen beitragen.

9. Technologische Innovationen: Die Nutzung digitaler Technologien, wie Apps zur Selbstüberwachung oder Telemedizin-Angebote, kann die Umsetzung recovery-orientierter Praktiken unterstützen und deren Reichweite erhöhen.

10. Netzwerkbildung und Best-Practice-Austausch: Die Schaffung von Netzwerken zum Austausch von Erfahrungen und Best Practices zwischen verschiedenen Einrichtungen und Regionen kann die Implementierung des Recovery-Ansatzes beschleunigen und verbessern.

Abschließend lässt sich sagen, dass die Umsetzung des Recovery-Ansatzes zwar mit erheblichen Herausforderungen verbunden ist, aber auch enorme Chancen für eine Verbesserung der psychischen Gesundheitsversorgung bietet. Der Weg zu einem vollständig recovery-orientierten Gesundheitssystem mag lang und komplex sein, doch jeder Schritt in diese Richtung hat das Potenzial, das Leben von Menschen mit psychischen Erkrankungen positiv zu beeinflussen und zu einer gerechteren, effektiveren und menschlicheren Gesundheitsversorgung beizutragen.

Die erfolgreiche Implementierung erfordert ein Zusammenspiel von Top-down- und Bottom-up-Ansätzen, bei dem sowohl strukturelle Veränderungen auf Systemebene als auch Graswurzelinitiativen und individuelles Engagement eine Rolle spielen. Letztendlich kann der Recovery-Ansatz dazu beitragen, ein Gesundheitssystem zu schaffen, das nicht nur auf die Behandlung von Krankheiten ausgerichtet ist, sondern auf die Förderung von Gesundheit, Wohlbefinden und persönlichem Wachstum – ein System, das den Menschen in seiner Ganzheit in den Mittelpunkt stellt und ihm die Werkzeuge an die Hand gibt, sein volles Potenzial zu entfalten, unabhängig von gesundheitlichen Herausforderungen.

Kapitel 4: Persönlichkeitsmerkmale und deren Auswirkungen

Die menschliche Persönlichkeit ist ein faszinierendes und komplexes Konstrukt, das seit Jahrhunderten Philosophen, Psychologen und Wissenschaftler beschäftigt. Sie beeinflusst maßgeblich, wie wir die Welt wahrnehmen, mit anderen interagieren und auf verschiedene Lebenssituationen reagieren. In diesem Kapitel werden wir uns eingehend mit den verschiedenen Aspekten der Persönlichkeit beschäftigen, ihre Auswirkungen auf Gesundheit und Wohlbefinden untersuchen und kritisch hinterfragen, wie wir in unserer Gesellschaft mit unterschiedlichen Persönlichkeitsausprägungen umgehen.

Zunächst ist es wichtig zu verstehen, dass Persönlichkeit nicht einfach als eine Reihe fest definierter Eigenschaften betrachtet werden kann, sondern vielmehr als ein dynamisches Zusammenspiel verschiedener Faktoren. Genetische Veranlagung, Umwelteinflüsse, kulturelle Prägungen und individuelle Erfahrungen tragen alle zur Entwicklung und Ausprägung unserer Persönlichkeit bei. Diese Vielschichtigkeit macht es oft schwierig, klare Grenzen zwischen "normalen" Persönlichkeitsvariationen und dem zu ziehen, was in der klinischen Psychologie als "Persönlichkeitsstörung" bezeichnet wird.

Ein zentraler Aspekt unserer Betrachtung wird die Diskussion über die Grenzen zwischen Normalität und Pathologie sein. In der Vergangenheit hat die Psychiatrie oft dazu geneigt, bestimmte Persönlichkeitsmerkmale zu pathologisieren, was zu einer Stigmatisierung und möglicherweise unangemessenen Behandlung von Individuen führen kann, deren Persönlichkeitsausprägungen einfach vom gesellschaftlichen Durchschnitt abweichen. Wir werden kritisch hinterfragen, wie psychiatrische Diagnosesysteme Persönlichkeitsmerkmale kategorisieren und welche Auswirkungen dies auf die betroffenen Individuen und die Gesellschaft als Ganzes hat.

Ein wichtiger Ansatz in diesem Zusammenhang ist die Betrachtung von Persönlichkeitsakzentuierungen als Teil der individuellen Entwicklung.

Anstatt bestimmte Persönlichkeitsmerkmale als "abnormal" oder "störend" abzustempeln, können wir sie als einzigartige Aspekte eines Individuums betrachten, die sowohl Herausforderungen als auch Potenziale mit sich bringen. Diese Sichtweise ermöglicht es uns, die positiven Aspekte stark ausgeprägter Persönlichkeitsmerkmale zu erkennen und zu würdigen.

Ein weit verbreitetes und gut erforschtes Modell zur Beschreibung der Persönlichkeit ist das Fünf-Faktoren-Modell, auch bekannt als die "Big Five". Dieses Modell identifiziert fünf grundlegende Persönlichkeitsdimensionen: Offenheit für Erfahrungen, Gewissenhaftigkeit, Extraversion, Verträglichkeit und Neurotizismus. Wir werden uns eingehend mit diesen Dimensionen befassen und untersuchen, wie sie sich auf verschiedene Aspekte unseres Lebens auswirken, einschließlich Stressbewältigung, soziale Beziehungen und allgemeine Lebensqualität.

Besondere Aufmerksamkeit werden wir dem Vergleich zwischen Introversion und Extraversion widmen. In vielen westlichen Gesellschaften wird Extraversion oft als wünschenswertere Eigenschaft angesehen, was zu einer Unterbewertung und manchmal sogar Stigmatisierung introvertierter Persönlichkeiten führen kann. Wir werden die Stärken und Herausforderungen beider Persönlichkeitstypen beleuchten und diskutieren, wie eine ausgewogenere gesellschaftliche Wahrnehmung und Bewertung erreicht werden kann.

Ein weiterer wichtiger Aspekt, den wir betrachten werden, ist Neurotizismus. Oft negativ konnotiert, kann dieses Persönlichkeitsmerkmal auch als erhöhte Sensibilität und emotionale Reaktivität verstanden werden. Wir werden untersuchen, wie Neurotizismus als potenzielle Ressource genutzt werden kann, beispielsweise in Form erhöhter Empathiefähigkeit, und Strategien diskutieren, wie Individuen mit einer Neigung zu Neurotizismus ihre emotionale Reaktivität konstruktiv managen können.

Es ist wichtig zu betonen, dass Persönlichkeitsmerkmale nicht statisch sind, sondern sich im Laufe des Lebens entwickeln und verändern können. Die Entwicklungspsychologie bietet wertvolle Einblicke in diesen Prozess. Wir werden uns mit Theorien wie der Bindungstheorie von John Bowlby und Mary Ainsworth sowie Erik Eriksons Stufenmodell der psychosozialen Entwicklung befassen. Diese Theorien helfen uns zu verstehen, wie frühe Erfahrungen und Beziehungen unsere Persönlichkeitsentwicklung beeinflussen und wie sich unsere Persönlichkeit in verschiedenen Lebensphasen weiterentwickelt.

Der Einfluss von Erziehungsstilen auf die Persönlichkeitsentwicklung ist ein weiterer wichtiger Aspekt, den wir untersuchen werden. Verschiedene Erziehungsansätze können unterschiedliche Persönlichkeitsmerkmale fördern oder hemmen. Wir werden diskutieren, wie autoritäre, permissive, vernachlässigende und autoritative Erziehungsstile die Entwicklung von Selbstvertrauen, Unabhängigkeit, Empathie und anderen Persönlichkeitsaspekten beeinflussen können.

Ein besonders relevantes Thema in diesem Zusammenhang sind kritische Lebensereignisse und ihre Auswirkungen auf die Persönlichkeitsentwicklung. Traumatische Erfahrungen, signifikante Verluste oder auch positive, lebensverändernde Ereignisse können tiefgreifende Auswirkungen auf unsere Persönlichkeit haben. Wir werden untersuchen, wie solche Erfahrungen unsere Persönlichkeit formen und wie Resilienz und Bewältigungsstrategien entwickelt werden können.

Ein faszinierender Aspekt der modernen Neurowissenschaften ist das Konzept der Neuroplastizität - die Fähigkeit unseres Gehirns, sich lebenslang zu verändern und anzupassen. Diese Erkenntnis eröffnet neue Perspektiven auf die Möglichkeit der Persönlichkeitsentwicklung und -veränderung im Erwachsenenalter. Wir werden diskutieren, wie diese neurobiologischen Erkenntnisse unser Verständnis von Persönlichkeit beeinflussen und welche Implikationen sie für persönliches Wachstum und therapeutische Interventionen haben.

Abschließend werden wir uns mit den praktischen Implikationen unserer Erkenntnisse über Persönlichkeitsmerkmale befassen. Wie können wir diese Erkenntnisse nutzen, um ein inklusiveres Gesellschaftsmodell zu schaffen, das die Vielfalt menschlicher Persönlichkeiten wertschätzt und fördert? Wie können Bildungssysteme und Arbeitsumgebungen gestaltet werden, um unterschiedliche Persönlichkeitstypen zu unterstützen und ihr Potenzial zu maximieren? Und wie können therapeutische Ansätze personalisiert werden, um den individuellen Persönlichkeitsmerkmalen und -bedürfnissen gerecht zu werden?

Dieses Kapitel zielt darauf ab, ein tieferes Verständnis für die Komplexität und Vielfalt menschlicher Persönlichkeiten zu vermitteln und gleichzeitig kritisch zu hinterfragen, wie wir als Gesellschaft mit dieser Vielfalt umgehen. Wir werden untersuchen, wie Persönlichkeitsmerkmale unser Leben beeinflussen, von unserer Gesundheit über unsere Beziehungen bis hin zu unserer beruflichen Leistung. Dabei werden wir auch die Grenzen zwischen "normaler" Persönlichkeitsvariation und klinisch relevanten Ausprägungen diskutieren und hinterfragen, wie sinnvoll und hilfreich solche Kategorisierungen sind.

Ein besonderer Fokus wird auf der Frage liegen, wie wir eine Gesellschaft gestalten können, die die Stärken verschiedener Persönlichkeitstypen anerkennt und fördert, anstatt bestimmte Merkmale zu pathologisieren oder zu stigmatisieren. Wir werden innovative Ansätze in Bildung, Arbeitswelt und Gesundheitssystem vorstellen, die darauf abzielen, individuelle Persönlichkeitsmerkmale als Ressourcen zu nutzen und zu entwickeln.

Zudem werden wir uns mit den neuesten Erkenntnissen aus der Neurowissenschaft und Genetik befassen, die unser Verständnis von Persönlichkeit erweitern und neue Perspektiven auf die Möglichkeiten der Persönlichkeitsentwicklung eröffnen. Diese wissenschaftlichen Fortschritte werfen auch wichtige ethische Fragen auf, die wir kritisch diskutieren werden.

Letztendlich soll dieses Kapitel dazu beitragen, ein nuancierteres und wertschätzenderes Verständnis menschlicher Persönlichkeiten zu entwickeln. Es soll Leser dazu ermutigen, ihre eigenen Persönlichkeitsmerkmale und die anderer Menschen mit größerer Offenheit und Akzeptanz zu betrachten. Gleichzeitig möchten wir zu einem kritischen Hinterfragen gesellschaftlicher Normen und Erwartungen in Bezug auf Persönlichkeit anregen und Wege aufzeigen, wie wir als Individuen und als Gesellschaft von einer größeren Wertschätzung persönlicher Unterschiede profitieren können.

4.1. Das Spektrum der Persönlichkeit: Normalität vs. Pathologie

Das Spektrum der Persönlichkeit: Normalität vs. Pathologie ist ein komplexes und vielschichtiges Thema, das in der Psychologie und Psychiatrie intensiv diskutiert wird. Die Abgrenzung zwischen "normaler" Persönlichkeitsvariation und "Störung" ist oft fließend und unterliegt sowohl wissenschaftlichen als auch gesellschaftlichen Einflüssen.

Traditionell haben psychiatrische Diagnosesysteme wie das DSM-5 (Diagnostic and Statistical Manual of Mental Disorders) und die ICD-11 (International Classification of Diseases) versucht, klare Kriterien für Persönlichkeitsstörungen zu definieren. Diese kategorialen Ansätze gehen davon aus, dass Persönlichkeitsstörungen als distinkte Einheiten identifiziert und diagnostiziert werden können. Jedoch wird diese Sichtweise zunehmend kritisch hinterfragt, da sie die Komplexität und Individualität menschlicher Persönlichkeiten möglicherweise nicht ausreichend berücksichtigt.

Ein alternativer Ansatz, der in den letzten Jahren an Bedeutung gewonnen hat, ist der dimensionale Ansatz. Dieser betrachtet Persönlichkeitsmerkmale auf einem Kontinuum, anstatt sie in strikte Kategorien einzuteilen. Der dimensionale Ansatz erkennt an, dass extreme Ausprägungen bestimmter Persönlichkeitsmerkmale zu Schwierigkeiten im Alltag und in zwischenmenschlichen Beziehungen führen können, ohne sie notwendigerweise als "pathologisch" zu bezeichnen. Diese Sichtweise ermöglicht ein nuancierteres Verständnis der Persönlichkeit und ihrer Variationen.

Die Herausforderung besteht darin, ein Gleichgewicht zu finden zwischen der Notwendigkeit, klinisch relevante Probleme zu identifizieren und zu behandeln, und dem Respekt vor individuellen Unterschieden. Es ist wichtig zu erkennen, dass das, was in einem kulturellen oder sozialen Kontext als "normal" gilt, in einem anderen als abweichend betrachtet werden kann. Daher ist es entscheidend, bei der Beurteilung von Persönlichkeitsmerkmalen den jeweiligen sozialen und kulturellen Kontext zu berücksichtigen.

Kritiker argumentieren, dass psychiatrische Diagnosesysteme oft kulturelle Normen und gesellschaftliche Erwartungen widerspiegeln. Dies kann zu einer Pathologisierung von Verhaltensweisen führen, die in anderen Kontexten als normal oder sogar wertvoll betrachtet werden. Beispielsweise könnten Eigenschaften wie Introversion oder hohe Sensibilität in bestimmten Kulturen oder Berufsfeldern als problematisch angesehen werden, während sie in anderen Kontexten geschätzt und als Stärke betrachtet werden.

Ein weiterer wichtiger Aspekt in dieser Diskussion ist die Frage nach der Stabilität von Persönlichkeitsmerkmalen. Während frühere Ansätze davon ausgingen, dass die Persönlichkeit nach dem frühen Erwachsenenalter weitgehend stabil bleibt, zeigen neuere Forschungen, dass signifikante Veränderungen über die gesamte Lebensspanne möglich sind. Dies hat Implikationen für die Diagnose und Behandlung von Persönlichkeitsstörungen, da es suggeriert, dass Interventionen auch im späteren Leben noch wirksam sein können.

Die Debatte um Normalität versus Pathologie in der Persönlichkeit wird auch durch neurowissenschaftliche Erkenntnisse beeinflusst. Studien zur Neuroplastizität des Gehirns zeigen, dass Erfahrungen und Umwelteinflüsse die Gehirnstruktur und -funktion verändern können, was wiederum Auswirkungen auf die Persönlichkeit haben kann. Dies unterstreicht die Bedeutung eines ganzheitlichen Ansatzes, der biologische, psychologische und soziale Faktoren bei der Beurteilung und Behandlung von Persönlichkeitsmerkmalen berücksichtigt.

Ein weiterer wichtiger Punkt in dieser Diskussion ist die Stigmatisierung, die oft mit psychiatrischen Diagnosen einhergeht. Die Etikettierung einer Person mit einer Persönlichkeitsstörung kann weitreichende Folgen für ihr Selbstbild, ihre sozialen Beziehungen und ihre beruflichen Möglichkeiten haben. Daher ist es wichtig, einen sensiblen und ethischen Umgang mit Diagnosen zu pflegen und gleichzeitig sicherzustellen, dass Menschen, die Hilfe benötigen, diese auch erhalten.

In der klinischen Praxis gewinnt der Ansatz der "personenzentrierten Diagnostik" zunehmend an Bedeutung. Dieser Ansatz betrachtet nicht nur die Symptome oder problematischen Verhaltensweisen einer Person, sondern berücksichtigt auch ihre Stärken, Ressourcen und individuellen Lebensziele. Dies ermöglicht eine ganzheitlichere Sichtweise auf die Person und kann zu effektiveren und individuell zugeschnittenen Behandlungsansätzen führen.

Es ist auch wichtig, die Rolle von Resilienz und Anpassungsfähigkeit in der Diskussion um Normalität und Pathologie zu berücksichtigen. Menschen mit bestimmten Persönlichkeitsmerkmalen, die in einigen Kontexten als problematisch angesehen werden könnten, können in anderen Situationen sehr erfolgreich sein, wenn sie Strategien entwickeln, um mit ihren Eigenschaften umzugehen und diese sogar als Stärken zu nutzen.

Schließlich ist es entscheidend, die ethischen Implikationen der Kategorisierung von Persönlichkeitsmerkmalen zu bedenken. Die Macht, Normalität zu definieren und abweichendes Verhalten zu pathologisieren, bringt eine große Verantwortung mit sich. Es ist wichtig, dass Fachleute im Bereich der psychischen Gesundheit sich dieser Verantwortung bewusst sind und einen reflektierten, kulturell sensiblen Ansatz verfolgen.

Zusammenfassend lässt sich sagen, dass die Diskussion um Normalität versus Pathologie in der Persönlichkeit ein komplexes und dynamisches Feld ist. Ein nuancierter, dimensionaler Ansatz, der individuelle, kulturelle und kontextuelle Faktoren berücksichtigt, scheint am besten geeignet, um der Vielfalt menschlicher Persönlichkeiten gerecht zu werden. Gleichzeitig bleibt es eine Herausforderung, ein Gleichgewicht zu finden zwischen der Notwendigkeit, klinisch relevante Probleme zu identifizieren und zu behandeln, und dem Respekt vor individuellen Unterschieden und der Vielfalt menschlicher Erfahrungen.

4.2. Persönlichkeitsakzentuierungen als Teil der individuellen Entwicklung

Persönlichkeitsakzentuierungen als Teil der individuellen Entwicklung spielen eine bedeutende Rolle in der Psychologie und im Verständnis menschlichen Verhaltens. Diese Akzentuierungen, die als besonders stark ausgeprägte Persönlichkeitsmerkmale verstanden werden können, sind nicht nur normal, sondern oft auch wertvolle Aspekte der Individualität eines Menschen.

In der traditionellen klinischen Psychologie wurden ausgeprägte Persönlichkeitsmerkmale häufig als potenzielle Vorstufen zu Persönlichkeitsstörungen betrachtet. Dieser defizitorientierte Ansatz hat jedoch in den letzten Jahren einer differenzierteren Sichtweise Platz gemacht. Moderne psychologische Ansätze erkennen zunehmend an, dass Persönlichkeitsakzentuierungen sowohl Stärken als auch Herausforderungen mit sich bringen können.

Ein Beispiel für eine positive Persönlichkeitsakzentuierung ist eine stark ausgeprägte Gewissenhaftigkeit. Menschen mit dieser Eigenschaft zeichnen sich oft durch hohe Zuverlässigkeit, Genauigkeit und Pflichtbewusstsein aus. Sie können komplexe Aufgaben effizient organisieren und durchführen, was in vielen beruflichen Kontexten hochgeschätzt wird. Ihre Fähigkeit, sich auf Details zu konzentrieren und Projekte konsequent zu Ende zu führen, macht sie zu wertvollen Mitarbeitern und Führungskräften.

Gleichzeitig kann eine übermäßig ausgeprägte Gewissenhaftigkeit auch Herausforderungen mit sich bringen. Perfektionismus, Inflexibilität oder Schwierigkeiten bei der Delegation von Aufgaben können potenzielle Schattenseiten sein. In extremen Fällen kann dies zu erhöhtem Stress, Burnout oder zwanghaftem Verhalten führen. Die Kunst besteht darin, die positiven Aspekte dieser Akzentuierung zu nutzen und gleichzeitig Strategien zu entwickeln, um mögliche negative Auswirkungen auszugleichen.

Ein weiteres Beispiel ist eine starke Ausprägung von Extraversion. Extravertierte Personen sind oft energiegeladen, gesellig und durchsetzungsfähig. Sie können leicht Kontakte knüpfen, sind oft charismatisch und haben ein natürliches Talent für Networking und Führung. In vielen sozialen und beruflichen Kontexten sind diese Eigenschaften von großem Vorteil.

Allerdings kann eine extreme Ausprägung von Extraversion auch Herausforderungen mit sich bringen. Schwierigkeiten, allein zu sein oder sich auf ruhige, konzentrierte Arbeit zu fokussieren, können auftreten. Zudem besteht die Gefahr, dass stark extravertierte Menschen die Bedürfnisse introvertierter Personen in ihrem Umfeld nicht ausreichend wahrnehmen oder respektieren.

Eine ausgeprägte Offenheit für Erfahrungen ist ein weiteres Beispiel für eine Persönlichkeitsakzentuierung mit vielfältigen Potenzialen. Menschen mit dieser Eigenschaft sind oft kreativ, neugierig und intellektuell. Sie haben eine natürliche Neigung, neue Ideen zu erkunden, unkonventionelle Lösungen zu finden und sich für verschiedene Kulturen und Perspektiven zu interessieren. Diese Eigenschaften können in Bereichen wie Kunst, Wissenschaft und Innovation von unschätzbarem Wert sein.

Die Herausforderungen einer stark ausgeprägten Offenheit können darin bestehen, sich zu verzetteln, Schwierigkeiten mit Routine und Struktur zu haben oder in bestimmten Kontexten als "abgehoben" oder unpraktisch wahrgenommen zu werden.

Eine hohe Ausprägung von Verträglichkeit ist ein weiteres interessantes Beispiel. Menschen mit dieser Akzentuierung sind oft einfühlsam, kooperativ und harmoniebedürftig. Sie haben ein natürliches Talent für Teamarbeit, Konfliktlösung und die Schaffung positiver zwischenmenschlicher Beziehungen. In vielen beruflichen und sozialen Kontexten sind diese Eigenschaften sehr wertvoll.

Allerdings kann eine extreme Ausprägung von Verträglichkeit auch dazu führen, dass Menschen Schwierigkeiten haben, sich durchzusetzen,

"Nein" zu sagen oder unpopuläre, aber notwendige Entscheidungen zu treffen. In Führungspositionen kann dies problematisch sein.

Ein ressourcenorientierter Ansatz in der Persönlichkeitsentwicklung und Therapie konzentriert sich darauf, diese individuellen Merkmale als Ausgangspunkt für persönliches Wachstum zu nutzen, anstatt sie als Defizite zu betrachten, die "korrigiert" werden müssen. Dieser Ansatz fördert die Selbstakzeptanz und ermöglicht es Individuen, ihre einzigartigen Qualitäten optimal einzusetzen.

In der praktischen Anwendung könnte dies bedeuten, dass eine Person mit ausgeprägter Gewissenhaftigkeit lernt, ihre Fähigkeiten zur detaillierten Planung und Organisation gezielt einzusetzen, während sie gleichzeitig Techniken entwickelt, um flexibler mit unerwarteten Situationen umzugehen. Ein stark extravertierter Mensch könnte seine sozialen Fähigkeiten nutzen, um in einem Team erfolgreich zu sein, während er gleichzeitig lernt, ruhige Momente der Selbstreflexion in seinen Alltag zu integrieren.

Es ist wichtig zu betonen, dass Persönlichkeitsakzentuierungen nicht statisch sind, sondern sich im Laufe des Lebens entwickeln und verändern können. Lebenserfahrungen, bewusste Selbstentwicklung und äußere Umstände können alle dazu beitragen, dass sich Persönlichkeitsmerkmale verstärken oder abschwächen.

Die Anerkennung und Wertschätzung von Persönlichkeitsakzentuierungen hat auch wichtige Implikationen für die Arbeitswelt und die Bildung. Anstatt zu versuchen, alle Menschen in ein einheitliches Muster zu pressen, kann ein Ansatz, der die individuellen Stärken und Besonderheiten berücksichtigt, zu größerer Zufriedenheit und Produktivität führen. Dies könnte bedeuten, Arbeitsplätze und Lernumgebungen so zu gestalten, dass sie verschiedene Persönlichkeitstypen berücksichtigen und deren spezifische Stärken optimal nutzen.

Zusammenfassend lässt sich sagen, dass Persönlichkeitsakzentuierungen ein faszinierender und wichtiger Aspekt der menschlichen Individualität sind. Sie bieten sowohl Chancen als auch Herausforderungen und spielen eine zentrale Rolle in der persönlichen Entwicklung. Ein ressourcenorientierter Ansatz, der diese Akzentuierungen als potenzielle Stärken betrachtet, kann zu einem positiveren Selbstbild, größerer Selbstwirksamkeit und letztlich zu einem erfüllteren Leben führen.

Gleichzeitig ist es wichtig, ein Bewusstsein für mögliche Herausforderungen zu entwickeln und Strategien zu erarbeiten, um mit diesen umzugehen. In einer Welt, die zunehmend Vielfalt und Individualität schätzt, kann die Anerkennung und Nutzung von Persönlichkeitsakzentuierungen ein Schlüssel zu persönlichem und beruflichem Erfolg sein.

4.3. Die Big Five Persönlichkeitsmerkmale im Kontext der Gesundheit

Die Big Five Persönlichkeitsmerkmale - Offenheit für Erfahrungen, Gewissenhaftigkeit, Extraversion, Verträglichkeit und Neurotizismus - haben signifikante Auswirkungen auf verschiedene Aspekte der Gesundheit und des Wohlbefindens. Diese Persönlichkeitsdimensionen beeinflussen nicht nur, wie Menschen auf Stress reagieren und soziale Beziehungen gestalten, sondern auch, wie sie mit gesundheitsbezogenen Verhaltensweisen umgehen und ihre allgemeine Lebensqualität wahrnehmen.

Gewissenhaftigkeit ist eines der Persönlichkeitsmerkmale, das konsistent mit besserer Gesundheit und längerer Lebensdauer in Verbindung gebracht wird. Menschen mit hoher Gewissenhaftigkeit neigen dazu, organisierter, disziplinierter und zielorientierter zu sein. Im Kontext der Gesundheit bedeutet dies, dass sie eher dazu neigen, gesunde Lebensstile zu pflegen, regelmäßige Gesundheitschecks wahrzunehmen und ärztliche Anweisungen zu befolgen. Sie sind oft besser in der Lage, langfristige Gesundheitsziele zu verfolgen, wie etwa das Aufrechterhalten einer ausgewogenen Ernährung oder eines regelmäßigen Bewegungsprogramms. Darüber hinaus tendieren gewissenhafte Menschen dazu, riskante Verhaltensweisen wie übermäßigen Alkoholkonsum oder Rauchen zu vermeiden, was sich positiv auf ihre langfristige Gesundheit auswirkt.

Extraversion, charakterisiert durch Geselligkeit, Aktivität und positive Emotionalität, kann ebenfalls bedeutende Auswirkungen auf die Gesundheit haben. Extrovertierte Menschen tendieren dazu, größere soziale Netzwerke aufzubauen und aufrechtzuerhalten, was als wichtiger Puffer gegen Stress und psychische Belastungen fungieren kann. Die soziale Unterstützung, die aus diesen Netzwerken resultiert, kann in schwierigen Zeiten eine wertvolle Ressource sein und zur emotionalen Resilienz beitragen. Zudem neigen Extrovertierte oft dazu, aktiver zu sein und mehr an körperlichen Aktivitäten teilzunehmen, was positive Auswirkungen auf die physische Gesundheit haben kann. Allerdings kann ein sehr hohes Maß an Extraversion auch mit riskanteren Verhaltensweisen verbunden sein, was potenzielle negative Gesundheitsfolgen haben könnte.

Verträglichkeit, gekennzeichnet durch Mitgefühl, Kooperationsbereitschaft und Vertrauen, ist oft mit besseren sozialen Beziehungen und einem geringeren Stressniveau verbunden. Menschen mit hoher Verträglichkeit neigen dazu, harmonischere Beziehungen zu führen, was zu einem stabileren sozialen Umfeld und geringeren zwischenmenschlichen Konflikten führt. Dies kann sich positiv auf die psychische Gesundheit auswirken und das Risiko für stressbedingte Erkrankungen reduzieren. Darüber hinaus sind verträgliche Menschen oft empfänglicher für Gesundheitsratschläge und eher bereit, Unterstützung anzunehmen, was ihre Fähigkeit zur Bewältigung von Gesundheitsproblemen verbessern kann.

Offenheit für Erfahrungen, charakterisiert durch Neugierde, Kreativität und Aufgeschlossenheit gegenüber neuen Ideen, wird mit kognitiver Flexibilität und einer größeren Bandbreite an Bewältigungsstrategien in Verbindung gebracht. Menschen mit hoher Offenheit sind oft besser in der Lage, sich an neue Situationen anzupassen und innovative Lösungen für Probleme zu finden. Im Gesundheitskontext kann dies bedeuten, dass sie offener für neue Behandlungsmethoden oder alternative Heilansätze sind. Zudem kann ihre Neugier und ihr Interesse an neuen Erfahrungen zu einem aktiveren Lebensstil führen, was positive Auswirkungen auf die kognitive und physische Gesundheit haben kann. Allerdings kann ein sehr hohes Maß an Offenheit auch mit riskanteren Verhaltensweisen verbunden sein, insbesondere wenn es um das Experimentieren mit potenziell gesundheitsschädlichen Substanzen geht.

Neurotizismus, gekennzeichnet durch emotionale Instabilität und die Tendenz, negative Emotionen zu erleben, kann erhebliche Auswirkungen auf die Gesundheit haben. Menschen mit hohem Neurotizismus neigen dazu, stärker auf Stress zu reagieren und sind anfälliger für Angststörungen und Depressionen. Sie erleben oft intensivere und länger anhaltende negative Emotionen als Reaktion auf Stressoren, was zu chronischem Stress und den damit verbundenen gesundheitlichen Problemen führen kann. Zudem neigen Menschen mit hohem Neurotizismus dazu, körperliche Symptome intensiver wahrzunehmen und sich mehr Sorgen um ihre Gesundheit zu machen, was zu häufigeren Arztbesuchen und potenziell unnötigen medizinischen Untersuchungen führen kann. Allerdings kann ein gewisses Maß an Neurotizismus auch adaptive Funktionen haben, indem es zu erhöhter Wachsamkeit gegenüber potenziellen Gesundheitsrisiken führt.

Es ist wichtig zu betonen, dass die adaptiven Funktionen verschiedener Persönlichkeitsausprägungen stark kontextabhängig sind. Während hohe Extraversion in sozialen Berufen oder Führungspositionen vorteilhaft sein kann, könnte hohe Introversion in Berufen, die Konzentration und Einzelarbeit erfordern, von Vorteil sein. Ähnlich kann hohe Gewissenhaftigkeit in vielen beruflichen Kontexten förderlich sein, könnte aber in kreativen oder flexiblen Arbeitsumgebungen als hinderlich empfunden werden.

Im Gesundheitskontext zeigt sich die Adaptivität verschiedener Persönlichkeitsmerkmale besonders deutlich. Während hohe Gewissenhaftigkeit generell mit besseren Gesundheitoutcomes assoziiert wird, kann ein sehr hohes Maß an Gewissenhaftigkeit in bestimmten Situationen auch zu übermäßiger Sorge oder rigiden Verhaltensmustern führen. Ebenso kann hohe Offenheit für Erfahrungen zwar zu einer größeren Bereitschaft führen, neue Gesundheitsansätze auszuprobieren, könnte aber auch das Risiko für gesundheitsschädigendes experimentelles Verhalten erhöhen.

Die Erkenntnis, dass Persönlichkeitsmerkmale einen signifikanten Einfluss auf die Gesundheit haben, hat wichtige Implikationen für die Gesundheitsversorgung und -förderung. Personalisierte Gesundheitsinterventionen, die die individuellen Persönlichkeitsprofile berücksichtigen, könnten effektiver sein als allgemeine Ansätze. Beispielsweise könnten Menschen mit hohem Neurotizismus von Stressmanagement-Techniken und kognitiver Verhaltenstherapie profitieren, während für Menschen mit niedriger Gewissenhaftigkeit strukturierte Gesundheitsprogramme mit klaren Zielen und regelmäßigen Überprüfungen hilfreich sein könnten.

Zudem unterstreicht die Forschung zu Persönlichkeit und Gesundheit die Bedeutung eines ganzheitlichen Ansatzes in der Gesundheitsversorgung. Statt sich ausschließlich auf physische Symptome zu konzentrieren, sollten Gesundheitsfachkräfte auch die psychologischen und persönlichkeitsbezogenen Faktoren berücksichtigen, die die Gesundheit und das Wohlbefinden einer Person beeinflussen.

Es ist jedoch wichtig zu betonen, dass keine Persönlichkeitsausprägung inhärent "besser" oder "schlechter" ist. Vielmehr geht es darum, die eigenen Stärken zu erkennen und effektiv einzusetzen, während man gleichzeitig an potenziellen Schwachstellen arbeitet. Ein besseres Verständnis der eigenen Persönlichkeit kann Menschen dabei helfen, maßgeschneiderte Strategien zur Verbesserung ihrer Gesundheit und ihres Wohlbefindens zu entwickeln.

Die Forschung zu den Big Five Persönlichkeitsmerkmalen im Gesundheitskontext unterstreicht auch die Bedeutung von Resilienz und Anpassungsfähigkeit. Unabhängig von der individuellen Persönlichkeitsausprägung können Menschen lernen, adaptive Bewältigungsstrategien zu entwickeln und ihre Verhaltensweisen so anzupassen, dass sie ihre Gesundheit und ihr Wohlbefinden fördern.

Darüber hinaus zeigt die Forschung, dass Persönlichkeitsmerkmale nicht unveränderlich sind, sondern sich im Laufe des Lebens entwickeln können. Dies eröffnet Möglichkeiten für gezielte Interventionen zur Förderung gesundheitsförderlicher Persönlichkeitsaspekte. Beispielsweise könnten Trainings zur Steigerung der Gewissenhaftigkeit oder zur Reduzierung des Neurotizismus positive Auswirkungen auf die langfristige Gesundheit haben.

Schließlich unterstreicht die Betrachtung der Big Five Persönlichkeitsmerkmale im Gesundheitskontext die Notwendigkeit eines individualisierten und ganzheitlichen Ansatzes in der Gesundheitsversorgung. Ein tieferes Verständnis der Wechselwirkungen zwischen Persönlichkeit und Gesundheit kann zu effektiveren Präventions- und Behandlungsstrategien führen und letztendlich zu einer Verbesserung der allgemeinen Gesundheit und Lebensqualität beitragen.

4.4. Introversion vs. Extraversion: Stärken und Herausforderungen

Die Unterscheidung zwischen Introversion und Extraversion ist eines der grundlegendsten und am längsten erforschten Konzepte in der Persönlichkeitspsychologie. Dieses Persönlichkeitsmerkmal, das erstmals von Carl Jung beschrieben und später von Hans Eysenck und anderen Forschern weiterentwickelt wurde, bezieht sich auf die Präferenz eines Individuums für bestimmte Arten von sozialen Interaktionen und Stimulationsniveaus.

Extravertierte Menschen neigen dazu, Energie aus sozialen Interaktionen zu ziehen und fühlen sich in geselligen Situationen wohl. Sie sind oft gesprächig, durchsetzungsfähig und suchen aktiv nach Stimulation aus ihrer Umwelt. Extravertierte können leicht Kontakte knüpfen, genießen es, im Mittelpunkt zu stehen, und sind häufig in Führungspositionen zu finden. Ihre Stärken liegen in der Regel in Bereichen wie Networking, Teamarbeit und öffentlichem Auftreten.

Introvertierte hingegen bevorzugen in der Regel ruhigere Umgebungen und tiefere, intimere Beziehungen. Sie zeichnen sich oft durch Reflexionsfähigkeit, Konzentrationsvermögen und die Fähigkeit zum tiefgründigen Denken aus. Introvertierte Menschen schöpfen ihre Energie eher aus Momenten der Ruhe und des Alleinseins. Sie sind oft gute Zuhörer, können sich gut konzentrieren und haben oft kreative oder analytische Fähigkeiten, die in ruhigen Umgebungen besonders zur Geltung kommen.

Es ist wichtig zu betonen, dass Introversion und Extraversion als Kontinuum zu verstehen sind, nicht als strikte Kategorien. Die meisten Menschen befinden sich irgendwo zwischen den Extremen und können je nach Situation und Kontext mehr introvertierte oder extravertierte Verhaltensweisen zeigen. Zudem gibt es Personen, die als "Ambiverte" bezeichnet werden und Eigenschaften beider Typen in sich vereinen.

Die gesellschaftliche Wahrnehmung und Bewertung dieser Merkmale kann erhebliche Auswirkungen auf das psychische Wohlbefinden und die soziale Interaktion haben. In vielen westlichen Gesellschaften, insbesondere in den USA, wird Extraversion oft als wünschenswerter wahrgenommen. Eigenschaften wie Geselligkeit, Durchsetzungsfähigkeit und die Fähigkeit, sich in großen Gruppen wohlzufühlen, werden häufig positiv bewertet und in Bildungs- und Berufskontexten gefördert. Dies kann zu einer potenziellen Unterbewertung und Stigmatisierung introvertierter Persönlichkeiten führen.

Introvertierte Menschen können sich in einer stark extravertierten Kultur unter Druck gesetzt fühlen, was zu Stress, vermindertem Selbstwertgefühl und dem Gefühl, "anders" oder "falsch" zu sein, führen kann. Sie müssen möglicherweise zusätzliche Energie aufwenden, um in sozialen Situationen zu funktionieren, die für Extravertierte natürlicher erscheinen. Dies kann zu Erschöpfung und einem erhöhten Bedürfnis nach Rückzug führen.

Andererseits können Extravertierte in Umgebungen, die Ruhe und Zurückhaltung erfordern, Schwierigkeiten erfahren. In Kulturen oder Situationen, die Introvertiertheit bevorzugen, können sie als aufdringlich oder oberflächlich wahrgenommen werden. Sie können Schwierigkeiten haben, sich auf längere Phasen konzentrierter Einzelarbeit einzulassen oder in sehr ruhigen Umgebungen produktiv zu sein.

Es ist wichtig, die Stärken beider Persönlichkeitstypen anzuerkennen und Umgebungen zu schaffen, die beiden gerecht werden. In der Arbeitswelt bedeutet dies beispielsweise, sowohl Raum für Gruppenarbeit und lebhafte Diskussionen als auch für konzentrierte Einzelarbeit zu bieten. Offene Bürokonzepte, die in den letzten Jahren populär geworden sind, können für Introvertierte besonders herausfordernd sein und sollten durch ruhige Rückzugsorte ergänzt werden.

Im Bildungsbereich sollten verschiedene Lernstile berücksichtigt werden, die sowohl interaktives als auch selbstständiges Lernen ermöglichen. Während Gruppenarbeiten und Präsentationen wichtige Fähigkeiten fördern, sollten auch individuelle Projekte und stille Reflexionszeiten in den Lehrplan integriert werden.

In sozialen Kontexten ist es wichtig, ein Bewusstsein für die unterschiedlichen Bedürfnisse von Introvertierten und Extravertierten zu schaffen. Während Extravertierte möglicherweise große Partys und ständige soziale Interaktion genießen, bevorzugen Introvertierte vielleicht kleinere Zusammenkünfte oder Aktivitäten, die tiefere Gespräche ermöglichen.

Für das individuelle Wohlbefinden ist es entscheidend, den eigenen Persönlichkeitstyp zu verstehen und zu akzeptieren. Introvertierte sollten lernen, ihre Bedürfnisse nach Ruhe und Reflexion zu respektieren und Strategien entwickeln, um in extravertierten Umgebungen zu navigieren, ohne sich selbst zu verleugnen. Extravertierte können davon profitieren, Techniken zur Selbstreflexion und zum ruhigen Nachdenken zu entwickeln, um ihr Potenzial für tiefgründigeres Denken zu nutzen.

Es ist auch wichtig zu betonen, dass sowohl Introversion als auch Extraversion ihre eigenen Herausforderungen in Bezug auf die psychische Gesundheit mit sich bringen können. Während Extravertierte möglicherweise anfälliger für Überstimulation und Burnout sind, können Introvertierte ein erhöhtes Risiko für soziale Isolation und Depression haben. Ein ausgewogener Ansatz, der die Stärken des eigenen Persönlichkeitstyps nutzt und gleichzeitig an potenziellen Schwachstellen arbeitet, kann zu einem gesünderen und erfüllteren Leben beitragen.

In der Partnerschaft und in Freundschaften kann das Verständnis für die unterschiedlichen Bedürfnisse von Introvertierten und Extravertierten zu harmonischeren Beziehungen führen. Es erfordert oft Kompromisse und gegenseitiges Verständnis, wenn beispielsweise ein extravertierter Partner mehr soziale Aktivitäten wünscht, während der introvertierte Partner mehr Ruhe und Zweisamkeit bevorzugt.

Zusammenfassend lässt sich sagen, dass sowohl Introversion als auch Extraversion wertvolle Persönlichkeitsmerkmale sind, die ihre eigenen Stärken und Herausforderungen mit sich bringen. Eine Gesellschaft, die die Beiträge beider Typen wertschätzt und Raum für unterschiedliche

Interaktions- und Arbeitsstile schafft, kann von der Vielfalt der Perspektiven und Fähigkeiten profitieren, die beide Persönlichkeitstypen bieten. Es ist wichtig, ein inklusives Umfeld zu schaffen, in dem sowohl Introvertierte als auch Extravertierte ihr volles Potenzial entfalten können, ohne sich verstellen oder anpassen zu müssen. Durch ein besseres Verständnis und eine größere Akzeptanz dieser Persönlichkeitsunterschiede können wir eine ausgewogenere und harmonischere Gesellschaft schaffen, die die Stärken aller ihrer Mitglieder nutzt und wertschätzt.

Die Forschung im Bereich der Persönlichkeitspsychologie hat gezeigt, dass weder Introversion noch Extraversion per se "besser" oder "gesünder" ist. Beide Persönlichkeitstypen haben ihre eigenen Vor- und Nachteile, und der Schlüssel liegt darin, die eigenen Stärken zu erkennen und zu nutzen, während man gleichzeitig an potenziellen Schwächen arbeitet.

Für Introvertierte kann es hilfreich sein, Strategien zu entwickeln, um sich in extravertierten Umgebungen zu behaupten, ohne ihre eigenen Bedürfnisse zu vernachlässigen. Dies könnte beinhalten, regelmäßige "Auszeiten" während sozialer Veranstaltungen einzuplanen, assertive Kommunikationstechniken zu erlernen oder Aktivitäten zu finden, die sowohl ihrem Bedürfnis nach Ruhe als auch dem Wunsch nach sozialer Interaktion gerecht werden.

Extravertierte können davon profitieren, Techniken zur Selbstreflexion und Achtsamkeit zu erlernen, um ihre innere Welt besser zu verstehen und auch in ruhigeren Umgebungen produktiv zu sein. Sie können lernen, die Vorteile von Momenten der Stille und des Alleinseins zu schätzen und diese für persönliches Wachstum und Kreativität zu nutzen.

In Bildungs- und Arbeitsumgebungen ist es wichtig, ein Bewusstsein für die unterschiedlichen Bedürfnisse beider Persönlichkeitstypen zu schaffen. Dies könnte bedeuten, flexible Arbeitsbedingungen anzubieten, die sowohl kollaborative als auch individuelle Arbeitsweisen ermöglichen, oder Lernumgebungen zu gestalten, die verschiedene Lernstile berücksichtigen.

Letztendlich geht es darum, eine Balance zu finden und eine Umgebung zu schaffen, in der sowohl Introvertierte als auch Extravertierte gedeihen können. Indem wir die Vielfalt der Persönlichkeiten anerkennen und wertschätzen, können wir eine inklusivere und produktivere Gesellschaft schaffen, die von den einzigartigen Stärken beider Persönlichkeitstypen profitiert.

4.5. Neurotizismus: Von Sensibilität bis Verletzlichkeit

Neurotizismus, als eine der fünf Hauptdimensionen der Persönlichkeit im Big Five-Modell, wird oft mit negativen Assoziationen in Verbindung gebracht. Traditionell wurde es als eine Tendenz zu emotionaler Instabilität, Ängstlichkeit und Verletzlichkeit betrachtet. Menschen mit hohen Neurotizismus-Werten neigen dazu, intensiver auf Stressoren zu reagieren und sind anfälliger für psychische Belastungen wie Angststörungen und Depressionen. Allerdings hat sich in den letzten Jahren eine differenziertere Sichtweise auf dieses Persönlichkeitsmerkmal entwickelt, die sowohl die Herausforderungen als auch die potenziellen Vorteile berücksichtigt.

Eine zentrale Eigenschaft von Personen mit ausgeprägtem Neurotizismus ist ihre erhöhte emotionale Reaktivität. Sie erleben Gefühle - sowohl positive als auch negative - oft intensiver als andere. Diese Sensibilität kann einerseits zu einer größeren Verletzlichkeit gegenüber Stress und negativen Erfahrungen führen, andererseits aber auch als eine Form der emotionalen Intelligenz und Feinfühligkeit betrachtet werden, die in vielen Lebensbereichen von Vorteil sein kann.

Ein wesentlicher positiver Aspekt des Neurotizismus ist die oft damit einhergehende gesteigerte Empathiefähigkeit. Menschen mit hohen Neurotizismus-Werten sind häufig besonders gut darin, die Gefühle und emotionalen Zustände anderer wahrzunehmen und nachzuempfinden. Diese Fähigkeit zur emotionalen Resonanz kann in sozialen Berufen, wie etwa in der Psychotherapie, der Sozialarbeit oder der Pflege, von unschätzbarem Wert sein. Auch in künstlerischen Berufen kann die emotionale Tiefe und Sensibilität, die mit Neurotizismus einhergeht, zu besonders ausdrucksstarken und bewegenden Werken führen.

Darüber hinaus geht Neurotizismus oft mit einer ausgeprägten Neigung zur Selbstreflexion und zum analytischen Denken einher. Die Tendenz zum Grübeln, die häufig als problematisch angesehen wird, kann auch zu tieferen Einsichten und kreativen Lösungsansätzen führen. Viele bedeutende Denker, Philosophen und Künstler in der Geschichte zeichneten sich durch ein gewisses Maß an Neurotizismus aus, das möglicherweise zu ihrer besonderen Schaffenskraft beitrug.

Die erhöhte Wachsamkeit und Vorsicht, die mit Neurotizismus verbunden ist, kann in bestimmten Situationen auch adaptiv sein. In potenziell gefährlichen oder unsicheren Umgebungen kann eine erhöhte Sensibilität für mögliche Bedrohungen von Vorteil sein und zu vorausschauendem, vorsichtigem Verhalten führen.

Trotz dieser potenziellen Vorteile ist es unbestreitbar, dass ein hoher Grad an Neurotizismus auch erhebliche Herausforderungen mit sich bringen kann. Die Neigung zu Ängstlichkeit, Selbstzweifeln und negativen Emotionen kann die Lebensqualität beeinträchtigen und das Risiko für psychische Erkrankungen erhöhen. Daher ist es wichtig, Strategien zu entwickeln, um mit der erhöhten emotionalen Reaktivität konstruktiv umzugehen.

Achtsamkeitsbasierte Praktiken haben sich als besonders hilfreich für Menschen mit hohem Neurotizismus erwiesen. Meditation und Mindfulness-Übungen können dazu beitragen, eine gewisse Distanz zu den eigenen Gedanken und Gefühlen zu gewinnen und so deren überwältigende Wirkung zu reduzieren. Diese Techniken fördern eine nicht-wertende Beobachtung der eigenen emotionalen Zustände, was zu einer verbesserten Emotionsregulation führen kann.

Kognitive Umstrukturierung, ein zentrales Element der kognitiven Verhaltenstherapie, ist eine weitere wirksame Strategie. Hierbei lernen Individuen, ihre automatischen negativen Gedankenmuster zu erkennen und zu hinterfragen. Durch die bewusste Auseinandersetzung mit den eigenen Denkprozessen können realistischere und ausgewogenere Perspektiven entwickelt werden, was zur Reduktion von Ängsten und depressiven Symptomen beitragen kann.

Stressmanagement-Techniken sind ebenfalls von großer Bedeutung für Menschen mit hohem Neurotizismus. Da sie besonders sensibel auf

Stressoren reagieren, können Methoden wie progressive Muskelentspannung, autogenes Training oder regelmäßige körperliche Aktivität helfen, das allgemeine Stressniveau zu senken und die Widerstandsfähigkeit gegenüber Belastungen zu erhöhen.

Ein weiterer wichtiger Aspekt ist die Entwicklung einer selbstmitfühlenden Haltung. Menschen mit hohem Neurotizismus neigen oft zu Selbstkritik und harten Selbsturteilen. Die Kultivierung von Selbstmitgefühl kann helfen, eine freundlichere und akzeptierende Haltung gegenüber den eigenen Schwächen und Fehlern einzunehmen, was zu einer verbesserten emotionalen Stabilität beitragen kann.

In der therapeutischen Arbeit mit hochneurotischen Individuen ist es wichtig, einen ressourcenorientierten Ansatz zu verfolgen. Anstatt Neurotizismus ausschließlich als Problem zu betrachten, sollte der Fokus darauf liegen, die damit verbundenen Stärken und Potenziale zu erkennen und zu fördern. Dies kann bedeuten, die erhöhte Sensibilität als Quelle von Kreativität und Einfühlungsvermögen zu würdigen und gleichzeitig Bewältigungsstrategien zu entwickeln, um übermäßigen Stress und negative Emotionen zu regulieren.

Ein solcher Ansatz zielt darauf ab, eine ausgewogenere emotionale Erfahrung zu ermöglichen, bei der die Vorteile der erhöhten Sensibilität genutzt werden können, ohne von den potenziellen Nachteilen überwältigt zu werden. Dies kann zu einer verbesserten Lebensqualität und einer größeren Zufriedenheit führen, ohne die grundlegende Persönlichkeitsstruktur zu verleugnen oder zu unterdrücken.

Es ist auch wichtig zu betonen, dass Neurotizismus nicht als statische Eigenschaft betrachtet werden sollte. Wie alle Persönlichkeitsmerkmale kann es sich im Laufe des Lebens verändern und durch Erfahrungen, Umwelteinflüsse und bewusste Bemühungen modifiziert werden. Studien haben gezeigt, dass Neurotizismus-Werte im Durchschnitt mit zunehmendem Alter leicht abnehmen, was auf eine natürliche Tendenz zur emotionalen Stabilisierung im Laufe des Lebens hindeutet.

Abschließend lässt sich sagen, dass Neurotizismus ein komplexes Persönlichkeitsmerkmal ist, das sowohl Herausforderungen als auch Chancen bietet. Ein differenzierter Blick auf dieses Merkmal ermöglicht es, seine potenziellen Stärken zu würdigen und gleichzeitig Strategien zu entwickeln, um mit den damit verbundenen Schwierigkeiten umzugehen. In einer Gesellschaft, die oft Stabilität und emotionale Ausgeglichenheit idealisiert, ist es wichtig, auch den Wert von Sensibilität und emotionaler Tiefe anzuerkennen. Ein ressourcenorientierter Ansatz im Umgang mit Neurotizismus kann dazu beitragen, dass Individuen ihre einzigartigen Qualitäten besser nutzen und ein erfülltes Leben führen können, das ihre emotionale Sensibilität als Stärke integriert.

In der klinischen Praxis bedeutet dies, dass Therapeuten und Gesundheitsfachkräfte dazu angehalten sind, eine ganzheitliche Perspektive einzunehmen. Anstatt Neurotizismus ausschließlich als Risikofaktor für psychische Erkrankungen zu betrachten, sollten sie auch die potenziellen Stärken und Ressourcen erkennen, die mit diesem Persönlichkeitsmerkmal einhergehen können. Dies könnte beispielsweise bedeuten, Klienten dabei zu unterstützen, ihre emotionale Sensibilität in kreativen oder sozialen Bereichen produktiv einzusetzen, während gleichzeitig an Strategien zur Stressbewältigung und Emotionsregulation gearbeitet wird.

Forschung im Bereich der Persönlichkeitspsychologie und Neurowissenschaften hat gezeigt, dass Individuen mit hohem Neurotizismus oft eine erhöhte Aktivität in Gehirnregionen aufweisen, die für die Verarbeitung von Emotionen und die Wahrnehmung von Bedrohungen zuständig sind. Diese neurobiologische Basis unterstreicht die Wichtigkeit, Neurotizismus nicht als persönliches Versagen oder Charakterschwäche zu betrachten, sondern als eine grundlegende Disposition, die sowohl Herausforderungen als auch Potenziale mit sich bringt.

In Bezug auf zwischenmenschliche Beziehungen kann ein erhöhter Neurotizismus sowohl Herausforderungen als auch Chancen bieten. Einerseits kann die emotionale Intensität zu Konflikten und Missverständnissen führen, andererseits kann sie auch zu tieferen, authentischeren

Verbindungen beitragen. Partner, Freunde und Familienmitglieder von Personen mit hohem Neurotizismus können davon profitieren, mehr über dieses Persönlichkeitsmerkmal zu lernen, um Verständnis und Unterstützung zu fördern.

Abschließend ist es wichtig zu betonen, dass das Ziel im Umgang mit Neurotizismus nicht darin besteht, dieses Persönlichkeitsmerkmal vollständig zu eliminieren oder zu unterdrücken. Vielmehr geht es darum, ein ausgewogenes Verhältnis zu finden, in dem die positiven Aspekte der emotionalen Sensibilität genutzt werden können, während gleichzeitig Fähigkeiten entwickelt werden, um mit den Herausforderungen umzugehen. Durch diesen integrativen Ansatz können Individuen mit hohem Neurotizismus ihre einzigartigen Qualitäten als Ressource nutzen und ein erfülltes, authentisches Leben führen, das ihre emotionale Tiefe als wertvolle Komponente ihrer Persönlichkeit würdigt.

Kapitel 5: Entwicklungspsychologie

Die Entwicklungspsychologie ist ein faszinierendes und komplexes Feld, das sich mit den Veränderungen befasst, die Menschen im Laufe ihres Lebens durchlaufen. Sie untersucht, wie sich kognitive Fähigkeiten, Emotionen, soziale Beziehungen und Persönlichkeitsmerkmale von der Geburt bis ins hohe Alter entwickeln und verändern. Dieses Kapitel wird einen umfassenden Überblick über die wichtigsten Theorien, Konzepte und Erkenntnisse der Entwicklungspsychologie geben und dabei besonders die Aspekte beleuchten, die für das Verständnis von Gesundheit, Resilienz und persönlichem Wachstum relevant sind.

Ein zentrales Thema der Entwicklungspsychologie ist die Frage nach der Natur-Nurture-Debatte: Inwieweit werden unsere Entwicklung und unser Verhalten durch genetische Faktoren (Natur) bestimmt, und welche Rolle spielen Umwelteinflüsse und Erfahrungen (Nurture)? Moderne Ansätze gehen von einem komplexen Zusammenspiel beider Faktoren aus, wobei die Epigenetik - die Lehre von Veränderungen der Genaktivität, die nicht auf Veränderungen der DNA-Sequenz beruhen - zunehmend an Bedeutung gewinnt. Diese Erkenntnisse haben weitreichende Implikationen für unser Verständnis von Entwicklung und eröffnen neue Perspektiven für Interventionen und Therapien.

Ein weiterer Schlüsselaspekt der Entwicklungspsychologie ist die Vorstellung von Entwicklung als lebenslangem Prozess. Während frühere Theorien sich hauptsächlich auf die Kindheit und Jugend konzentrierten, betonen moderne Ansätze, dass Entwicklung und Veränderung in allen Lebensphasen stattfinden. Dieses Konzept der lebenslangen Entwicklung hat wichtige Implikationen für unser Verständnis von psychischer Gesundheit, Resilienz und der Fähigkeit zur Veränderung und Anpassung im Erwachsenenalter.

Die Bindungstheorie, die wir in diesem Kapitel ausführlich behandeln werden, ist ein fundamentales Konzept in der Entwicklungspsychologie. Entwickelt von John Bowlby und erweitert durch Mary Ainsworth, beschreibt sie, wie die frühen Beziehungen zu primären Bezugspersonen die emotionale und soziale Entwicklung eines Kindes prägen. Die Qualität dieser frühen Bindungen hat langfristige Auswirkungen auf die Fähigkeit, Beziehungen zu gestalten, mit Stress umzugehen und ein gesundes Selbstbild zu entwickeln. Neuere Forschungen haben gezeigt, dass Bindungsmuster zwar relativ stabil sind, aber durch positive Erfahrungen und therapeutische Interventionen im Laufe des Lebens verändert werden können. Dies eröffnet wichtige Perspektiven für die Förderung psychischer Gesundheit und Resilienz.

Erik Eriksons Stufenmodell der psychosozialen Entwicklung, das wir ebenfalls eingehend betrachten werden, bietet einen umfassenden Rahmen für das Verständnis der menschlichen Entwicklung über die gesamte Lebensspanne. Erikson beschreibt acht Stadien, die jeweils durch spezifische Entwicklungsaufgaben oder Krisen gekennzeichnet sind. Die Art und Weise, wie diese Krisen bewältigt werden, beeinflusst die weitere Entwicklung und das psychische Wohlbefinden. Eriksons Modell betont die Bedeutung sozialer Beziehungen und kultureller Kontexte für die Entwicklung und bietet wertvolle Einblicke in die Herausforderungen und Chancen verschiedener Lebensphasen.

Ein weiterer wichtiger Aspekt, den wir in diesem Kapitel behandeln werden, ist der Einfluss von Erziehungsstilen auf die Persönlichkeitsentwicklung. Die Forschung hat gezeigt, dass die Art und Weise, wie Eltern mit ihren Kindern interagieren, weitreichende Auswirkungen auf deren emotionale, soziale und kognitive Entwicklung hat. Wir werden die klassischen Erziehungsstile nach Diana Baumrind - autoritär, autoritativ, permissiv und vernachlässigend - diskutieren und ihre Auswirkungen auf die kindliche Entwicklung untersuchen. Dabei werden wir auch neuere Forschungen berücksichtigen, die die kulturelle Vielfalt von Erziehungspraktiken und ihre unterschiedlichen Auswirkungen in verschiedenen Kontexten beleuchten.

Kritische Lebensereignisse spielen eine entscheidende Rolle in der menschlichen Entwicklung. Diese Ereignisse, die oft mit bedeutenden Veränderungen oder Herausforderungen verbunden sind, können sowohl positive als auch negative Auswirkungen auf die psychische Gesundheit und persönliche Entwicklung haben. Wir werden untersuchen, wie Menschen auf solche Ereignisse reagieren, welche Faktoren ihre Resilienz beeinflussen und wie kritische Lebensereignisse als Katalysatoren für persönliches Wachstum dienen können. Dabei werden wir auch das Konzept der Posttraumatischen Belastungsstörung (PTBS) und des Posttraumatischen Wachstums diskutieren, das in den letzten Jahren zunehmend an Aufmerksamkeit gewonnen hat.

Ein faszinierender Aspekt der modernen Entwicklungspsychologie ist das Konzept der Neuroplastizität - die Fähigkeit des Gehirns, sich lebenslang zu verändern und anzupassen. Diese Erkenntnis hat unser Verständnis von Entwicklung und Lernen revolutioniert. Sie zeigt, dass das Gehirn auch im Erwachsenenalter formbar bleibt und dass Veränderungen in Denk- und Verhaltensmustern in jedem Alter möglich sind. Wir werden die neuesten Forschungsergebnisse zur Neuroplastizität vorstellen und ihre Implikationen für Therapie, Rehabilitation und persönliches Wachstum diskutieren.

Ein weiterer wichtiger Aspekt, den wir in diesem Kapitel behandeln werden, ist die Rolle der Emotionen in der Entwicklung. Emotionale Intelligenz - die Fähigkeit, eigene und fremde Gefühle wahrzunehmen, zu verstehen und zu regulieren - entwickelt sich im Laufe des Lebens und spielt eine entscheidende Rolle für psychisches Wohlbefinden und soziale Kompetenz. Wir werden untersuchen, wie sich emotionale Fähigkeiten entwickeln, welche Faktoren diese Entwicklung beeinflussen und wie emotionale Intelligenz gefördert werden kann.

Schließlich werden wir auch die Entwicklung des Selbstkonzepts und der Identität betrachten. Die Frage "Wer bin ich?" beschäftigt Menschen in allen Lebensphasen, aber besonders in der Adoleszenz und im jungen Erwachsenenalter. Wir werden die verschiedenen Theorien zur Identitätsentwicklung diskutieren, darunter James Marcias Erweiterung von Eriksons Konzept der Identitätskrise, und untersuchen, wie sich Identität in einer zunehmend globalisierten und digitalisierten Welt formiert und verändert.

In diesem Kapitel werden wir auch die Implikationen der entwicklungspsychologischen Erkenntnisse für die praktische Arbeit in Bereichen wie Erziehung, Bildung, Psychotherapie und Gesundheitsförderung diskutieren. Wir werden betrachten, wie entwicklungspsychologisches Wissen genutzt werden kann, um Interventionen und Unterstützungsangebote zu gestalten, die den spezifischen Bedürfnissen und Herausforderungen verschiedener Entwicklungsphasen gerecht werden.

Ein besonderer Fokus wird dabei auf der Anwendung entwicklungspsychologischer Erkenntnisse im Kontext von psychischer Gesundheit und Resilienzförderung liegen. Wir werden untersuchen, wie Verständnis für entwicklungsbedingte Prozesse und Übergänge genutzt werden kann, um präventive Maßnahmen zu entwickeln und Menschen in verschiedenen Lebensphasen dabei zu unterstützen, Herausforderungen erfolgreich zu bewältigen und persönliches Wachstum zu fördern.

Darüber hinaus werden wir die Rolle der Entwicklungspsychologie in der Gestaltung von Bildungssystemen und pädagogischen Ansätzen beleuchten. Die Erkenntnisse über kognitive und sozial-emotionale Entwicklung haben weitreichende Implikationen für die Art und Weise, wie wir Lernumgebungen gestalten und Kinder und Jugendliche in ihrer Entwicklung unterstützen können.

Schließlich werden wir auch einen Blick in die Zukunft der Entwicklungspsychologie werfen. Neue Forschungsmethoden, wie Langzeitstudien mit bildgebenden Verfahren, genetische Studien und Big-Data-Analysen, eröffnen neue Möglichkeiten, die komplexen Prozesse der menschlichen Entwicklung zu verstehen. Gleichzeitig stellen gesellschaftliche Veränderungen, wie der demografische Wandel, die Digitalisierung und globale Herausforderungen wie der Klimawandel, die Entwicklungspsychologie vor neue Fragen und Aufgaben.

Insgesamt zielt dieses Kapitel darauf ab, ein umfassendes und nuanciertes Verständnis der menschlichen Entwicklung zu vermitteln. Es soll deutlich machen, dass Entwicklung ein lebenslanger, multidimensionaler Prozess ist, der von einer Vielzahl von Faktoren beeinflusst wird und gleichzeitig enorme Potenziale für Veränderung, Anpassung und Wachstum bietet. Dieses Verständnis bildet eine wichtige Grundlage für einen ganzheitlichen, ressourcenorientierten Ansatz in der Gesundheitsversorgung und für die Förderung von Resilienz und Wohlbefinden in allen Lebensphasen.

5.1. Bindungstheorie und ihre Bedeutung für die emotionale Entwicklung

Die Bindungstheorie und ihre Bedeutung für die emotionale Entwicklung ist ein fundamentaler Baustein in unserem Verständnis der menschlichen Psyche und ihrer Entwicklung. Sie bietet nicht nur Einblicke in die frühe Kindheit, sondern hat weitreichende Implikationen für das gesamte Leben eines Menschen.

John Bowlby, der Begründer der Bindungstheorie, erkannte, dass die Qualität der frühen Beziehungen zwischen einem Kind und seinen primären Bezugspersonen einen tiefgreifenden Einfluss auf die emotionale und soziale Entwicklung des Kindes hat. Er argumentierte, dass Menschen eine angeborene biologische Prädisposition haben, enge emotionale Bindungen zu suchen und aufzubauen. Diese Bindungen dienen nicht nur dem Überleben, sondern bilden auch die Grundlage für die emotionale Sicherheit und das Explorationsverhalten des Kindes.

Mary Ainsworth, eine Schülerin Bowlbys, erweiterte diese Theorie durch ihre bahnbrechenden Forschungen, insbesondere durch das "Fremde-Situations-Verfahren". In diesem standardisierten Beobachtungsverfahren untersuchte sie die Reaktionen von Kleinkindern auf kurzzeitige Trennungen von ihren Müttern und die anschließende Wiedervereinigung. Basierend auf diesen Beobachtungen identifizierte sie drei primäre Bindungsstile:

1. Sicher gebunden: Diese Kinder zeigen Vertrauen in die Verfügbarkeit ihrer Bezugsperson. Sie erkunden ihre Umgebung frei, suchen bei Stress Nähe und lassen sich leicht trösten.

2. Unsicher-vermeidend gebunden: Diese Kinder zeigen wenig sichtbare Reaktionen auf Trennung und vermeiden bei der Wiedervereinigung oft den Kontakt zur Bezugsperson.

3. Unsicher-ambivalent gebunden: Diese Kinder zeigen starke Stressreaktionen bei Trennung, lassen sich bei der Wiedervereinigung aber nur

schwer beruhigen und zeigen oft widersprüchliche Verhaltensweisen wie Nähesuchen und gleichzeitiges Widersetzen.

Später wurde ein vierter Bindungsstil identifiziert:

4. Desorganisiert gebunden: Diese Kinder zeigen widersprüchliche oder desorientierte Verhaltensweisen, oft aufgrund von traumatischen Erfahrungen oder stark inkonsistentem Verhalten der Bezugspersonen.

Die Bindungstheorie betont, dass die Feinfühligkeit und Responsivität der Bezugspersonen entscheidend für die Entwicklung eines sicheren Bindungsstils sind. Feinfühlige Eltern nehmen die Signale ihres Kindes wahr, interpretieren sie richtig und reagieren prompt und angemessen darauf. Dies vermittelt dem Kind das Gefühl von Sicherheit und Vertrauen in die Welt.

Die Auswirkungen der frühen Bindungserfahrungen reichen weit über die Kindheit hinaus. Sicher gebundene Kinder entwickeln in der Regel ein positives Selbstbild, effektive Emotionsregulationsstrategien und gesunde soziale Kompetenzen. Sie sind besser in der Lage, vertrauensvolle Beziehungen aufzubauen und mit Stress umzugehen. Im Gegensatz dazu können unsichere Bindungsmuster zu einem negativeren Selbstbild, Schwierigkeiten in zwischenmenschlichen Beziehungen und einer erhöhten Vulnerabilität für psychische Probleme führen.

Es ist wichtig zu betonen, dass Bindungsmuster zwar relativ stabil sind, aber nicht unveränderlich. Neuere Forschungen zeigen, dass positive Beziehungserfahrungen im späteren Leben, wie z.B. in Partnerschaften oder therapeutischen Beziehungen, das Potenzial haben, unsichere Bindungsmuster zu modifizieren. Dies unterstreicht die Bedeutung der Bindungstheorie für die Psychotherapie und andere Formen der psychosozialen Intervention.

Die Bindungstheorie hat auch wichtige Implikationen für die Gestaltung von Betreuungseinrichtungen und Bildungssystemen. Sie unterstreicht die Notwendigkeit stabiler, feinfühliger Beziehungen in Krippen, Kindergärten und Schulen. Pädagogische Ansätze, die auf der Bindungstheorie basieren, betonen die Wichtigkeit einer sicheren Basis für Lernen und Entwicklung.

In den letzten Jahren hat die Bindungsforschung auch verstärkt die Rolle von Vätern und anderen Bezugspersonen neben der Mutter in den Blick genommen. Es zeigt sich, dass Kinder multiple Bindungsbeziehungen aufbauen können und dass diese verschiedenen Beziehungen unterschiedliche, aber komplementäre Rollen in der kindlichen Entwicklung spielen können.

Neurowissenschaftliche Forschungen haben zudem die biologischen Grundlagen der Bindung beleuchtet. Sie zeigen, wie frühe Bindungserfahrungen die Entwicklung des Gehirns beeinflussen, insbesondere in Bereichen, die für Emotionsregulation, Stressreaktion und soziale Kognition zuständig sind. Diese Erkenntnisse unterstreichen die tiefgreifende und langfristige Bedeutung früher Beziehungserfahrungen für die gesamte Entwicklung eines Menschen.

Die Bindungstheorie hat auch wichtige Implikationen für das Verständnis und die Behandlung von psychischen Störungen. Viele psychische Probleme, wie Depression, Angststörungen oder Persönlichkeitsstörungen, können mit unsicheren Bindungsmustern in Verbindung gebracht werden. Therapeutische Ansätze, die auf der Bindungstheorie basieren, zielen darauf ab, korrigierende Beziehungserfahrungen zu ermöglichen und sicherere Bindungsmuster zu fördern.

In der Praxis bedeutet dies, dass Therapeuten als sichere Basis fungieren, von der aus Klienten ihre inneren Welten und Beziehungsmuster erforschen können. Durch die therapeutische Beziehung können neue, positivere Erfahrungen internalisiert und alte, dysfunktionale Muster modifiziert werden.

Zusammenfassend lässt sich sagen, dass die Bindungstheorie einen unverzichtbaren Beitrag zum Verständnis der menschlichen Entwicklung und des emotionalen Wohlbefindens leistet. Sie unterstreicht die fundamentale Bedeutung früher Beziehungserfahrungen und bietet gleichzeitig Hoffnung für Veränderung und Wachstum über die gesamte Lebensspanne hinweg. In einer Zeit, in der psychische Gesundheit zunehmend in den Fokus rückt, bietet die Bindungstheorie wertvolle Einsichten für Prävention, Intervention und die Gestaltung einer fürsorglicheren Gesellschaft.

5.2. Eriksons Stufenmodell der psychosozialen Entwicklung

Erik Eriksons psychosoziales Entwicklungsmodell ist ein grundlegendes Konzept in der Entwicklungspsychologie, das die menschliche Entwicklung als einen lebenslangen Prozess betrachtet. Im Gegensatz zu früheren Theorien, die sich hauptsächlich auf die Kindheit konzentrierten, erkannte Erikson, dass die Persönlichkeitsentwicklung ein Leben lang andauert und von sozialen und kulturellen Faktoren beeinflusst wird.

Das Modell umfasst acht Stufen, die jeweils durch eine spezifische psychosoziale Krise gekennzeichnet sind. Diese Krisen stellen Herausforderungen dar, die bewältigt werden müssen, um eine gesunde Entwicklung zu gewährleisten. Jede erfolgreich bewältigte Krise führt zur Entwicklung einer bestimmten Stärke oder Tugend, während Schwierigkeiten bei der Bewältigung zu Entwicklungsproblemen führen können.

Die erste Stufe, Vertrauen vs. Misstrauen, findet im Säuglingsalter statt. Hier lernt das Kind, ob es seiner Umwelt vertrauen kann. Die Qualität der Pflege und Zuwendung, die es erhält, bestimmt, ob es ein Grundgefühl des Vertrauens oder des Misstrauens entwickelt. Die daraus resultierende Stärke ist die Hoffnung.

In der zweiten Stufe, Autonomie vs. Scham und Zweifel (Kleinkindalter), beginnt das Kind, seine Unabhängigkeit zu erkunden. Es lernt, Kontrolle über seinen Körper und seine Umgebung auszuüben. Wenn Eltern und Bezugspersonen diese Bemühungen unterstützen, entwickelt das Kind ein Gefühl der Autonomie. Übermäßige Einschränkung oder Kritik kann zu Scham und Zweifel führen. Die hier entwickelte Stärke ist der Wille.

Die dritte Stufe, Initiative vs. Schuldgefühl (Spielalter), ist gekennzeichnet durch die zunehmende Fähigkeit des Kindes, Aktivitäten zu planen und durchzuführen. Wenn Kinder in ihren Bemühungen ermutigt werden, entwickeln sie Initiative. Werden ihre Aktivitäten jedoch ständig als störend empfunden oder bestraft, können Schuldgefühle entstehen. Die resultierende Stärke ist die Zielstrebigkeit.

In der vierten Stufe, Werksinn vs. Minderwertigkeitsgefühl (Schulalter), beginnt das Kind, seine Fähigkeiten mit denen seiner Altersgenossen zu vergleichen. Erfolge in der Schule und in sozialen Situationen fördern ein Gefühl der Kompetenz, während wiederholte Misserfolge zu Minderwertigkeitsgefühlen führen können. Die hier entwickelte Stärke ist die Kompetenz.

Die fünfte Stufe, Identität vs. Identitätsdiffusion (Adoleszenz), ist eine kritische Phase, in der Jugendliche mit der Frage konfrontiert werden: "Wer bin ich?". Sie experimentieren mit verschiedenen Rollen und Identitäten. Eine erfolgreiche Navigation durch diese Phase führt zu einem kohärenten Selbstbild, während Schwierigkeiten zu Verwirrung über die eigene Rolle in der Gesellschaft führen können. Die resultierende Stärke ist die Treue (zu sich selbst und anderen).

In der sechsten Stufe, Intimität vs. Isolation (frühes Erwachsenenalter), geht es um die Fähigkeit, enge, verbindliche Beziehungen zu anderen aufzubauen. Menschen, die Schwierigkeiten haben, solche Bindungen einzugehen, können sich isoliert und einsam fühlen. Die hier entwickelte Stärke ist die Liebe.

Die siebte Stufe, Generativität vs. Stagnation (mittleres Erwachsenenalter), bezieht sich auf den Wunsch, etwas von bleibendem Wert für zukünftige Generationen zu schaffen. Dies kann sich in der Kindererziehung, im beruflichen Schaffen oder in gesellschaftlichem Engagement ausdrücken. Menschen, die in dieser Phase keine Möglichkeiten finden, sich produktiv einzubringen, können ein Gefühl der Stagnation entwickeln. Die resultierende Stärke ist die Fürsorge.

Die achte und letzte Stufe, Ich-Integrität vs. Verzweiflung (spätes Erwachsenenalter), ist geprägt von der Reflexion über das gelebte Leben. Menschen, die ihr Leben als sinnvoll und erfüllt betrachten, entwickeln ein Gefühl der Integrität. Diejenigen, die mit Bedauern auf ihr Leben zurückblicken, können Verzweiflung empfinden. Die hier entwickelte Stärke ist die Weisheit.

Eriksons Modell betont, dass jede Stufe auf den vorherigen aufbaut und dass die Art, wie frühere Krisen bewältigt wurden, die Bewältigung späterer Krisen beeinflusst. Es ist jedoch wichtig zu verstehen, dass diese Stufen nicht starr sind und dass Menschen in späteren Lebensphasen oft frühere Krisen neu bearbeiten und lösen können.

Das psychosoziale Entwicklungsmodell hat weitreichende Anwendungen in verschiedenen Bereichen. In der klinischen Psychologie hilft es Therapeuten, die Ursprünge aktueller Probleme in früheren Entwicklungsphasen zu verstehen. In der Pädagogik bietet es Lehrern und Erziehern ein Rahmenwerk, um die Bedürfnisse und Herausforderungen von Kindern und Jugendlichen in verschiedenen Altersstufen zu verstehen. In der Sozialarbeit und Beratung kann es helfen, Interventionen zu planen, die auf die spezifischen Entwicklungsaufgaben des Klienten abgestimmt sind.

Eriksons Modell fördert auch ein ganzheitliches Verständnis menschlicher Entwicklung, das die Wechselwirkungen zwischen individuellen, sozialen und kulturellen Faktoren berücksichtigt. Es betont die Bedeutung sozialer Beziehungen und kultureller Einflüsse auf die Persönlichkeitsentwicklung und erkennt an, dass Menschen aktive Teilnehmer in ihrer eigenen Entwicklung sind.

Trotz seiner weitreichenden Akzeptanz und Anwendung hat Eriksons Modell auch Kritik erfahren. Einige Forscher argumentieren, dass es zu stark auf westliche, insbesondere amerikanische, kulturelle Normen ausgerichtet ist und möglicherweise nicht universell anwendbar ist. Andere kritisieren, dass es geschlechtsspezifische Unterschiede in der Entwicklung nicht ausreichend berücksichtigt.

Dennoch bleibt Eriksons psychosoziales Entwicklungsmodell ein einflussreiches und nützliches Werkzeug für das Verständnis menschlicher Entwicklung. Es bietet einen umfassenden Rahmen, der die Komplexität und Kontinuität der Persönlichkeitsentwicklung über die gesamte Lebensspanne hinweg anerkennt und betont die Bedeutung der erfolgreichen Bewältigung von Entwicklungsaufgaben für psychisches Wohlbefinden und persönliches Wachstum.

5.3. Der Einfluss von Erziehungsstilen auf die Persönlichkeitsentwicklung

Die Erziehungsstile, die Kinder in ihren prägenden Jahren erfahren, haben einen tiefgreifenden und langanhaltenden Einfluss auf ihre Persönlichkeitsentwicklung. Sie formen nicht nur das unmittelbare Verhalten und die emotionalen Reaktionen des Kindes, sondern legen auch den Grundstein für zukünftige Beziehungsmuster, Selbstwahrnehmung und die Art und Weise, wie das Individuum mit Herausforderungen und Stress umgeht.

Die von Diana Baumrind identifizierten Erziehungsstile - autoritativ, autoritär, permissiv und später ergänzt durch den vernachlässigenden Stil - bieten einen wertvollen Rahmen für das Verständnis der verschiedenen Ansätze in der Kindererziehung und deren Auswirkungen auf die Persönlichkeitsentwicklung.

Der autoritative Erziehungsstil, der oft als ideal angesehen wird, zeichnet sich durch eine ausgewogene Kombination von emotionaler Wärme, klaren Regeln und der Förderung von Autonomie aus. Eltern, die diesen Stil praktizieren, kommunizieren offen mit ihren Kindern, erklären die Gründe für Regeln und Grenzen und ermutigen ihre Kinder, eigene Meinungen zu entwickeln und Entscheidungen zu treffen. Dieser Ansatz fördert in der Regel die Entwicklung von Selbstvertrauen, emotionaler Intelligenz und sozialer Kompetenz. Kinder, die autoritativ erzogen werden, neigen dazu, akademisch erfolgreich zu sein, gesunde Beziehungen zu führen und eine starke Fähigkeit zur Selbstregulation zu entwickeln.

Im Gegensatz dazu steht der autoritäre Erziehungsstil, der durch strenge Kontrolle, hohe Erwartungen und oft mangelnde emotionale

Wärme gekennzeichnet ist. Eltern, die diesen Stil anwenden, legen großen Wert auf Gehorsam und Disziplin, oft ohne die zugrunde liegenden Gründe für Regeln zu erklären oder die Perspektive des Kindes zu berücksichtigen. Dieser Ansatz kann zu verschiedenen Persönlichkeitsausprägungen führen: Einige Kinder entwickeln eine übermäßig gehorsame und unterwürfige Haltung, während andere mit Rebellion und Aggressivität reagieren. Häufig zeigen Kinder aus autoritären Haushalten Schwierigkeiten bei der Entwicklung von Selbstständigkeit und emotionaler Ausdrucksfähigkeit. Sie können Probleme haben, eigene Entscheidungen zu treffen und neigen dazu, externe Autoritäten für ihre Handlungen verantwortlich zu machen.

Der permissive Erziehungsstil, charakterisiert durch wenige Regeln und Grenzen bei gleichzeitiger hoher emotionaler Zuwendung, kann ebenfalls signifikante Auswirkungen auf die Persönlichkeitsentwicklung haben. Kinder, die in einem solchen Umfeld aufwachsen, genießen oft ein hohes Maß an Freiheit und emotionaler Unterstützung. Dies kann einerseits zu kreativen, selbstbewussten Individuen führen, die gut mit ihren Gefühlen umgehen können. Andererseits kann es auch zu Schwierigkeiten bei der Entwicklung von Selbstdisziplin und der Akzeptanz von Grenzen führen. Solche Kinder können Probleme haben, mit Frustration umzugehen, und zeigen möglicherweise eine geringere Bereitschaft, Verantwortung für ihre Handlungen zu übernehmen.

Der vernachlässigende Erziehungsstil, gekennzeichnet durch geringes elterliches Engagement und fehlende emotionale Unterstützung, hat oft die gravierendsten negativen Auswirkungen auf die Persönlichkeitsentwicklung. Kinder, die in einem solchen Umfeld aufwachsen, können Schwierigkeiten haben, vertrauensvolle Beziehungen aufzubauen, und zeigen oft ein niedriges Selbstwertgefühl. Sie können Probleme bei der Emotionsregulation entwickeln und neigen dazu, entweder übermäßig unabhängig oder stark anhänglich in Beziehungen zu sein. Langfristig kann dieser Erziehungsstil zu einer erhöhten Anfälligkeit für psychische Gesundheitsprobleme und Substanzmissbrauch führen.

Es ist wichtig zu betonen, dass diese Erziehungsstile in der Realität selten in ihrer reinen Form auftreten. Viele Eltern wenden eine Mischung verschiedener Stile an, die je nach Situation und individuellem Kind variieren können. Zudem spielen kulturelle Faktoren eine bedeutende Rolle bei der Interpretation und Anwendung von Erziehungsstilen. Was in einer Kultur als angemessener Erziehungsstil gilt, kann in einer anderen als unangemessen angesehen werden.

Neuere Forschungen haben auch die Bedeutung der Kind-Umwelt-Passung hervorgehoben. Dieser Ansatz betont, dass die Auswirkungen eines bestimmten Erziehungsstils auch vom Temperament und den individuellen Eigenschaften des Kindes abhängen. Ein Erziehungsstil, der für ein Kind optimal ist, kann für ein anderes weniger geeignet sein. Dies unterstreicht die Notwendigkeit eines flexiblen, auf das individuelle Kind abgestimmten Erziehungsansatzes.

Darüber hinaus ist es wichtig, die bidirektionale Natur der Eltern-Kind-Beziehung zu berücksichtigen. Während Erziehungsstile zweifellos die Persönlichkeitsentwicklung des Kindes beeinflussen, hat auch das Verhalten und Temperament des Kindes Auswirkungen auf den Erziehungsstil der Eltern. Ein besonders herausforderndes Kind kann beispielsweise dazu führen, dass Eltern einen strengeren Ansatz wählen, während ein eher pflegeleichtes Kind einen permissiveren Stil begünstigen kann.

Die langfristigen Auswirkungen von Erziehungsstilen auf die Persönlichkeitsentwicklung zeigen sich in verschiedenen Aspekten des erwachsenen Lebens. Sie beeinflussen die Art und Weise, wie Individuen Beziehungen führen, mit Stress umgehen, Probleme lösen und ihre eigene Identität wahrnehmen. Menschen, die einen autoritativen Erziehungsstil erfahren haben, zeigen oft eine höhere emotionale Intelligenz, bessere soziale Fähigkeiten und eine größere Fähigkeit zur Selbstreflexion. Im Gegensatz dazu können diejenigen, die einen autoritären oder vernachlässigenden Stil erlebt haben, Schwierigkeiten haben, gesunde Beziehungen aufzubauen oder ein stabiles Selbstwertgefühl zu entwickeln.

Es ist jedoch wichtig zu betonen, dass der Einfluss von Erziehungsstilen nicht deterministisch ist. Menschen haben die Fähigkeit, aus ihren Erfahrungen zu lernen und sich weiterzuentwickeln. Viele Erwachsene, die in ihrer Kindheit weniger optimale Erziehungsstile erlebt haben, sind in der Lage, durch Selbstreflexion, Therapie oder andere unterstützende Beziehungen positive Veränderungen in ihrer Persönlichkeit und ihrem Verhalten zu bewirken.

Für Fachkräfte im Bereich der psychischen Gesundheit und Entwicklungspsychologie ist das Verständnis der Erziehungsstile und ihrer Auswirkungen auf die Persönlichkeitsentwicklung von großer Bedeutung. Es ermöglicht ihnen, die Ursprünge bestimmter Verhaltensweisen und Persönlichkeitsmerkmale besser zu verstehen und gezielte Interventionen zu entwickeln.

In der Praxis kann dieses Wissen genutzt werden, um Eltern bei der Entwicklung effektiver Erziehungsstrategien zu unterstützen. Elterntrainings und Familienberatungen können dazu beitragen, dass Eltern einen ausgewogeneren, autoritativen Stil entwickeln, der die gesunde Persönlichkeitsentwicklung ihrer Kinder fördert.

Gleichzeitig ist es wichtig, kulturelle Sensibilität zu wahren. Was in einem kulturellen Kontext als optimaler Erziehungsstil gilt, kann in einem anderen anders bewertet werden. Daher ist es entscheidend, Erziehungsstile im Kontext des jeweiligen kulturellen, sozialen und familiären Hintergrunds zu betrachten.

Zukünftige Forschungen in diesem Bereich könnten sich darauf konzentrieren, wie sich Erziehungsstile in einer sich schnell verändernden, digitalisierten Welt anpassen. Die Auswirkungen von Social Media, Online-Gaming und anderen digitalen Einflüssen auf die Eltern-Kind-Beziehung und die daraus resultierenden Erziehungsstile sind ein wichtiges Forschungsfeld.

Abschließend lässt sich sagen, dass der Einfluss von Erziehungsstilen auf die Persönlichkeitsentwicklung ein komplexes und vielschichtiges

Thema ist. Während bestimmte Stile allgemein als förderlicher für eine gesunde Entwicklung angesehen werden, ist es wichtig, die individuellen Unterschiede zwischen Kindern, die kulturellen Kontexte und die sich ständig verändernde Natur der Eltern-Kind-Beziehung zu berücksichtigen. Ein flexibler, anpassungsfähiger Ansatz in der Erziehung, der die individuellen Bedürfnisse des Kindes berücksichtigt und gleichzeitig klare Grenzen und emotionale Unterstützung bietet, scheint am besten geeignet, um eine positive Persönlichkeitsentwicklung zu fördern.

Das Verständnis dieser Zusammenhänge kann nicht nur Eltern und Erziehern helfen, sondern auch Erwachsenen, die ihre eigene Entwicklung besser verstehen und möglicherweise negative Auswirkungen früherer Erfahrungen überwinden möchten. Letztendlich unterstreicht die Forschung zu Erziehungsstilen die tiefgreifende und dauerhafte Bedeutung früher Beziehungserfahrungen für die lebenslange Persönlichkeitsentwicklung und das psychische Wohlbefinden.

5.4. Kritische Lebensereignisse und ihre Auswirkungen auf die Entwicklung

Kritische Lebensereignisse und ihre Auswirkungen auf die Entwicklung sind ein zentrales Thema in der Entwicklungspsychologie und haben weitreichende Implikationen für das Verständnis menschlicher Anpassungs- und Wachstumsprozesse. Diese Ereignisse, die oft als Wendepunkte im Leben eines Menschen betrachtet werden, können sowohl geplant als auch unerwartet auftreten und erfordern in der Regel eine signifikante Neuanpassung des Individuums an veränderte Lebensumstände.

Die Bandbreite kritischer Lebensereignisse ist groß und umfasst sowohl positive als auch negative Erfahrungen. Zu den positiven Ereignissen zählen beispielsweise Heirat, die Geburt eines Kindes, ein beruflicher Aufstieg oder der Erwerb eines Eigenheims. Negative Ereignisse können der Tod eines geliebten Menschen, eine schwere Krankheitsdiagnose, Arbeitslosigkeit oder eine Scheidung sein. Es ist wichtig zu betonen, dass die Wahrnehmung und Bewertung eines Ereignisses als positiv oder negativ individuell sehr unterschiedlich sein kann und von verschiedenen Faktoren wie persönlichen Werten, kulturellem Hintergrund und Lebensumständen abhängt.

Die Auswirkungen kritischer Lebensereignisse auf die Entwicklung eines Menschen sind vielschichtig und können verschiedene Aspekte des Lebens beeinflussen:

1. Persönlichkeitsveränderungen: Kritische Lebensereignisse können tiefgreifende Veränderungen in der Persönlichkeitsstruktur eines Menschen bewirken. Dies kann sich in veränderten Einstellungen, Verhaltensweisen und emotionalen Reaktionsmustern äußern. Beispielsweise kann eine Person nach dem Überleben einer lebensbedrohlichen Krankheit eine erhöhte Wertschätzung für das Leben entwickeln und risikobereiter oder abenteuerlustiger werden.

2. Entwicklung neuer Copingstrategien: Die Konfrontation mit herausfordernden Lebensereignissen kann zur Entwicklung neuer Bewältigungsstrategien führen. Menschen lernen oft neue Wege, mit Stress und Belastungen umzugehen, was ihre Anpassungsfähigkeit und Resilienz langfristig stärken kann.

3. Veränderungen im Selbstkonzept und der Identität: Kritische Ereignisse können das Selbstbild einer Person grundlegend verändern. Ein Mensch, der eine schwere Krankheit überwindet, mag sich selbst als stärker und widerstandsfähiger wahrnehmen. Andererseits kann der Verlust einer wichtigen beruflichen Position zu einer Krise der beruflichen Identität führen.

4. Neuausrichtung von Werten und Lebenszielen: Oft führen einschneidende Erfahrungen dazu, dass Menschen ihre Prioritäten überdenken und neu setzen. Was vorher als wichtig galt, kann in den Hintergrund treten, während andere Aspekte des Lebens an Bedeutung gewinnen.

5. Veränderungen in Beziehungsmustern: Kritische Lebensereignisse können bestehende Beziehungen auf die Probe stellen, aber auch neue Bindungen entstehen lassen. Sie können zu einer Neubewertung sozialer Beziehungen führen und die Art und Weise, wie Menschen mit anderen interagieren, verändern.

6. Kognitive Umstrukturierung: Die Auseinandersetzung mit kritischen Ereignissen kann zu einer Veränderung in der Art und Weise führen, wie Menschen die Welt und sich selbst wahrnehmen und interpretieren. Dies kann zu einem erweiterten Verständnis von Leben, Tod, Sinn und persönlichen Fähigkeiten führen.

7. Physiologische Veränderungen: Stress, der mit kritischen Lebensereignissen einhergeht, kann auch langfristige Auswirkungen auf die körperliche Gesundheit haben. Dies kann sich in veränderten Stressreaktionen, Immunfunktionen oder sogar epigenetischen Veränderungen äußern.

Die Art und Weise, wie ein Individuum auf kritische Lebensereignisse reagiert, hängt von einer Vielzahl von Faktoren ab:

- Persönliche Ressourcen: Dazu gehören Persönlichkeitsmerkmale wie Optimismus, Selbstwirksamkeit und emotionale Stabilität, aber auch Fähigkeiten wie Problemlösekompetenz und Emotionsregulation.

- Soziale Unterstützung: Die Verfügbarkeit und Qualität sozialer Netzwerke spielt eine entscheidende Rolle bei der Bewältigung kritischer Ereignisse.

- Frühere Erfahrungen: Die Art, wie eine Person in der Vergangenheit mit Herausforderungen umgegangen ist, beeinflusst ihre Reaktion auf aktuelle Ereignisse.

- Kultureller Kontext: Kulturelle Werte und Normen beeinflussen, wie kritische Ereignisse interpretiert und bewältigt werden.

- Timing des Ereignisses: Der Zeitpunkt im Lebensverlauf, zu dem ein kritisches Ereignis eintritt, kann seine Auswirkungen beeinflussen.

- Art und Intensität des Ereignisses: Nicht alle kritischen Ereignisse haben die gleiche Wirkung. Ihre Natur und Schwere spielen eine wichtige Rolle.

Ein wichtiger Aspekt in der Forschung zu kritischen Lebensereignissen ist das Konzept des posttraumatischen Wachstums. Dieses Phänomen beschreibt die Erfahrung positiver Veränderungen als Resultat des Ringens mit sehr herausfordernden Lebensumständen. Posttraumatisches Wachstum kann sich in verschiedenen Bereichen manifestieren:

- Größere Wertschätzung des Lebens
- Verbesserte Beziehungen zu anderen
- Erhöhtes Gefühl persönlicher Stärke
- Erkennen neuer Möglichkeiten im Leben
- Spirituelle Entwicklung oder Vertiefung

Es ist wichtig zu betonen, dass posttraumatisches Wachstum nicht automatisch oder bei allen Menschen auftritt. Es erfordert oft aktive kognitive Verarbeitung und Sinnfindung im Angesicht von Widrigkeiten.

Für die Praxis in Bereichen wie Psychotherapie, Sozialarbeit und Gesundheitsversorgung ergeben sich aus dem Verständnis kritischer Lebensereignisse wichtige Implikationen:

1. Ganzheitliche Betrachtung: Es ist wichtig, den Menschen in seiner Gesamtheit zu betrachten und zu verstehen, wie kritische Ereignisse verschiedene Lebensbereiche beeinflussen können.

2. Ressourcenorientierung: Der Fokus sollte nicht nur auf der Bewältigung negativer Folgen liegen, sondern auch auf der Identifikation und Stärkung vorhandener Ressourcen und Wachstumspotenziale.

3. Individualisierte Unterstützung: Da die Reaktionen auf kritische Ereignisse sehr individuell sind, sollten Unterstützungsangebote flexibel und auf die spezifischen Bedürfnisse des Einzelnen zugeschnitten sein.

4. Langzeitperspektive: Die Auswirkungen kritischer Ereignisse können sich über lange Zeiträume erstrecken. Eine langfristige Begleitung und Unterstützung kann daher sinnvoll sein.

5. Förderung von Resilienz: Programme und Interventionen sollten darauf abzielen, die Widerstandsfähigkeit und Anpassungsfähigkeit von Individuen zu stärken.

6. Kulturelle Sensibilität: Bei der Unterstützung von Menschen, die kritische Lebensereignisse durchleben, ist es wichtig, kulturelle Unterschiede in der Wahrnehmung und Bewältigung solcher Ereignisse zu berücksichtigen.

7. Förderung sozialer Unterstützung: Da soziale Unterstützung eine Schlüsselrolle bei der Bewältigung kritischer Ereignisse spielt, sollten Interventionen auch darauf abzielen, soziale Netzwerke zu stärken und zu aktivieren.

8. Psychoedukation: Die Vermittlung von Wissen über normale Reaktionen auf kritische Ereignisse und mögliche Bewältigungsstrategien kann Menschen helfen, ihre eigenen Erfahrungen besser einzuordnen und zu verstehen.

In der Forschung zu kritischen Lebensereignissen gibt es noch viele offene Fragen und Herausforderungen. Einige wichtige Forschungsrichtungen umfassen:

1. Längsschnittstudien: Um die langfristigen Auswirkungen kritischer Ereignisse besser zu verstehen, sind mehr Langzeitstudien erforderlich, die Menschen über Jahre oder sogar Jahrzehnte begleiten.

2. Neurobiologische Forschung: Die Untersuchung der neurobiologischen Grundlagen von Resilienz und Anpassung an kritische Ereignisse könnte neue Einblicke in die zugrunde liegenden Mechanismen liefern.

3. Kulturvergleichende Studien: Mehr Forschung ist notwendig, um zu verstehen, wie kulturelle Faktoren die Wahrnehmung und Bewältigung kritischer Ereignisse beeinflussen.

4. Interventionsforschung: Die Entwicklung und Evaluation von Interventionen zur Unterstützung von Menschen in und nach kritischen Lebensereignissen bleibt ein wichtiges Forschungsfeld.

5. Untersuchung positiver kritischer Ereignisse: Während viel Forschung sich auf negative Ereignisse konzentriert, verdienen auch positive kritische Ereignisse und ihre Auswirkungen mehr Aufmerksamkeit.

6. Interaktion verschiedener Ereignisse: Es ist wichtig zu untersuchen, wie sich multiple kritische Ereignisse gegenseitig beeinflussen und welche kumulativen Effekte sie haben können.

Abschließend lässt sich sagen, dass kritische Lebensereignisse eine zentrale Rolle in der menschlichen Entwicklung spielen. Sie können sowohl Quelle von Belastung und Krise als auch Katalysator für Wachstum und positive Veränderung sein. Ein tieferes Verständnis dieser Ereignisse und ihrer Auswirkungen ist essentiell für die Entwicklung effektiver Unterstützungsangebote und Interventionen in verschiedenen Bereichen der Gesundheitsversorgung und Sozialarbeit.

Gleichzeitig unterstreicht die Forschung zu kritischen Lebensereignissen die bemerkenswerte Anpassungsfähigkeit und Resilienz des Menschen. Sie zeigt, dass selbst in den schwierigsten Lebensumständen Potenzial für persönliches Wachstum und positive Veränderung besteht. Diese Erkenntnis kann sowohl für Fachkräfte als auch für Betroffene eine Quelle der Hoffnung und Inspiration sein und dazu beitragen, einen optimistischeren und ressourcenorientierteren Blick auf menschliche Entwicklung und Bewältigung von Lebenskrisen zu fördern.

5.5. Neuroplastizität und die Möglichkeit lebenslanger Veränderung

Neuroplastizität, die Fähigkeit des Gehirns, sich strukturell und funktionell anzupassen und zu verändern, ist ein revolutionäres Konzept in der Neurowissenschaft und Psychologie. Diese Erkenntnis hat unser Verständnis von Lernen, Gedächtnis und Entwicklung grundlegend verändert und die frühere Annahme widerlegt, dass das Gehirn nach der Kindheit weitgehend unveränderlich sei. Die Entdeckung der Neuroplastizität eröffnet faszinierende Perspektiven für die menschliche Entwicklung und hat weitreichende Implikationen für Bildung, Gesundheit und persönliches Wachstum.

Die Neuroplastizität ermöglicht dem Gehirn, sich kontinuierlich an neue Erfahrungen, Umgebungen und Herausforderungen anzupassen. Diese Anpassungsfähigkeit manifestiert sich auf verschiedenen Ebenen, von der Bildung neuer synaptischer Verbindungen zwischen Neuronen bis hin zur Reorganisation ganzer Hirnareale. Dabei unterscheidet man zwischen struktureller Plastizität, die Veränderungen in der physischen Struktur des Gehirns umfasst, und funktioneller Plastizität, die sich auf Veränderungen in den Aktivitätsmustern der Neuronen bezieht.

Ein besonders faszinierender Aspekt der Neuroplastizität ist ihre Rolle bei der Erholung von Hirnverletzungen. Nach einem Schlaganfall oder einer Hirnverletzung kann das Gehirn oft Wege finden, um verlorene Funktionen teilweise wiederherzustellen, indem es intakte Hirnregionen umfunktioniert oder neue neuronale Verbindungen aufbaut. Diese Erkenntnisse haben die Rehabilitation von Patienten mit Hirnverletzungen revolutioniert und zu neuen Therapieansätzen geführt, die gezielt die plastischen Fähigkeiten des Gehirns nutzen.

Die Forschung zur Neuroplastizität hat auch gezeigt, dass das Gehirn bis ins hohe Alter plastisch bleibt, wenn auch mit abnehmender Geschwindigkeit und Intensität. Dies widerlegt die lange vorherrschende Annahme, dass kognitive Fähigkeiten im Alter zwangsläufig abnehmen müssen. Stattdessen eröffnet es neue Perspektiven für lebenslanges

Lernen und die Möglichkeit, auch im fortgeschrittenen Alter neue Fähigkeiten zu erwerben oder bestehende zu verbessern.

Diese Erkenntnisse haben weitreichende Implikationen für die Bildung und das lebenslange Lernen. Sie unterstreichen die Bedeutung einer kontinuierlichen geistigen Stimulation und Herausforderung für die kognitive Gesundheit. Bildungseinrichtungen und Arbeitgeber können diese Erkenntnisse nutzen, um Lernumgebungen zu schaffen, die die Neuroplastizität fördern und somit die kognitive Leistungsfähigkeit über die gesamte Lebensspanne hinweg unterstützen.

Im Bereich der psychischen Gesundheit bietet das Konzept der Neuroplastizität neue Hoffnung und Behandlungsansätze. Für viele psychische Störungen, wie Depression, Angststörungen oder posttraumatische Belastungsstörungen, werden zunehmend Therapien entwickelt, die auf einer gezielten Veränderung neuronaler Schaltkreise basieren. Techniken wie die kognitive Verhaltenstherapie oder Achtsamkeitsübungen können nachweislich die Hirnfunktion verändern und somit zu einer Verbesserung der psychischen Gesundheit beitragen.

Die Neuroplastizität spielt auch eine wichtige Rolle in der Suchtforschung und -behandlung. Suchtverhalten geht mit spezifischen Veränderungen in den Belohnungsschaltkreisen des Gehirns einher. Das Verständnis dieser plastischen Veränderungen ermöglicht die Entwicklung neuer Therapieansätze, die darauf abzielen, diese maladaptiven neuronalen Muster zu verändern und gesündere Verhaltensweisen zu fördern.

Ein weiterer wichtiger Aspekt der Neuroplastizität ist ihre Bedeutung für die kognitive Reserve. Dieses Konzept beschreibt die Fähigkeit des Gehirns, trotz altersbedingter Veränderungen oder pathologischer Prozesse (wie bei der Alzheimer-Krankheit) seine Funktion aufrechtzuerhalten. Studien haben gezeigt, dass Faktoren wie Bildung, soziale Aktivität und geistig anspruchsvolle Tätigkeiten die kognitive Reserve erhöhen können, was zu einer größeren Widerstandsfähigkeit gegen altersbedingte kognitive Abbauprozesse führt.

Die Erforschung der Neuroplastizität hat auch zu neuen Erkenntnissen über die Auswirkungen von Stress und Trauma auf das Gehirn geführt. Chronischer Stress kann negative Auswirkungen auf die Hirnstruktur und -funktion haben, insbesondere in Regionen wie dem Hippocampus, die für Gedächtnis und Emotionsregulation wichtig sind. Gleichzeitig zeigt die Forschung, dass positive Erfahrungen und Stressbewältigungstechniken diese Effekte umkehren und die Gehirngesundheit fördern können.

In der Pädagogik hat das Verständnis der Neuroplastizität zu neuen Ansätzen im Unterricht geführt. Lehrer und Erzieher können diese Erkenntnisse nutzen, um Lernumgebungen zu gestalten, die die natürliche Plastizität des Gehirns optimal nutzen. Dies kann beispielsweise durch die Verwendung multisensorischer Lehrmethoden, die Förderung von Kreativität und kritischem Denken sowie die Schaffung einer positiven und unterstützenden Lernumgebung geschehen.

Die Neuroplastizität bietet auch neue Perspektiven für die Behandlung von Entwicklungsstörungen wie Autismus oder ADHS. Frühe Interventionen, die auf die Förderung spezifischer neuronaler Netzwerke abzielen, können möglicherweise langfristige positive Auswirkungen auf die Entwicklung haben.

Trotz des enormen Potenzials der Neuroplastizität ist es wichtig, realistische Erwartungen zu haben. Die Fähigkeit des Gehirns zur Veränderung ist nicht unbegrenzt und variiert je nach Alter, individuellen Faktoren und Art der angestrebten Veränderung. Zudem erfordert die Nutzung der Neuroplastizität oft erhebliche Anstrengung, Ausdauer und Wiederholung.

Zusammenfassend lässt sich sagen, dass das Konzept der Neuroplastizität unser Verständnis des menschlichen Gehirns und seiner Fähigkeiten grundlegend verändert hat. Es unterstreicht die erstaunliche Anpassungsfähigkeit des Gehirns und eröffnet neue Möglichkeiten für persönliches Wachstum, Lernen und Heilung über die gesamte Lebensspanne hinweg. Diese Erkenntnisse haben weitreichende Implikationen für Bildung, Gesundheitsversorgung und persönliche Entwicklung und bieten eine optimistische Perspektive auf die Fähigkeit des Menschen, sich kontinuierlich zu entwickeln und zu verändern.

Kapitel 6: Trauma und dessen Auswirkungen

Trauma ist ein tiefgreifendes und komplexes Phänomen, das weitreichende Auswirkungen auf die psychische und physische Gesundheit eines Menschen haben kann. Es ist ein Thema, das in den letzten Jahrzehnten zunehmend in den Fokus der Forschung und der öffentlichen Aufmerksamkeit gerückt ist. Das Verständnis von Trauma und seinen Folgen hat sich dabei stark weiterentwickelt, von einer anfänglich eher eng gefassten Definition hin zu einem umfassenderen Konzept, das die vielfältigen Formen und Auswirkungen traumatischer Erfahrungen berücksichtigt.

Unter einem Trauma versteht man im psychologischen Sinne ein Ereignis oder eine Situation, die die Bewältigungsmechanismen einer Person überfordert und zu tiefgreifenden emotionalen, kognitiven und physiologischen Reaktionen führt. Solche Erfahrungen können einzelne, akute Ereignisse sein, wie Unfälle oder Naturkatastrophen, aber auch anhaltende, chronische Belastungen wie Kindesmissbrauch oder Kriegserlebnisse. Die Reaktionen auf traumatische Erfahrungen sind individuell sehr unterschiedlich und hängen von vielen Faktoren ab, darunter die Art und Schwere des Traumas, die persönliche Resilienz, das soziale Umfeld und frühere Erfahrungen.

Die Auswirkungen von Traumata können weitreichend und langanhaltend sein. Sie betreffen nicht nur die psychische Gesundheit, sondern können auch körperliche Symptome hervorrufen und das soziale Leben sowie die berufliche Leistungsfähigkeit beeinträchtigen. Eine der bekanntesten Folgen von Traumata ist die Posttraumatische Belastungsstörung (PTBS), aber auch andere psychische Erkrankungen wie Depressionen, Angststörungen oder Suchterkrankungen können durch traumatische Erfahrungen ausgelöst oder verstärkt werden.

In den letzten Jahren hat die Forschung zunehmend die neurobiologischen Grundlagen von Traumata und ihren Auswirkungen untersucht. Es wurde deutlich, dass traumatische Erfahrungen nicht nur psychologische, sondern auch physiologische Veränderungen im Gehirn und im gesamten Körper bewirken können. Diese Erkenntnisse haben zu einem besseren Verständnis der komplexen Wechselwirkungen zwischen Körper und Psyche bei der Verarbeitung von Traumata geführt und neue Ansätze in der Traumatherapie ermöglicht.

Ein wichtiger Aspekt in der Traumaforschung ist die Erkenntnis, dass die Auswirkungen von Traumata nicht auf die direkt betroffene Person beschränkt bleiben müssen. Das Konzept der transgenerationalen Weitergabe von Traumata beschreibt, wie traumatische Erfahrungen über Generationen hinweg weitergegeben werden können, sei es durch direkte Erziehungspraktiken, subtile Verhaltensweisen oder sogar epigenetische Mechanismen. Dies hat weitreichende Implikationen für das Verständnis von kollektiven Traumata, etwa in Folge von Krieg oder Völkermord, und deren langfristige Auswirkungen auf Gesellschaften.

Die Behandlung von Traumafolgestörungen hat sich in den letzten Jahrzehnten erheblich weiterentwickelt. Neben etablierten Therapieformen wie der kognitiven Verhaltenstherapie oder der EMDR-Therapie (Eye Movement Desensitization and Reprocessing) gewinnen zunehmend auch körperorientierte und ganzheitliche Ansätze an Bedeutung. Diese berücksichtigen die komplexe Natur von Traumata und zielen darauf ab, nicht nur die psychischen Symptome zu behandeln, sondern auch die physiologischen Auswirkungen zu adressieren und die Ressourcen und Resilienz der Betroffenen zu stärken.

Ein wichtiger Trend in der Traumaarbeit ist der Ansatz der "Trauma-Informed Care". Dieser geht davon aus, dass ein großer Teil der Menschen, die Unterstützung in sozialen oder medizinischen Einrichtungen suchen, traumatische Erfahrungen gemacht hat. Daher sollten alle Fachkräfte in diesen Bereichen ein grundlegendes Verständnis von Trauma und seinen Auswirkungen haben, um angemessen und einfühlsam reagieren zu können. Dieser Ansatz zielt darauf ab, eine Retraumatisierung zu vermeiden und eine heilsame Umgebung zu schaffen.

Trotz der Fortschritte in Forschung und Therapie bleiben viele Herausforderungen im Umgang mit Trauma bestehen. Dazu gehört die Frage, wie man Traumata effektiv vorbeugen kann, insbesondere in Hochrisikosituationen wie Kriegen oder Naturkatastrophen. Auch die Entwicklung kulturell sensibler Traumainterventionen für verschiedene Bevölkerungsgruppen und die Verbesserung des Zugangs zu Traumatherapien für alle Betroffenen sind wichtige Aufgaben.

Ein weiterer wichtiger Aspekt ist die gesellschaftliche Dimension von Trauma. Die zunehmende Anerkennung der Auswirkungen von kollektiven Traumata, etwa durch historische Ungerechtigkeiten oder systematische Unterdrückung, hat zu Diskussionen über die Notwendigkeit gesellschaftlicher Heilungsprozesse geführt. Hier geht es nicht nur um individuelle Therapien, sondern um breitere soziale und politische Ansätze zur Aufarbeitung und Heilung kollektiver Wunden.

In diesem Kapitel werden wir uns eingehend mit den verschiedenen Aspekten von Trauma und seinen Auswirkungen beschäftigen. Wir werden die unterschiedlichen Arten von Traumata betrachten, von akuten Einzelereignissen bis hin zu komplexen, langanhaltenden traumatischen Erfahrungen. Dabei werden wir untersuchen, wie sich diese verschiedenen Formen von Trauma auf das menschliche Gehirn und den Körper auswirken und welche psychologischen und physiologischen Veränderungen sie hervorrufen können.

Ein besonderer Fokus wird auf der Posttraumatischen Belastungsstörung (PTBS) liegen, einer der bekanntesten und am besten erforschten Traumafolgestörungen. Wir werden die Symptomatik, Diagnosekriterien und aktuelle Behandlungsansätze für PTBS diskutieren, aber auch die Grenzen dieses Konzepts und die Notwendigkeit, ein breiteres Spektrum von Traumafolgen zu berücksichtigen.

Die neurobiologischen Grundlagen von Trauma werden ebenfalls eingehend betrachtet. Wir werden uns ansehen, wie traumatische Erfahrungen das Gehirn und das Nervensystem beeinflussen können und welche Rolle diese Veränderungen bei der Entstehung und Aufrechterhaltung von Traumasymptomen spielen. Diese Erkenntnisse sind nicht nur von theoretischem Interesse, sondern haben auch wichtige Implikationen für die Entwicklung effektiver Behandlungsansätze.

Ein weiterer wichtiger Aspekt, den wir in diesem Kapitel behandeln werden, ist die transgenerationale Weitergabe von Traumata. Wir werden untersuchen, wie traumatische Erfahrungen über Generationen hinweg weitergegeben werden können und welche Mechanismen dabei eine Rolle spielen. Dies führt uns zu einer Betrachtung der breiteren sozialen und kulturellen Dimensionen von Trauma, einschließlich der Auswirkungen von kollektiven Traumata auf Gemeinschaften und ganze Gesellschaften.

Schließlich werden wir uns mit den verschiedenen Ansätzen zur Behandlung und Bewältigung von Traumafolgen befassen. Wir werden sowohl etablierte als auch neuere Therapieformen vorstellen und diskutieren, wie diese in der Praxis angewendet werden. Dabei werden wir auch auf die Bedeutung von traumainformierten Ansätzen in verschiedenen Bereichen des Gesundheits- und Sozialsystems eingehen.

Ein besonderes Augenmerk werden wir auf ganzheitliche und ressourcenorientierte Ansätze legen, die nicht nur auf die Symptomreduktion abzielen, sondern auch die Stärkung der Resilienz und die Förderung des persönlichen Wachstums nach traumatischen Erfahrungen in den Blick nehmen. In diesem Zusammenhang werden wir auch das Konzept des posttraumatischen Wachstums diskutieren und untersuchen, wie Menschen trotz - oder sogar aufgrund - traumatischer Erfahrungen positive Veränderungen und persönliche Entwicklung erleben können.

Darüber hinaus werden wir uns mit den gesellschaftlichen Implikationen unseres Umgangs mit Trauma auseinandersetzen. Wir werden diskutieren, wie ein besseres Verständnis von Trauma zu einer mitfühlenderen und inklusiveren Gesellschaft beitragen kann und welche Rolle dabei Bildung, Politik und Medien spielen können.

Abschließend werden wir einen Blick in die Zukunft der Traumaforschung und -behandlung werfen. Wir werden aufzeigen, welche Fragen noch offen sind und welche vielversprechenden Ansätze sich abzeichnen, um unser Verständnis von Trauma weiter zu vertiefen und die Unterstützung für Betroffene zu verbessern.

Dieses Kapitel soll nicht nur einen umfassenden Überblick über den aktuellen Stand der Traumaforschung und -behandlung geben, sondern auch zum Nachdenken anregen über die tiefgreifenden Auswirkungen von Trauma auf Individuen und Gesellschaften. Es soll deutlich machen, dass der Umgang mit Trauma eine gesamtgesellschaftliche Aufgabe ist, die weit über den medizinischen und psychologischen Bereich hinausgeht. Indem wir ein besseres Verständnis für die Natur und die Auswirkungen von Traumata entwickeln, können wir nicht nur Betroffenen besser helfen, sondern auch präventiv tätig werden und resilientere Gemeinschaften aufbauen.

Mit diesem Kapitel wollen wir einen Beitrag leisten zu einem differenzierteren und mitfühlenderen Umgang mit Trauma in unserer Gesellschaft. Wir hoffen, dass die hier präsentierten Informationen und Überlegungen dazu anregen, kritisch über bestehende Praktiken nachzudenken und neue Wege im Umgang mit Trauma zu beschreiten - sowohl auf individueller als auch auf gesellschaftlicher Ebene.

6.1. Arten von Traumata: Akut, chronisch und komplex

Traumata sind tiefgreifende Erlebnisse, die das psychische und physische Wohlbefinden eines Menschen erheblich beeinträchtigen können. Um die verschiedenen Formen und Auswirkungen von Traumata besser zu verstehen und angemessen darauf reagieren zu können, werden sie in drei Hauptkategorien eingeteilt: akute, chronische und komplexe Traumata.

Akute Traumata sind einzelne, plötzlich auftretende Ereignisse, die eine Person unerwartet und mit großer Intensität treffen. Beispiele hierfür sind Verkehrsunfälle, Naturkatastrophen wie Erdbeben oder Überschwemmungen, Gewalttaten wie Überfälle oder terroristische Anschläge, aber auch medizinische Notfälle oder der plötzliche Verlust einer nahestehenden Person. Diese Ereignisse sind zeitlich begrenzt, können aber aufgrund ihrer Intensität und Unvorhersehbarkeit tiefe Spuren in der Psyche hinterlassen. Die unmittelbaren Reaktionen auf akute Traumata können Schock, Verwirrung, Angst oder emotionale Taubheit umfassen. Längerfristig können sich Symptome wie Flashbacks, Albträume oder Vermeidungsverhalten entwickeln, die charakteristisch für eine Posttraumatische Belastungsstörung (PTBS) sind.

Chronische Traumata unterscheiden sich von akuten Traumata durch ihre Dauer und Wiederholung. Sie erstrecken sich über einen längeren Zeitraum und beinhalten oft wiederkehrende oder anhaltende belastende Erfahrungen. Beispiele für chronische Traumata sind langanhaltender Missbrauch (sei es körperlich, emotional oder sexuell), anhaltende häusliche Gewalt, Mobbing über einen längeren Zeitraum, oder das Leben in Kriegs- oder Konfliktgebieten. Auch chronische Erkrankungen oder lang andauernde extreme Armut können als chronische Traumata betrachtet werden. Die Auswirkungen chronischer Traumata sind oft tiefgreifender und komplexer als die akuter Traumata, da sie die grundlegende Wahrnehmung von Sicherheit und Vertrauen einer Person nachhaltig erschüttern können. Betroffene entwickeln häufig adaptive Verhaltensweisen, um mit der anhaltenden Bedrohung umzugehen, die jedoch langfristig dysfunktional sein können.

Komplexe Traumata stellen eine besonders schwerwiegende Form dar, die Elemente sowohl akuter als auch chronischer Traumata kombiniert. Sie treten oft in zwischenmenschlichen Beziehungen auf, insbesondere während kritischer Entwicklungsphasen in der Kindheit und Jugend. Komplexe Traumata entstehen typischerweise durch wiederholte, lang anhaltende traumatische Erfahrungen, die von Personen verursacht werden, zu denen eigentlich eine Bindungs- oder Abhängigkeitsbeziehung besteht. Beispiele sind schwere Vernachlässigung, emotionaler, physischer oder sexueller Missbrauch durch Eltern oder andere Bezugspersonen, oder das Aufwachsen in einem von Gewalt geprägten Umfeld.

Die Auswirkungen komplexer Traumata sind besonders weitreichend, da sie grundlegende Aspekte der Persönlichkeitsentwicklung und der Fähigkeit zur Emotionsregulation beeinflussen. Betroffene haben oft Schwierigkeiten, stabile Beziehungen aufzubauen, ihr Selbstwertgefühl zu regulieren und ein kohärentes Selbstbild zu entwickeln. Sie können Probleme mit Impulskontrolle, Affektregulation und Aufmerksamkeit haben. Häufig entwickeln sich komorbide psychische Störungen wie Depression, Angststörungen oder Suchterkrankungen. Das Konzept der komplexen PTBS wurde entwickelt, um die spezifischen Symptommuster zu beschreiben, die sich aus komplexen Traumata ergeben können.

Die Unterscheidung zwischen diesen Traumaarten ist von großer Bedeutung für das klinische Verständnis und die Behandlung von Traumafolgestörungen. Jede Art von Trauma erfordert spezifische therapeutische Ansätze, die auf die besonderen Bedürfnisse und Erfahrungen der Betroffenen zugeschnitten sind.

Bei der Behandlung akuter Traumata steht oft die Stabilisierung und die Verarbeitung des einzelnen traumatischen Ereignisses im Vordergrund. Therapieansätze wie EMDR (Eye Movement Desensitization and Reprocessing) oder kognitive Verhaltenstherapie können hier sehr wirksam sein, um die Erinnerungen an das Trauma zu verarbeiten und in die Lebensgeschichte zu integrieren.

Die Behandlung chronischer Traumata erfordert in der Regel einen längerfristigen, phasenorientierten Ansatz. Hier geht es zunächst darum, Sicherheit und Stabilität herzustellen, bevor die traumatischen Erfahrungen bearbeitet werden können. Die Entwicklung von Bewältigungsstrategien und die Stärkung der Resilienz spielen eine wichtige Rolle.

Bei komplexen Traumata ist der Behandlungsansatz besonders umfassend. Er muss die tiefgreifenden Auswirkungen auf die Persönlichkeitsentwicklung und die zwischenmenschlichen Beziehungen berücksichtigen. Hier kommen oft integrative Therapieansätze zum Einsatz, die Elemente aus verschiedenen Therapierichtungen kombinieren. Ein wichtiger Aspekt ist die Arbeit an sicheren Bindungserfahrungen und der Fähigkeit zur Emotionsregulation.

Unabhängig von der Art des Traumas ist es wichtig, einen individuellen, auf die spezifischen Bedürfnisse und Erfahrungen des Betroffenen zugeschnittenen Behandlungsplan zu entwickeln. Dabei sollten nicht nur die traumatischen Erlebnisse selbst, sondern auch deren Auswirkungen auf das aktuelle Leben und Funktionieren der Person berücksichtigt werden.

Ein weiterer wichtiger Aspekt bei der Betrachtung verschiedener Traumaarten ist die Rolle von Resilienz und protektiven Faktoren. Nicht jede Person, die ein potenziell traumatisches Ereignis erlebt, entwickelt eine Traumafolgestörung. Faktoren wie soziale Unterstützung, frühkindliche sichere Bindungserfahrungen, Problemlösefähigkeiten und ein Gefühl von Selbstwirksamkeit können die Widerstandsfähigkeit gegenüber traumatischen Erfahrungen erhöhen.

Schließlich ist es wichtig, den kulturellen Kontext bei der Betrachtung und Behandlung von Traumata zu berücksichtigen. Die Art und Weise, wie Traumata erlebt, interpretiert und verarbeitet werden, kann stark von kulturellen Faktoren beeinflusst sein. Dies hat Auswirkungen sowohl auf die Diagnostik als auch auf die Entwicklung kulturell sensibler Behandlungsansätze.

Das Verständnis der verschiedenen Arten von Traumata und ihrer spezifischen Auswirkungen ist ein wichtiger Schritt hin zu einer effektiven und mitfühlenden Versorgung von Menschen mit Traumaerfahrungen. Es ermöglicht eine differenzierte Herangehensweise in Diagnostik und Therapie und trägt dazu bei, den Betroffenen den bestmöglichen Weg zur Heilung und Wiedererlangung von Lebensqualität zu eröffnen.

6.2. Neurobiologische Auswirkungen von Traumata

Traumatische Erfahrungen können tiefgreifende und langanhaltende Veränderungen in der Hirnstruktur und -funktion verursachen. Diese neurobiologischen Auswirkungen betreffen vor allem Bereiche, die für die Stressregulation, Emotionsverarbeitung und Gedächtnisbildung zuständig sind. Um die Komplexität dieser Veränderungen zu verstehen, ist es wichtig, die verschiedenen betroffenen Hirnregionen und ihre Funktionen genauer zu betrachten.

Der Hippocampus, eine Struktur im Temporallappen, spielt eine zentrale Rolle bei der Konsolidierung von Erinnerungen und der räumlichen Orientierung. Studien haben gezeigt, dass chronischer Stress, wie er bei anhaltenden traumatischen Erfahrungen auftritt, zu einer Verringerung des Hippocampusvolumens führen kann. Diese Schrumpfung kann zu Schwierigkeiten bei der Verarbeitung und Integration traumatischer Erfahrungen führen. Betroffene Personen haben oft Probleme, traumatische Erinnerungen in einen kohärenten zeitlichen und räumlichen Kontext einzuordnen, was zu fragmentierten und intrusiven Erinnerungen führen kann.

Die Amygdala, oft als das "Angstzentrum" des Gehirns bezeichnet, zeigt bei traumatisierten Personen häufig eine Überaktivität. Diese Hirnregion ist entscheidend für die Erkennung von Gefahren und die Auslösung von Angstreaktionen. Die Überaktivierung der Amygdala führt zu einer erhöhten Wachsamkeit und Reizbarkeit. Betroffene reagieren oft übermäßig stark auf harmlose Reize, die sie unbewusst mit dem traumatischen Ereignis in Verbindung bringen. Dies kann zu einer ständigen Alarmbereitschaft führen, die es den Betroffenen erschwert, sich zu entspannen und sich sicher zu fühlen.

Der präfrontale Cortex, der für höhere kognitive Funktionen wie Emotionsregulation, Impulskontrolle und Entscheidungsfindung zuständig ist, kann durch traumatische Erfahrungen in seiner Funktion beeinträchtigt werden. Insbesondere der mediale präfrontale Cortex, der eine wichtige

Rolle bei der Hemmung der Amygdala-Aktivität spielt, zeigt bei traumatisierten Personen oft eine verminderte Aktivität. Dies kann zu Schwierigkeiten bei der Emotionsregulation und Impulskontrolle führen, was sich in impulsivem Verhalten, Wutausbrüchen oder Schwierigkeiten, starke Emotionen zu bewältigen, äußern kann.

Ein weiterer wichtiger Aspekt der neurobiologischen Auswirkungen von Traumata betrifft das Stresshormonsystem, insbesondere die Hypothalamus-Hypophysen-Nebennieren-Achse (HHN-Achse). Diese Achse ist verantwortlich für die Regulation der Stresshormonausschüttung, insbesondere von Cortisol. Bei chronischer Traumatisierung kann es zu einer Dysregulation dieser Achse kommen, was zu einer anhaltenden Überaktivierung des Körpers führt. Dies kann sich in einer Vielzahl von physischen und psychischen Symptomen äußern, wie chronischer Müdigkeit, Schlafstörungen, Konzentrationsschwierigkeiten und einer erhöhten Anfälligkeit für stressbedingte Erkrankungen.

Die neuroplastischen Veränderungen, die durch Traumata ausgelöst werden, betreffen auch die Vernetzung verschiedener Hirnregionen. Die Kommunikation zwischen dem präfrontalen Cortex und der Amygdala kann gestört sein, was zu Schwierigkeiten bei der Integration von emotionalen und kognitiven Prozessen führt. Dies kann erklären, warum traumatisierte Personen oft Schwierigkeiten haben, ihre Gefühle zu verstehen und zu regulieren.

Neuere Forschungen haben auch gezeigt, dass traumatische Erfahrungen epigenetische Veränderungen hervorrufen können. Diese Veränderungen beeinflussen, wie Gene abgelesen und exprimiert werden, ohne die DNA-Sequenz selbst zu verändern. Solche epigenetischen Modifikationen können langfristige Auswirkungen auf die Stressreaktion und das emotionale Wohlbefinden haben und möglicherweise sogar an nachfolgende Generationen weitergegeben werden.

Es ist wichtig zu betonen, dass diese neurobiologischen Veränderungen nicht unumkehrbar sind. Die Plastizität des Gehirns ermöglicht es, dass durch geeignete therapeutische Interventionen und unterstützende

Umgebungen positive Veränderungen herbeigeführt werden können. Therapieansätze wie EMDR (Eye Movement Desensitization and Reprocessing), Traumafokussierte Kognitive Verhaltenstherapie und achtsamkeitsbasierte Interventionen haben sich als wirksam erwiesen, um die neurobiologischen Auswirkungen von Traumata zu mildern.

Das Verständnis dieser neurobiologischen Prozesse ist entscheidend für die Entwicklung effektiver Behandlungsansätze. Es unterstreicht die Notwendigkeit frühzeitiger Interventionen bei traumatisierten Personen, um langfristige negative Auswirkungen zu minimieren. Zudem hilft dieses Wissen, die oft komplexen und scheinbar widersprüchlichen Symptome von Traumafolgestörungen zu erklären und zu normalisieren, was für Betroffene und ihre Angehörigen von großer Bedeutung sein kann.

Die Forschung in diesem Bereich entwickelt sich ständig weiter. Neuere Studien untersuchen beispielsweise die Rolle von Neurotransmittern wie Serotonin und Noradrenalin bei der Entstehung und Aufrechterhaltung von Traumafolgestörungen. Auch die Interaktion zwischen Gehirn und Immunsystem bei der Verarbeitung traumatischer Erfahrungen rückt zunehmend in den Fokus der Forschung.

Zusammenfassend lässt sich sagen, dass die neurobiologischen Auswirkungen von Traumata komplex und weitreichend sind. Sie betreffen multiple Hirnregionen und -systeme und können zu tiefgreifenden Veränderungen in der Emotionsregulation, Gedächtnisfunktion und Stressreaktion führen. Das wachsende Verständnis dieser Prozesse eröffnet neue Möglichkeiten für gezielte therapeutische Interventionen und unterstreicht die Bedeutung eines ganzheitlichen, neurobiologisch informierten Ansatzes in der Traumabehandlung.

6.3. Posttraumatische Belastungsstörung (PTBS) und ihre Symptome

Die Posttraumatische Belastungsstörung (PTBS) ist eine komplexe und oft schwerwiegende psychische Erkrankung, die sich als Folge eines oder mehrerer traumatischer Erlebnisse entwickeln kann. Um die PTBS und ihre Auswirkungen auf Betroffene besser zu verstehen, ist es wichtig, die Symptomatik, die Entstehung und die möglichen Behandlungsansätze genauer zu betrachten.

Die Symptome der PTBS lassen sich, wie bereits erwähnt, in vier Hauptkategorien einteilen: Wiedererleben, Vermeidung, negative Veränderungen in Gedanken und Stimmung sowie Übererregung. Jede dieser Kategorien umfasst verschiedene Symptome, die in ihrer Intensität und Ausprägung variieren können.

Das Wiedererleben des traumatischen Ereignisses ist ein zentrales Merkmal der PTBS. Betroffene erleben das Trauma immer wieder, oft in Form von lebhaften und beängstigenden Flashbacks oder Albträumen. Diese können so real erscheinen, dass die Person das Gefühl hat, das Ereignis erneut zu durchleben. Auch intrusive Gedanken oder Erinnerungen, die sich ungewollt aufdrängen, gehören zu dieser Symptomkategorie. Häufig werden diese Symptome durch bestimmte Trigger ausgelöst - Reize, die mit dem Trauma in Verbindung stehen und starke emotionale oder körperliche Reaktionen hervorrufen können.

Das Vermeidungsverhalten ist eine natürliche Reaktion auf diese belastenden Wiedererlebenssymptome. Betroffene versuchen oft, alles zu vermeiden, was sie an das Trauma erinnern könnte. Dies kann Orte, Personen, Aktivitäten oder sogar Gedanken und Gefühle umfassen, die mit dem traumatischen Ereignis in Verbindung stehen. Während dieses Verhalten kurzfristig Erleichterung verschaffen kann, führt es langfristig oft zu einer Einschränkung des Lebensraums und der Lebensqualität.

Negative Veränderungen in Gedanken und Stimmung sind ein weiterer zentraler Aspekt der PTBS. Betroffene entwickeln oft anhaltende negative Überzeugungen über sich selbst, andere Menschen oder die Welt im Allgemeinen. Sie können sich beispielsweise als wertlos oder dauerhaft beschädigt empfinden oder glauben, dass die Welt grundsätzlich gefährlich und unberechenbar ist. Schuldgefühle sind ebenfalls häufig, sei es in Form von Überlebensschuld oder der Überzeugung, selbst für das Trauma verantwortlich zu sein. Viele PTBS-Patienten berichten auch von einer emotionalen Taubheit - einem Gefühl der Entfremdung von anderen Menschen und der Unfähigkeit, positive Emotionen zu empfinden. Dies kann zu sozialer Isolation und Beziehungsproblemen führen.

Die Übererregungssymptome der PTBS spiegeln einen Zustand ständiger Alarmbereitschaft wider. Betroffene sind oft reizbar und neigen zu Wutausbrüchen. Sie haben Schwierigkeiten, sich zu konzentrieren oder einzuschlafen und zu durchschlafen. Viele berichten von einer übermäßigen Wachsamkeit - einem ständigen Gefühl der Bedrohung und der Notwendigkeit, die Umgebung auf potenzielle Gefahren zu überprüfen. Diese Symptome können zu erheblicher Erschöpfung und Beeinträchtigungen im Alltag führen.

Es ist wichtig zu betonen, dass die Intensität und Dauer dieser Symptome von Person zu Person variieren können. Für eine formale PTBS-Diagnose müssen die Symptome mindestens einen Monat andauern und signifikante Beeinträchtigungen im sozialen, beruflichen oder anderen wichtigen Funktionsbereichen verursachen.

Die Entstehung einer PTBS hängt von verschiedenen Faktoren ab. Nicht jeder, der ein traumatisches Ereignis erlebt, entwickelt eine PTBS. Risikofaktoren umfassen die Art und Schwere des Traumas, frühere traumatische Erfahrungen, genetische Prädisposition, vorbestehende psychische Erkrankungen und das Fehlen eines unterstützenden sozialen Umfelds. Auch die unmittelbare Reaktion auf das Trauma und die Verfügbarkeit von Unterstützung in der Zeit danach spielen eine wichtige Rolle.

Die Behandlung der PTBS erfordert in der Regel einen multidimensionalen Ansatz. Psychotherapeutische Interventionen, insbesondere traumafokussierte kognitive Verhaltenstherapie und EMDR (Eye Movement Desensitization and Reprocessing), haben sich als wirksam erwiesen. Diese Therapien zielen darauf ab, die traumatischen Erinnerungen zu verarbeiten, dysfunktionale Gedankenmuster zu verändern und Bewältigungsstrategien zu entwickeln. In einigen Fällen kann auch eine medikamentöse Behandlung, meist mit Antidepressiva, hilfreich sein, um Symptome zu lindern und die Wirksamkeit der Psychotherapie zu unterstützen.

Neben professioneller Hilfe spielen auch Selbsthilfestrategien eine wichtige Rolle in der Bewältigung von PTBS. Dazu gehören Entspannungstechniken, regelmäßige körperliche Aktivität, gesunde Ernährung und ausreichend Schlaf. Viele Betroffene profitieren auch von der Teilnahme an Selbsthilfegruppen, wo sie sich mit anderen Trauma-Überlebenden austauschen können.

Ein wichtiger Aspekt in der Behandlung von PTBS ist die Psychoedukation. Betroffene und ihre Angehörigen sollten über die Natur der Störung, ihre Symptome und mögliche Bewältigungsstrategien informiert werden. Dies kann helfen, die oft verwirrenden und beängstigenden Symptome besser zu verstehen und einzuordnen.

Es ist auch wichtig anzumerken, dass PTBS nicht nur die betroffene Person, sondern oft auch ihr soziales Umfeld stark belastet. Partner, Familienmitglieder und Freunde können sich überfordert und hilflos fühlen. Daher ist es oft sinnvoll, Angehörige in den Behandlungsprozess einzubeziehen und ihnen ebenfalls Unterstützung anzubieten.

Trotz der schwerwiegenden Auswirkungen der PTBS ist es wichtig zu betonen, dass Heilung und Erholung möglich sind. Mit der richtigen Unterstützung und Behandlung können viele Betroffene ihre Symptome erheblich reduzieren und eine verbesserte Lebensqualität erreichen. Der Weg der Genesung ist oft lang und herausfordernd, aber er kann auch zu persönlichem Wachstum und einer neuen Wertschätzung des Lebens führen.

Zusammenfassend lässt sich sagen, dass die PTBS eine komplexe Störung ist, die tiefgreifende Auswirkungen auf das Leben der Betroffenen haben kann. Ein umfassendes Verständnis der Symptome, der Entstehungsmechanismen und der Behandlungsmöglichkeiten ist entscheidend für eine effektive Unterstützung und Therapie. Mit zunehmendem Wissen und Bewusstsein für diese Störung verbessern sich auch die Möglichkeiten zur Früherkennung und Behandlung, was die Prognose für Betroffene deutlich verbessern kann.

6.4. Transgenerationale Weitergabe von Traumata

Die transgenerationale Weitergabe von Traumata ist ein komplexes und faszinierendes Phänomen, das in den letzten Jahrzehnten zunehmend Aufmerksamkeit in der Forschung und klinischen Praxis erhalten hat. Es beschreibt den Prozess, durch den die Auswirkungen traumatischer Erfahrungen nicht nur das direkt betroffene Individuum beeinflussen, sondern auch auf nachfolgende Generationen übertragen werden können. Dieses Konzept erweitert unser Verständnis von Trauma über die individuellen Grenzen hinaus und betont die tiefgreifenden und langfristigen Auswirkungen traumatischer Erfahrungen auf Familien, Gemeinschaften und ganze Gesellschaften.

Die Mechanismen der transgenerationalen Traumaweitergabe sind vielfältig und umfassen sowohl psychosoziale als auch biologische Aspekte. Auf der psychosozialen Ebene können traumatisierte Eltern ihre unverarbeiteten Erfahrungen durch verschiedene Verhaltensweisen und Interaktionsmuster an ihre Kinder weitergeben. Dies kann sich in veränderten Erziehungsstilen äußern, die oft von übermäßiger Ängstlichkeit, emotionaler Distanz oder Überprotektion gekennzeichnet sind. Kinder traumatisierter Eltern können auch indirekt durch das Aufwachsen in einer Umgebung beeinflusst werden, die von unausgesprochenen Ängsten, Geheimnissen oder emotionaler Instabilität geprägt ist.

Ein besonders interessanter Aspekt der transgenerationalen Traumaweitergabe ist die mögliche biologische Komponente. Neuere Forschungen im Bereich der Epigenetik haben gezeigt, dass traumatische Erfahrungen tatsächlich die Genexpression beeinflussen können, ohne die DNA-Sequenz selbst zu verändern. Diese epigenetischen Veränderungen können an Nachkommen weitergegeben werden und deren physiologische Stressreaktionen, emotionale Regulation und sogar Verhaltensweisen beeinflussen. Studien an Tieren haben gezeigt, dass Nachkommen traumatisierter Eltern oft eine erhöhte Stressreaktivität und veränderte Verhaltensweisen aufweisen, selbst wenn sie keinem direkten Trauma ausgesetzt waren.

Ein klassisches Beispiel für die transgenerationale Traumaweitergabe findet sich in Studien an Holocaust-Überlebenden und ihren Nachkommen. Forscher haben festgestellt, dass die Kinder und sogar Enkelkinder von Holocaust-Überlebenden häufig eine erhöhte Anfälligkeit für Angststörungen, Depression und posttraumatische Belastungsstörungen aufweisen. Sie zeigen oft auch spezifische psychologische Muster, wie eine erhöhte Sensibilität für Bedrohungen, Schwierigkeiten bei der Emotionsregulation und komplexe Gefühle von Schuld und Verantwortung.

Ähnliche Muster wurden auch in anderen Populationen beobachtet, die kollektive Traumata erlebt haben, wie beispielsweise indigene Gemeinschaften, die unter Kolonialismus und kulturellem Genozid gelitten haben. In diesen Fällen manifestiert sich die transgenerationale Traumaweitergabe oft in Form von historischen Traumata, die ganze Gemeinschaften über Generationen hinweg beeinflussen können. Dies kann zu anhaltenden Problemen wie höheren Raten von psychischen Erkrankungen, Substanzmissbrauch und sozialer Dysfunktion führen.

Es ist wichtig zu betonen, dass die transgenerationale Traumaweitergabe kein deterministischer Prozess ist. Nicht alle Kinder traumatisierter Eltern werden automatisch selbst traumatisiert oder entwickeln psychische Probleme. Faktoren wie Resilienz, unterstützende Beziehungen und positive Umwelteinflüsse können den Kreislauf der Traumaweitergabe durchbrechen. Tatsächlich zeigen einige Studien, dass Kinder von Traumaüberlebenden auch positive Eigenschaften entwickeln können, wie erhöhte Empathie, Stärke und die Fähigkeit, mit Widrigkeiten umzugehen.

Das Verständnis der transgenerationalen Traumaweitergabe hat wichtige Implikationen für die klinische Praxis und die Entwicklung von Interventionsstrategien. Es unterstreicht die Notwendigkeit, bei der Behandlung von Trauma einen systemischen Ansatz zu verfolgen, der nicht nur das Individuum, sondern auch dessen familiären und sozialen Kontext berücksichtigt. Therapeutische Ansätze, die auf die Heilung von historischen und kollektiven Traumata abzielen, gewinnen zunehmend an Bedeutung, insbesondere in der Arbeit mit marginalisierten und historisch unterdrückten Gemeinschaften.

Präventive Maßnahmen spielen ebenfalls eine wichtige Rolle. Programme zur Förderung der elterlichen Kompetenz, zur Unterstützung werdender Eltern mit Traumageschichte und zur Stärkung der Resilienz in Familien und Gemeinschaften können dazu beitragen, den Kreislauf der Traumaweitergabe zu durchbrechen. Auch die Sensibilisierung der Öffentlichkeit und von Fachkräften im Gesundheits- und Sozialwesen für die langfristigen Auswirkungen von Trauma ist von entscheidender Bedeutung.

Die Forschung zur transgenerationalen Traumaweitergabe ist noch relativ jung und es gibt noch viele offene Fragen. Zukünftige Studien werden sich wahrscheinlich darauf konzentrieren, die genauen Mechanismen der biologischen Weitergabe besser zu verstehen, die Wechselwirkungen zwischen genetischen, epigenetischen und umweltbedingten Faktoren zu entschlüsseln und effektivere Interventionsstrategien zu entwickeln.

Zusammenfassend lässt sich sagen, dass das Konzept der transgenerationalen Traumaweitergabe unser Verständnis von Trauma erweitert und die tiefgreifenden und langfristigen Auswirkungen traumatischer Erfahrungen auf Individuen, Familien und Gesellschaften hervorhebt. Es unterstreicht die Notwendigkeit eines ganzheitlichen und generationenübergreifenden Ansatzes in der Traumaarbeit und eröffnet neue Perspektiven für Prävention, Intervention und Heilung. Gleichzeitig erinnert es uns an die Resilienz des menschlichen Geistes und die Möglichkeit, den Kreislauf der Traumaweitergabe zu durchbrechen und positive Veränderungen für zukünftige Generationen zu bewirken.

6.5. Traumainformierte Therapieansätze und Heilungswege

Traumainformierte Therapieansätze und Heilungswege sind ein entscheidender Aspekt in der Behandlung von Menschen, die traumatische Erfahrungen gemacht haben. Diese Ansätze basieren auf einem tiefen Verständnis der komplexen und weitreichenden Auswirkungen von Traumata auf Körper, Geist und Seele. Sie zielen darauf ab, einen sicheren, unterstützenden und ganzheitlichen Rahmen für die Heilung zu schaffen, der die individuellen Bedürfnisse und Erfahrungen der Betroffenen berücksichtigt.

Ein grundlegendes Prinzip traumainformierter Therapie ist die Anerkennung, dass Traumata nicht nur psychische, sondern auch physische, emotionale und soziale Folgen haben können. Dies erfordert einen multidimensionalen Behandlungsansatz, der verschiedene Aspekte des menschlichen Erlebens einbezieht. Traumainformierte Therapeuten sind sich bewusst, dass traumatische Erfahrungen das Nervensystem, die Emotionsregulation, das Selbstbild und die zwischenmenschlichen Beziehungen tiefgreifend beeinflussen können.

Zu den bewährten traumainformierten Therapien gehört die Kognitive Verhaltenstherapie für Trauma (TF-CBT). Diese Methode kombiniert Elemente der kognitiven Therapie mit verhaltenstherapeutischen Techniken und zielt darauf ab, negative Gedankenmuster und Überzeugungen, die sich infolge des Traumas entwickelt haben, zu identifizieren und zu verändern. TF-CBT hilft Betroffenen, ihre traumatischen Erfahrungen in einen neuen Kontext zu setzen und adaptive Bewältigungsstrategien zu entwickeln.

Eine weitere wichtige Methode ist EMDR (Eye Movement Desensitization and Reprocessing). Diese Therapieform nutzt bilaterale Stimulation, oft in Form von Augenbewegungen, um die Verarbeitung traumatischer Erinnerungen zu erleichtern. EMDR basiert auf der Annahme, dass Traumata im Gehirn "unverarbeitet" gespeichert sind und durch gezielte Stimulation neu verarbeitet und integriert werden können. Viele Betroffene berichten von einer deutlichen Reduktion der Belastung durch traumatische Erinnerungen nach EMDR-Behandlungen.

Die Narrative Expositionstherapie (NET) ist besonders effektiv bei der Behandlung von komplexen Traumata und wurde ursprünglich für Opfer von Krieg und Folter entwickelt. Bei dieser Methode erstellen Betroffene mit Unterstützung des Therapeuten eine chronologische Erzählung ihres Lebens, wobei traumatische Erfahrungen detailliert besprochen und in den Kontext der gesamten Lebensgeschichte eingeordnet werden. Dieser Prozess hilft, fragmentierte traumatische Erinnerungen zu integrieren und dem Leben eine kohärente Struktur zu geben.

Körperorientierte Ansätze wie Somatic Experiencing und Yoga-Therapie berücksichtigen die körperlichen Aspekte des Traumas. Diese Methoden basieren auf der Erkenntnis, dass traumatische Erfahrungen oft im Körper "gespeichert" werden und zu chronischen Spannungen, somatischen Symptomen und Dysregulation des autonomen Nervensystems führen können. Durch gezielte Körperarbeit, Achtsamkeitsübungen und sanfte Bewegungen können Betroffene lernen, ihre Körperwahrnehmung zu verbessern, Spannungen zu lösen und ein Gefühl von Sicherheit im eigenen Körper wiederzuerlangen.

Gruppentherapien und Peer-Support-Programme spielen eine wichtige Rolle in der traumainformierten Behandlung. Sie bieten einen Rahmen, in dem Betroffene ihre Erfahrungen teilen, sich gegenseitig unterstützen und voneinander lernen können. Diese Formate können das oft mit Traumata verbundene Gefühl der Isolation reduzieren und die soziale Unterstützung stärken. Peer-Support-Programme, bei denen Menschen mit eigener Traumaerfahrung als Begleiter fungieren, können besonders wertvoll sein, da sie Hoffnung vermitteln und als Rollenmodelle für den Heilungsprozess dienen.

Kulturell sensitive Ansätze, die traditionelle Heilpraktiken einbeziehen, gewinnen zunehmend an Bedeutung in der traumainformierten Therapie. Diese Ansätze erkennen an, dass kulturelle Faktoren einen erheblichen Einfluss auf die Art und Weise haben, wie Traumata erlebt, ausgedrückt und verarbeitet werden. Durch die Integration kulturspezifischer Heilpraktiken, spiritueller Überzeugungen und gemeinschaftlicher Rituale können Therapeuten einen Behandlungsrahmen schaffen, der für Betroffene aus verschiedenen kulturellen Hintergründen sinnvoll und wirksam ist.

Ein ganzheitlicher Heilungsweg umfasst oft eine Kombination dieser verschiedenen Ansätze, ergänzt durch Selbstfürsorge-Praktiken und, wenn nötig, medikamentöse Unterstützung. Achtsamkeitsbasierte Techniken wie Meditation und Mindfulness-Based Stress Reduction (MBSR) können Betroffenen helfen, im gegenwärtigen Moment zu bleiben und überwältigende Emotionen zu regulieren. Kreative Therapien wie Kunst-, Musik- oder Tanztherapie bieten alternative Ausdrucksmöglichkeiten für Erfahrungen, die schwer in Worte zu fassen sind.

Der Fokus traumainformierter Therapie liegt nicht nur auf der Symptomreduktion, sondern auch auf der Förderung von Resilienz, Selbstermächtigung und posttraumatischem Wachstum. Therapeuten unterstützen Betroffene dabei, ihre inneren Ressourcen zu erkennen und zu stärken, neue Bedeutung und Sinn zu finden und positive Veränderungen als Folge ihrer Bewältigung des Traumas zu erfahren.

Ein wichtiger Aspekt traumainformierter Behandlung ist die Schaffung eines sicheren therapeutischen Raums. Therapeuten sind sich bewusst, dass traditionelle Therapiesettings für traumatisierte Menschen überwältigend oder sogar retraumatisierend sein können. Sie arbeiten daher daran, eine Umgebung zu schaffen, die Sicherheit, Vertrauen und Kontrolle fördert. Dies kann die flexible Gestaltung des Therapiesettings, die Möglichkeit für Pausen oder die gemeinsame Entwicklung von Notfallplänen für Krisensituationen beinhalten.

Die Ausbildung von Fachkräften in traumainformierten Ansätzen erstreckt sich zunehmend über verschiedene Bereiche des Gesundheits-

und Sozialsystems. Nicht nur Therapeuten, sondern auch Ärzte, Pflege-personal, Sozialarbeiter und Pädagogen werden in den Grundlagen der Traumainformation geschult. Dies trägt dazu bei, ein breiteres Verständnis für die Auswirkungen von Traumata zu schaffen und potenziell retraumatisierende Praktiken in verschiedenen Lebensbereichen zu reduzieren.

Insgesamt stellt die Entwicklung und Implementierung traumainformierter Therapieansätze und Heilungswege einen wichtigen Fortschritt in der Behandlung von Traumata dar. Sie bieten einen umfassenden, mitfühlenden und individualisierten Ansatz, der die Komplexität traumatischer Erfahrungen anerkennt und Betroffenen vielfältige Wege zur Heilung und persönlichem Wachstum eröffnet. Diese ganzheitliche Herangehensweise ermöglicht es Betroffenen, nicht nur ihre traumatischen Erfahrungen zu verarbeiten, sondern auch neue Stärken zu entdecken und ein erfülltes Leben jenseits des Traumas zu entwickeln.

Ein weiterer wichtiger Aspekt traumainformierter Therapie ist die Berücksichtigung der neurobiologischen Grundlagen von Traumata. Moderne Forschung hat gezeigt, dass traumatische Erfahrungen tiefgreifende Auswirkungen auf die Gehirnstruktur und -funktion haben können. Traumainformierte Therapeuten nutzen dieses Wissen, um Interventionen zu entwickeln, die gezielt auf die Wiederherstellung des neurologischen Gleichgewichts abzielen. Techniken wie Neurofeedback oder die Polyvagal-Theorie-basierte Therapie können dabei helfen, das autonome Nervensystem zu regulieren und die Fähigkeit zur Selbstberuhigung zu verbessern.

Die Integration von Körperarbeit in die Traumatherapie gewinnt zunehmend an Bedeutung. Methoden wie Sensomotorische Psychotherapie oder die Feldenkrais-Methode helfen Betroffenen, die Verbindung zu ihrem Körper wiederherzustellen und körperliche Spannungen oder Dissoziationen, die oft mit Traumata einhergehen, zu lösen. Diese Ansätze erkennen an, dass Traumaheilung nicht nur auf kognitiver Ebene stattfindet, sondern auch eine körperliche Komponente hat.

Ein weiterer wichtiger Bestandteil traumainformierter Heilungswege ist die Förderung von Selbstfürsorge und Selbstmitgefühl. Viele Traumaüberlebende kämpfen mit Schuldgefühlen, Scham oder einem negativen Selbstbild. Therapeutische Ansätze, die auf die Kultivierung von Selbstmitgefühl abzielen, wie die Compassion Focused Therapy, können Betroffenen helfen, eine freundlichere und verständnisvollere Haltung gegenüber sich selbst zu entwickeln.

Die Einbeziehung von Angehörigen und sozialen Netzwerken in den Heilungsprozess ist ein weiterer wichtiger Aspekt traumainformierter Therapie. Familientherapie oder Paartherapie können helfen, die Auswirkungen des Traumas auf Beziehungen zu adressieren und ein unterstützendes Umfeld für die Heilung zu schaffen.

Schließlich ist es wichtig anzuerkennen, dass Traumaheilung oft ein langfristiger Prozess ist, der Geduld, Ausdauer und kontinuierliche Unterstützung erfordert. Traumainformierte Therapieansätze berücksichtigen dies, indem sie flexible, langfristige Behandlungspläne anbieten und Betroffene mit Fähigkeiten und Ressourcen ausstatten, die sie auch nach Abschluss der formalen Therapie nutzen können.

Zusammenfassend lässt sich sagen, dass traumainformierte Therapieansätze und Heilungswege einen umfassenden, mitfühlenden und individualisierten Rahmen für die Behandlung von Traumata bieten. Sie vereinen verschiedene therapeutische Modalitäten, berücksichtigen die komplexen Auswirkungen von Traumata auf Körper, Geist und Seele und zielen darauf ab, nicht nur Symptome zu lindern, sondern auch Resilienz, Selbstermächtigung und persönliches Wachstum zu fördern. Durch die kontinuierliche Weiterentwicklung und Verfeinerung dieser Ansätze eröffnen sich neue Möglichkeiten für Traumaüberlebende, ihren Weg zur Heilung zu finden und ein erfülltes Leben jenseits ihrer traumatischen Erfahrungen zu gestalten.

Kapitel 7: Gesellschaftliche Perspektive

Die Betrachtung von Gesundheit und Krankheit aus einer gesellschaftlichen Perspektive eröffnet ein komplexes Feld, das weit über individuelle medizinische Aspekte hinausgeht. In diesem Kapitel werden wir uns mit den vielfältigen Wechselwirkungen zwischen Gesellschaft und Gesundheit auseinandersetzen und untersuchen, wie soziale, kulturelle, ökonomische und politische Faktoren unser Verständnis von Gesundheit und Krankheit sowie den Umgang damit prägen.

Ein zentraler Aspekt dieser Betrachtung sind die kulturellen Unterschiede in der Wahrnehmung und Behandlung psychischer Gesundheit. Was in einer Kultur als "normal" gilt, kann in einer anderen als behandlungsbedürftig angesehen werden. Diese kulturellen Variationen beeinflussen nicht nur die individuelle Erfahrung von Gesundheit und Krankheit, sondern auch die Art und Weise, wie Gesundheitssysteme strukturiert sind und funktionieren. In westlichen Gesellschaften dominiert oft ein biomedizinisches Modell, während in anderen Kulturen ganzheitlichere oder spirituelle Ansätze vorherrschen können. Diese unterschiedlichen Perspektiven haben weitreichende Auswirkungen auf Diagnose, Behandlung und den gesamten Heilungsprozess.

Die sozialen Determinanten der Gesundheit bilden einen weiteren Schwerpunkt unserer Betrachtung. Faktoren wie Bildung, Einkommen, Arbeitsbedingungen, Wohnumfeld und soziale Netzwerke haben einen erheblichen Einfluss auf den Gesundheitszustand von Individuen und ganzen Bevölkerungsgruppen. Gesundheitliche Ungleichheiten, die auf diesen sozialen Faktoren beruhen, stellen eine große Herausforderung für moderne Gesellschaften dar. Sie werfen Fragen der sozialen Gerechtigkeit auf und verdeutlichen die Notwendigkeit, Gesundheitspolitik in einem breiteren gesellschaftlichen Kontext zu betrachten.

Der Einfluss der Medien auf das Gesundheitsverständnis und -verhalten ist in unserer digitalisierten Welt von wachsender Bedeutung. Massenmedien und soziale Netzwerke prägen maßgeblich unser Bild von Gesundheit und Krankheit. Sie können einerseits zur Aufklärung und Gesundheitsförderung beitragen, andererseits aber auch unrealistische Vorstellungen und Ängste schüren. Die Flut an oft widersprüchlichen Gesundheitsinformationen stellt viele Menschen vor die Herausforderung, verlässliche von irreführenden Informationen zu unterscheiden. Gleichzeitig bieten digitale Medien neue Möglichkeiten für Prävention, Diagnostik und Behandlung, etwa durch E-Health-Anwendungen oder Telemedizin.

Ein besonders wichtiger Aspekt der gesellschaftlichen Perspektive ist die Stigmatisierung psychischer Erkrankungen und deren Überwindung. Trotz zunehmender Aufklärung sind psychische Erkrankungen in vielen Gesellschaften nach wie vor mit Vorurteilen und Diskriminierung verbunden. Diese Stigmatisierung kann schwerwiegende Folgen haben: Betroffene zögern oft, Hilfe in Anspruch zu nehmen, was den Krankheitsverlauf verschlimmern kann. Zudem erschwert Stigmatisierung die soziale und berufliche Integration. Die Überwindung dieser Stigmata erfordert breit angelegte gesellschaftliche Anstrengungen, von Aufklärungskampagnen bis hin zu strukturellen Veränderungen in Bildung, Arbeitswelt und Gesundheitssystem.

Die Gesundheitspolitik und ihre Auswirkungen auf individuelle und öffentliche Gesundheit bilden einen weiteren Schwerpunkt unserer Betrachtung. Politische Entscheidungen über die Organisation und Finanzierung des Gesundheitssystems, über Präventionsmaßnahmen oder den Umgang mit Gesundheitsrisiken haben weitreichende Folgen für die Bevölkerung. Dabei müssen oft schwierige Abwägungen zwischen individuellen Freiheiten, ökonomischen Interessen und dem Schutz der öffentlichen Gesundheit getroffen werden. Die COVID-19-Pandemie hat die Bedeutung und Komplexität gesundheitspolitischer Entscheidungen besonders deutlich vor Augen geführt.

Ein zunehmend wichtiger Aspekt ist die Rolle von Technologie und digitaler Gesundheit in der modernen Gesundheitsversorgung. Künstliche Intelligenz, Big Data und personalisierte Medizin versprechen neue

Möglichkeiten in Diagnostik und Therapie. Gleichzeitig werfen sie ethische Fragen auf, etwa hinsichtlich des Datenschutzes oder der Gefahr einer zunehmenden Technisierung und Entmenschlichung der Gesundheitsversorgung. Die Integration dieser neuen Technologien in bestehende Gesundheitssysteme und ihre Auswirkungen auf das Arzt-Patienten-Verhältnis sind zentrale Herausforderungen für die Zukunft.

Ein weiterer wichtiger Punkt ist die Betrachtung von Recovery und sozialer Inklusion. Der Recovery-Ansatz, der besonders in der psychischen Gesundheitsversorgung an Bedeutung gewinnt, betont die Möglichkeit, trotz Erkrankung ein erfülltes und selbstbestimmtes Leben zu führen. Dies erfordert jedoch nicht nur individuelle Anstrengungen, sondern auch gesellschaftliche Unterstützung und Strukturen, die soziale Inklusion ermöglichen. Die Schaffung inklusiver Arbeitsplätze, barrierefreier öffentlicher Räume und unterstützender sozialer Netzwerke sind wichtige Aspekte dieses Ansatzes.

Schließlich werden wir uns mit den ethischen Aspekten verschiedener Gesundheitsansätze auseinandersetzen. Die zunehmende Individualisierung und Kommerzialisierung von Gesundheit wirft Fragen nach Verantwortung und Gerechtigkeit auf. Wie viel Verantwortung trägt der Einzelne für seine Gesundheit, und wo beginnt die gesellschaftliche Verantwortung? Wie gehen wir mit dem Spannungsfeld zwischen individueller Freiheit und dem Schutz der öffentlichen Gesundheit um? Diese ethischen Fragen gewinnen in einer Zeit, in der Gesundheit zunehmend als individuelles "Projekt" und weniger als kollektives Gut verstanden wird, an Bedeutung.

In diesem Kapitel werden wir all diese Aspekte eingehend betrachten und ihre Verflechtungen und Wechselwirkungen analysieren. Dabei werden wir sowohl aktuelle Forschungsergebnisse als auch praktische Beispiele heranziehen, um ein umfassendes Bild der gesellschaftlichen Dimension von Gesundheit und Krankheit zu zeichnen. Unser Ziel ist es, ein tieferes Verständnis dafür zu entwickeln, wie gesellschaftliche Faktoren unsere Gesundheit beeinflussen und wie wir als Gesellschaft Bedingungen schaffen können, die Gesundheit und Wohlbefinden für alle fördern.

Diese Betrachtungen sollen nicht nur zum Nachdenken anregen, sondern auch Ansatzpunkte für konkrete Veränderungen aufzeigen - sei es auf individueller, institutioneller oder politischer Ebene. Denn letztlich ist Gesundheit nicht nur eine medizinische, sondern auch eine zutiefst gesellschaftliche Angelegenheit, die uns alle betrifft und zu der wir alle beitragen können.

7.1. Kulturelle Unterschiede in der Wahrnehmung und Behandlung psychischer Gesundheit

Die kulturelle Vielfalt in der Wahrnehmung und Behandlung psychischer Gesundheit ist ein komplexes und faszinierendes Thema, das tiefgreifende Auswirkungen auf die globale Gesundheitsversorgung hat. Um dieses Thema umfassender zu beleuchten, ist es wichtig, verschiedene Aspekte genauer zu betrachten und zu analysieren.

Zunächst einmal ist es entscheidend zu verstehen, dass das Konzept der "psychischen Gesundheit" selbst kulturell geprägt ist. In westlichen Gesellschaften hat sich ein biomedizinisches Modell durchgesetzt, das psychische Störungen als Krankheiten betrachtet, die auf neurobiologische oder psychologische Ursachen zurückzuführen sind. Dieses Modell hat zu einer Kategorisierung psychischer Störungen geführt, wie sie in Diagnosesystemen wie dem DSM (Diagnostic and Statistical Manual of Mental Disorders) oder dem ICD (International Classification of Diseases) zu finden ist.

Im Gegensatz dazu haben viele nicht-westliche Kulturen ein ganzheitlicheres Verständnis von Gesundheit und Krankheit, das körperliche, psychische, soziale und spirituelle Aspekte als untrennbar miteinander verbunden betrachtet. In diesen Kulturen werden psychische Probleme oft nicht als isolierte "Störungen" wahrgenommen, sondern als Ausdruck eines Ungleichgewichts im gesamten Lebenssystem eines Menschen.

Ein Beispiel hierfür ist das Konzept des "Susto" in einigen lateinamerikanischen Kulturen. "Susto" wird oft als eine Art Seelenverlust beschrieben, der durch ein erschreckendes Erlebnis ausgelöst wird und sich in verschiedenen körperlichen und psychischen Symptomen äußern kann. Aus westlicher Perspektive könnten diese Symptome möglicherweise als Depression oder Angststörung diagnostiziert werden, während sie in ihrem kulturellen Kontext eine ganz andere Bedeutung und Behandlungsansatz haben.

In vielen asiatischen Kulturen, insbesondere in China und Japan, gibt es eine starke Tendenz, psychische Symptome durch somatische Beschwerden auszudrücken. Dies wird oft als "Somatisierung" bezeichnet. Patienten könnten beispielsweise über Kopfschmerzen, Müdigkeit oder Verdauungsprobleme klagen, anstatt direkt über Gefühle von Traurigkeit oder Angst zu sprechen. Dieses Phänomen ist teilweise auf kulturelle Normen zurückzuführen, die die offene Äußerung emotionaler Probleme als unpassend oder schwach betrachten könnten.

In afrikanischen Gesellschaften spielen oft spirituelle und gemeinschaftliche Aspekte eine zentrale Rolle in der Interpretation und Behandlung psychischer Probleme. Traditionelle Heiler, die als Vermittler zwischen der physischen und der spirituellen Welt fungieren, können eine wichtige Rolle bei der Behandlung spielen. Rituale, Gebete und gemeinschaftliche Heilungszeremonien sind oft integraler Bestandteil des Heilungsprozesses.

Diese kulturellen Unterschiede haben bedeutende Auswirkungen auf die Art und Weise, wie Menschen mit psychischen Problemen umgehen und Hilfe suchen. In Gesellschaften, in denen psychische Störungen stark stigmatisiert sind, könnte die Bereitschaft, professionelle Hilfe in Anspruch zu nehmen, geringer sein. Stattdessen könnten Menschen eher dazu neigen, Unterstützung in ihrem familiären oder sozialen Umfeld zu suchen oder alternative Heilmethoden zu bevorzugen.

Die Herausforderung für das globale Gesundheitssystem besteht darin, diese kulturellen Unterschiede zu respektieren und zu integrieren, ohne dabei die Vorteile evidenzbasierter medizinischer Praktiken zu vernachlässigen. Ein Ansatz, der als "kulturell kompetente Versorgung" bezeichnet wird, versucht, kulturelle Überzeugungen und Praktiken in die Behandlung psychischer Gesundheitsprobleme einzubeziehen.

Dies kann bedeuten, lokale Heiltraditionen in die Behandlung zu integrieren, kulturspezifische Therapieformen zu entwickeln oder Familien und Gemeinschaften stärker in den Heilungsprozess einzubeziehen. In einigen Ländern wurden beispielsweise erfolgreiche Programme entwickelt, die traditionelle Heiler mit westlich ausgebildeten Psychiatern zusammenbringen, um eine ganzheitliche Versorgung zu gewährleisten.

Gleichzeitig ist es wichtig, kulturelle Unterschiede nicht zu essentialisieren oder zu überbetonen. Innerhalb jeder Kultur gibt es eine große Vielfalt an individuellen Erfahrungen und Überzeugungen. Zudem verändern sich kulturelle Praktiken und Überzeugungen im Laufe der Zeit, insbesondere in einer zunehmend globalisierten Welt.

Ein weiterer wichtiger Aspekt ist die Frage der Universalität psychischer Störungen. Während einige Forscher argumentieren, dass bestimmte psychische Störungen universell sind und in allen Kulturen vorkommen, weisen andere darauf hin, dass die Art und Weise, wie diese Störungen erlebt und ausgedrückt werden, stark kulturell geprägt ist. Dies hat Auswirkungen auf die Diagnostik und Behandlung psychischer Störungen in verschiedenen kulturellen Kontexten.

Die Weltgesundheitsorganisation (WHO) hat in den letzten Jahren verstärkt Anstrengungen unternommen, kulturelle Aspekte in ihre globalen Richtlinien zur psychischen Gesundheit einzubeziehen. Dies beinhaltet die Entwicklung kulturell sensitiver Diagnoseinstrumente und die Förderung von Forschung zu kulturspezifischen psychischen Gesundheitsproblemen.

Für Fachkräfte im Bereich der psychischen Gesundheit ist es entscheidend, eine kulturelle Kompetenz zu entwickeln. Dies beinhaltet nicht nur Wissen über verschiedene kulturelle Praktiken und Überzeugungen, sondern auch die Fähigkeit, offen und respektvoll mit Menschen aus verschiedenen kulturellen Hintergründen zu kommunizieren und zusammenzuarbeiten.

Abschließend lässt sich sagen, dass die Berücksichtigung kultureller Unterschiede in der Wahrnehmung und Behandlung psychischer Gesundheit nicht nur eine ethische Notwendigkeit ist, sondern auch zu einer effektiveren und gerechteren globalen Gesundheitsversorgung beitragen kann. Indem wir voneinander lernen und Best Practices aus verschiedenen kulturellen Kontexten integrieren, können wir ein umfassenderes und inklusiveres Verständnis von psychischer Gesundheit und Wohlbefinden entwickeln.

7.2. Soziale Determinanten der Gesundheit

Die sozialen Determinanten der Gesundheit sind ein komplexes und vielschichtiges Konzept, das in den letzten Jahrzehnten zunehmend an Bedeutung gewonnen hat. Sie umfassen die Bedingungen, unter denen Menschen geboren werden, aufwachsen, leben, arbeiten und altern, sowie die Systeme, die zur Bewältigung von Krankheit eingerichtet sind. Diese Faktoren werden weitgehend durch die Verteilung von Geld, Macht und Ressourcen auf globaler, nationaler und lokaler Ebene beeinflusst und sind oft das Ergebnis politischer Entscheidungen.

Ein zentraler Aspekt der sozialen Determinanten ist der sozioökonomische Status. Studien haben wiederholt gezeigt, dass Menschen mit höherem Einkommen und Bildungsniveau tendenziell gesünder sind und länger leben als jene mit niedrigerem sozioökonomischem Status. Dies lässt sich auf verschiedene Faktoren zurückführen: Besser gestellte Personen haben oft Zugang zu qualitativ hochwertigerer medizinischer Versorgung, leben in sichereren und weniger belasteten Umgebungen, haben mehr Möglichkeiten für eine gesunde Ernährung und körperliche Aktivität und verfügen über bessere Ressourcen zur Stressbewältigung.

Die Bildung spielt eine besonders wichtige Rolle als soziale Determinante der Gesundheit. Höhere Bildung geht nicht nur mit besseren Beschäftigungsmöglichkeiten und höherem Einkommen einher, sondern auch mit einer verbesserten Gesundheitskompetenz. Menschen mit höherer Bildung sind oft besser in der Lage, Gesundheitsinformationen zu verstehen und zu nutzen, gesundheitsfördernde Entscheidungen zu treffen und das Gesundheitssystem effektiv zu navigieren.

Die physische Umgebung, in der Menschen leben und arbeiten, hat ebenfalls einen erheblichen Einfluss auf die Gesundheit. Faktoren wie Luftverschmutzung, Lärm, mangelnder Zugang zu sauberem Wasser und sanitären Einrichtungen, schlechte Wohnbedingungen und begrenzte Möglichkeiten für körperliche Aktivität können sich negativ auf die Gesundheit auswirken. In städtischen Gebieten können soziale und ökonomische Benachteiligungen oft zu einer Konzentration dieser negativen

Umweltfaktoren in bestimmten Nachbarschaften führen, was die gesundheitlichen Ungleichheiten weiter verstärkt.

Soziale Unterstützungsnetzwerke und Community-Ressourcen spielen eine wichtige Rolle für die Gesundheit. Starke soziale Bindungen und ein Gefühl der Zugehörigkeit können psychische Gesundheit fördern, Stress reduzieren und sogar die physische Gesundheit verbessern. Gemeinschaften mit starkem sozialem Zusammenhalt tendieren dazu, gesünder zu sein, wobei dieser Effekt besonders ausgeprägt bei benachteiligten Gruppen sein kann.

Der Zugang zur Gesundheitsversorgung ist ein weiterer kritischer Faktor. Obwohl viele Länder universelle Gesundheitssysteme haben, bestehen oft erhebliche Unterschiede in der Qualität und Zugänglichkeit der Versorgung. Barrieren können finanzieller, geographischer oder kultureller Natur sein. In einigen Fällen kann auch ein Mangel an Gesundheitskompetenz den effektiven Zugang zur Versorgung behindern.

Geschlecht und Kultur sind ebenfalls wichtige Determinanten der Gesundheit. Geschlechtsspezifische Normen und Rollen können zu unterschiedlichen Gesundheitsrisiken und -verhaltensweisen führen. Kulturelle Faktoren beeinflussen Gesundheitsüberzeugungen, -praktiken und die Interaktion mit dem Gesundheitssystem. In multikulturellen Gesellschaften kann ein Mangel an kultureller Kompetenz im Gesundheitssystem zu Ungleichheiten in der Versorgung führen.

Die Anerkennung der Bedeutung sozialer Determinanten hat weitreichende Implikationen für die Gesundheitspolitik und -praxis. Es wird deutlich, dass eine effektive Verbesserung der Bevölkerungsgesundheit weit über das traditionelle Gesundheitssystem hinausgehen muss. Intersektorale Ansätze, die verschiedene Politikbereiche einbeziehen, sind erforderlich, um die komplexen Wechselwirkungen zwischen sozialen, ökonomischen und gesundheitlichen Faktoren anzugehen.

Konkrete Maßnahmen zur Adressierung sozialer Determinanten können vielfältig sein. Dazu gehören Strategien zur Armutsbekämpfung, wie die

Einführung oder Erhöhung von Mindestlöhnen, die Verbesserung von Sozialleistungen und die Förderung von Beschäftigungsmöglichkeiten. Im Bildungsbereich können Investitionen in frühkindliche Bildung, die Verbesserung der Schulqualität in benachteiligten Gebieten und die Förderung des lebenslangen Lernens positive Auswirkungen haben.

Stadtplanung und Umweltpolitik spielen ebenfalls eine wichtige Rolle. Die Schaffung von sicheren, grünen Räumen in städtischen Gebieten, die Verbesserung des öffentlichen Verkehrs und die Förderung aktiver Transportmöglichkeiten können zu gesünderen Lebensumgebungen beitragen. Maßnahmen zur Reduzierung von Umweltverschmutzung und zur Verbesserung der Wohnqualität in benachteiligten Gebieten sind ebenfalls wichtig.

Im Bereich der Arbeit können Politiken zur Verbesserung der Arbeitsbedingungen, zur Förderung der Work-Life-Balance und zur Unterstützung von betrieblicher Gesundheitsförderung positive Auswirkungen haben. Die Stärkung von Arbeitnehmerrechten und die Förderung von sicheren, gesunden Arbeitsplätzen sind ebenfalls wichtige Aspekte.

Die Förderung sozialer Inklusion und der Abbau von Diskriminierung sind weitere wichtige Ansatzpunkte. Dies kann Maßnahmen zur Integration von Migranten, zur Unterstützung von Menschen mit Behinderungen und zur Förderung der Gleichstellung der Geschlechter umfassen.

Im Gesundheitssystem selbst ist es wichtig, den Zugang zu präventiven Diensten zu verbessern und Barrieren in der Versorgung abzubauen. Dies kann die Förderung von Community-basierten Gesundheitsprogrammen, die Verbesserung der kulturellen Kompetenz von Gesundheitsdienstleistern und die Stärkung der primären Gesundheitsversorgung umfassen.

Die Berücksichtigung sozialer Determinanten erfordert auch eine Neuausrichtung der Gesundheitsforschung. Neben biomedizinischer Forschung ist es wichtig, mehr in sozial- und verhaltenswissenschaftliche

Forschung zu investieren, um die komplexen Zusammenhänge zwischen sozialen Faktoren und Gesundheit besser zu verstehen.

Schließlich ist es entscheidend, die Auswirkungen von Politiken auf die Gesundheit in allen Sektoren zu berücksichtigen - ein Ansatz, der als "Health in All Policies" bekannt ist. Dies erfordert eine sektorübergreifende Zusammenarbeit und die systematische Bewertung der gesundheitlichen Auswirkungen von Politikentscheidungen in Bereichen wie Wirtschaft, Bildung, Verkehr und Umwelt.

Die Umsetzung von Strategien zur Adressierung sozialer Determinanten der Gesundheit ist jedoch mit Herausforderungen verbunden. Eine der größten Hürden ist die Notwendigkeit langfristiger Investitionen und politischer Verpflichtungen, deren Auswirkungen möglicherweise erst nach Jahren oder sogar Jahrzehnten sichtbar werden. Dies kann im Widerspruch zu kurzfristigen politischen Zyklen und Budgetprioritäten stehen.

Darüber hinaus erfordert die effektive Bekämpfung gesundheitlicher Ungleichheiten oft eine Umverteilung von Ressourcen und Macht, was auf Widerstand von privilegierten Gruppen stoßen kann. Es ist daher wichtig, breite gesellschaftliche Allianzen zu bilden und die ökonomischen und sozialen Vorteile einer gesünderen, gleichberechtigteren Gesellschaft zu kommunizieren.

Ein weiterer wichtiger Aspekt ist die Notwendigkeit, lokale Kontexte und Bedürfnisse zu berücksichtigen. Während übergreifende Prinzipien universell anwendbar sein können, müssen spezifische Interventionen an die jeweiligen sozialen, kulturellen und ökonomischen Gegebenheiten angepasst werden. Partizipative Ansätze, die die betroffenen Gemeinschaften in die Planung und Umsetzung von Maßnahmen einbeziehen, sind dabei von zentraler Bedeutung.

Die COVID-19-Pandemie hat die Bedeutung sozialer Determinanten der Gesundheit in dramatischer Weise unterstrichen. Die ungleiche Verteilung von Infektionsrisiken und Krankheitsverläufen entlang sozioökonomischer Linien hat bestehende gesundheitliche Ungleichheiten sichtbar gemacht und in vielen Fällen verstärkt. Dies hat zu einer verstärkten öffentlichen und politischen Aufmerksamkeit für diese Themen geführt und bietet möglicherweise ein Fenster der Gelegenheit für tiefgreifende strukturelle Veränderungen.

Abschließend lässt sich sagen, dass die Berücksichtigung sozialer Determinanten der Gesundheit einen Paradigmenwechsel in der Gesundheitspolitik und -praxis darstellt. Sie erfordert einen ganzheitlichen, sektorübergreifenden Ansatz, der weit über die traditionelle medizinische Versorgung hinausgeht. Während die Herausforderungen bei der Umsetzung solcher Strategien erheblich sind, bieten sie das Potenzial für bedeutende und nachhaltige Verbesserungen der Bevölkerungsgesundheit und eine gerechtere Verteilung von Gesundheitschancen. Die Entwicklung effektiver Ansätze zur Adressierung sozialer Determinanten der Gesundheit bleibt eine der wichtigsten Aufgaben für Gesundheitssysteme und Gesellschaften im 21. Jahrhundert.

7.3. Medieneinfluss auf das Gesundheitsverständnis und -verhalten

Die Medien spielen eine zentrale und vielschichtige Rolle bei der Formung des öffentlichen Gesundheitsverständnisses und -verhaltens. Durch verschiedene Kanäle wie Nachrichtenberichterstattung, Unterhaltungsformate, Werbung und soziale Medien vermitteln sie Informationen über Gesundheitsthemen und beeinflussen maßgeblich, wie Menschen über Gesundheit und Krankheit denken und handeln. Dieser Einfluss hat in den letzten Jahrzehnten mit der Digitalisierung und der Verbreitung sozialer Medien noch weiter zugenommen.

Einerseits können Medien einen positiven Beitrag zur Gesundheitsaufklärung leisten, indem sie wichtige Informationen verbreiten und für Präventionsmaßnahmen sensibilisieren. Gut recherchierte Berichte über medizinische Fortschritte, Gesundheitsrisiken oder Präventionsmöglichkeiten können das öffentliche Bewusstsein schärfen und zu einem gesünderen Lebensstil motivieren. Beispielsweise haben Medienkampagnen zur Raucherentwöhnung oder zur Förderung von Krebsvorsorgeuntersuchungen nachweislich positive Auswirkungen auf das Gesundheitsverhalten der Bevölkerung gezeigt.

Andererseits können Medien durch sensationalistische Berichterstattung oder die Verbreitung von Fehlinformationen auch negative Auswirkungen haben. Die Tendenz zur Überdramatisierung von Gesundheitsrisiken oder die vereinfachte Darstellung komplexer medizinischer Zusammenhänge kann zu Fehleinschätzungen und unbegründeten Ängsten in der Bevölkerung führen. Ein bekanntes Beispiel hierfür ist die mediale Aufbereitung der (inzwischen widerlegten) Studie, die einen Zusammenhang zwischen Impfungen und Autismus herstellte. Obwohl wissenschaftlich unhaltbar, führte die intensive Medienberichterstattung zu einem signifikanten Rückgang der Impfraten in vielen Ländern.

Die Rolle der sozialen Medien hat den Medieneinfluss auf das Gesundheitsverständnis noch einmal drastisch verstärkt. Plattformen wie Facebook, Twitter, Instagram oder TikTok ermöglichen eine schnelle und weitreichende Verbreitung von Gesundheitsinformationen, bieten aber gleichzeitig auch einen fruchtbaren Boden für die Verbreitung von Fehlinformationen und Verschwörungstheorien. Die algorithmische Struktur dieser Plattformen kann dazu führen, dass Nutzer in "Informationsblasen" geraten, in denen sich bestimmte, oft wissenschaftlich nicht fundierte Gesundheitsansichten verstärken.

Ein besonderes Phänomen in diesem Zusammenhang sind sogenannte Gesundheits-Influencer. Diese Personen, die oft keine medizinische Ausbildung haben, erreichen über soziale Medien ein großes Publikum mit ihren Gesundheitstipps und Lebensweisheiten. Während einige von ihnen durchaus wertvolle Beiträge zur Gesundheitsförderung leisten, verbreiten andere problematische oder gar gefährliche Ratschläge. Die Herausforderung für die Nutzer besteht darin, zwischen seriösen und unseriösen Quellen zu unterscheiden.

Ein weiterer wichtiger Aspekt des Medieneinflusses auf das Gesundheitsverständnis ist die Darstellung von Körperbildern. Insbesondere in der Werbung und in Unterhaltungsmedien werden oft idealisierte und unrealistische Körperbilder präsentiert. Dies kann das Selbstbild und das Gesundheitsverhalten der Rezipienten, besonders von Jugendlichen und jungen Erwachsenen, negativ beeinflussen. Studien haben gezeigt, dass die ständige Konfrontation mit solchen idealisierten Körperbildern zu einem negativen Körperbild, geringem Selbstwertgefühl und in extremen Fällen sogar zu Essstörungen führen kann.

Gleichzeitig gibt es in den letzten Jahren auch gegenläufige Bewegungen in den Medien, die versuchen, ein diverseres und realistischeres Bild von Körpern zu vermitteln. Kampagnen für "Body Positivity" oder "Health at Every Size" zielen darauf ab, die Akzeptanz verschiedener Körperformen zu fördern und den Fokus von Äußerlichkeiten auf Gesundheit und Wohlbefinden zu verlagern. Diese Ansätze können einen positiven Einfluss auf das Körperbild und das Gesundheitsverhalten haben, indem sie den Druck reduzieren, einem bestimmten Schönheitsideal entsprechen zu müssen.

Die mediale Darstellung von Gesundheitsthemen hat auch Auswirkungen auf das Verständnis von Krankheit und Gesundheit in der Gesellschaft. Oft werden in den Medien komplexe medizinische Sachverhalte vereinfacht dargestellt, was zu einem oberflächlichen oder verzerrten Verständnis von Gesundheit und Krankheit führen kann. Beispielsweise wird in der Berichterstattung über psychische Erkrankungen oft ein stereotypes oder stigmatisierendes Bild vermittelt, was die gesellschaftliche Wahrnehmung dieser Erkrankungen negativ beeinflusst.

Andererseits können Medien auch dazu beitragen, Tabus zu brechen und ein offeneres Gespräch über bestimmte Gesundheitsthemen zu fördern. So haben beispielsweise Medienkampagnen und die offene Diskussion in Talkshows und Dokumentationen dazu beigetragen, Themen wie Depression oder Brustkrebs zu enttabuisieren und das öffentliche Bewusstsein für diese Erkrankungen zu schärfen.

Für Gesundheitsfachkräfte und -behörden ist es von großer Bedeutung, die Medien effektiv zu nutzen, um korrekte Gesundheitsinformationen zu verbreiten und die Gesundheitskompetenz in der Bevölkerung zu fördern. Dies erfordert eine enge Zusammenarbeit zwischen Gesundheitsexperten und Medienschaffenden, um komplexe medizinische Informationen verständlich und ansprechend aufzubereiten, ohne dabei die wissenschaftliche Genauigkeit zu opfern.

Gleichzeitig ist es notwendig, die Öffentlichkeit im kritischen Umgang mit Gesundheitsinformationen in den Medien zu schulen. Die Förderung von Medienkompetenz und Gesundheitskompetenz sollte daher ein integraler Bestandteil der schulischen und außerschulischen Bildung sein. Menschen müssen in die Lage versetzt werden, die Glaubwürdigkeit von Gesundheitsinformationen zu beurteilen, seriöse von unseriösen Quellen zu unterscheiden und die oft komplexen und widersprüchlichen Informationen kritisch zu hinterfragen.

Zusammenfassend lässt sich sagen, dass der Medieneinfluss auf das Gesundheitsverständnis und -verhalten ein zweischneidiges Schwert ist. Einerseits bieten Medien enorme Möglichkeiten zur Gesundheitsaufklärung und -förderung, andererseits bergen sie auch Risiken der Fehlinformation und Verzerrung. Eine kritische und reflektierte Nutzung der Medien, sowohl auf Seiten der Produzenten als auch der Konsumenten von Gesundheitsinformationen, ist daher unerlässlich, um die positiven Potenziale des Medieneinflusses zu nutzen und gleichzeitig die negativen Auswirkungen zu minimieren.

Eine weitere wichtige Dimension des Medieneinflusses auf das Gesundheitsverständnis ist die Berichterstattung über Gesundheitspolitik und Reformen im Gesundheitssystem. Die Art und Weise, wie Medien über Themen wie Krankenversicherung, Gesundheitsreformen oder öffentliche Gesundheitsmaßnahmen berichten, kann die öffentliche Meinung und letztlich auch politische Entscheidungen beeinflussen. Eine ausgewogene und fundierte Berichterstattung kann dazu beitragen, dass die Öffentlichkeit informierte Entscheidungen trifft und sich aktiv an gesundheitspolitischen Debatten beteiligt.

In Zeiten globaler Gesundheitskrisen, wie der COVID-19-Pandemie, wird die Rolle der Medien besonders deutlich. Sie tragen eine große Verantwortung bei der Verbreitung aktueller Informationen, der Erklärung komplexer wissenschaftlicher Erkenntnisse und der Kommunikation von Präventionsmaßnahmen. Die Pandemie hat auch gezeigt, wie schnell sich Fehlinformationen und Verschwörungstheorien in den sozialen Medien verbreiten können und welche Herausforderungen dies für die öffentliche Gesundheitskommunikation darstellt.

Zukünftig wird es wichtig sein, innovative Wege zu finden, um evidenzbasierte Gesundheitsinformationen attraktiv und zugänglich zu gestalten. Dies könnte die Entwicklung interaktiver digitaler Gesundheitsplattformen, die Nutzung von Gamification-Elementen in der Gesundheitsaufklärung oder die Zusammenarbeit mit Influencern und Künstlern umfassen, um Gesundheitsbotschaften auf kreative Weise zu vermitteln.

Abschließend lässt sich festhalten, dass der Medieneinfluss auf das Gesundheitsverständnis und -verhalten ein komplexes und dynamisches Feld ist, das kontinuierliche Forschung und Anpassung erfordert. Eine enge Zusammenarbeit zwischen Gesundheitsexperten, Medienschaffenden, Pädagogen und politischen Entscheidungsträgern ist notwendig, um die Chancen der Medien für die Gesundheitsförderung optimal zu nutzen und gleichzeitig die Risiken zu minimieren. Letztendlich geht es darum, eine Medienlandschaft zu schaffen, die zu einem informierten, reflektierten und gesundheitsbewussten Verhalten in der Gesellschaft beiträgt.

7.4. Stigmatisierung psychischer Erkrankungen und deren Überwindung

Stigmatisierung psychischer Erkrankungen ist ein komplexes und tief verwurzeltes gesellschaftliches Problem, das weitreichende Folgen für Betroffene, ihre Angehörigen und die Gesellschaft als Ganzes hat. Es handelt sich um ein Phänomen, das sich in negativen Einstellungen, Vorurteilen und diskriminierendem Verhalten gegenüber Menschen mit psychischen Erkrankungen manifestiert. Diese Stigmatisierung kann verschiedene Formen annehmen und sich auf unterschiedlichen Ebenen auswirken.

Auf individueller Ebene kann Stigmatisierung dazu führen, dass Betroffene sich schämen, Hilfe zu suchen. Dies kann zu einer Verzögerung oder sogar Verhinderung notwendiger Behandlungen führen, was den Krankheitsverlauf negativ beeinflussen und die Genesung erschweren kann. Darüber hinaus kann Stigmatisierung zu sozialer Isolation führen, da Betroffene aus Angst vor Ablehnung oder Unverständnis soziale Kontakte meiden oder von anderen gemieden werden. Dies kann wiederum zu einer Verschlechterung des psychischen Zustands führen und einen Teufelskreis in Gang setzen.

Im beruflichen Kontext kann Stigmatisierung zu Diskriminierung am Arbeitsplatz führen. Betroffene können Schwierigkeiten haben, eine Anstellung zu finden oder zu behalten, und sehen sich möglicherweise mit Vorurteilen bezüglich ihrer Leistungsfähigkeit oder Zuverlässigkeit konfrontiert. Dies kann nicht nur die finanzielle Situation der Betroffenen beeinträchtigen, sondern auch ihr Selbstwertgefühl und ihre soziale Integration negativ beeinflussen.

Ein besonders problematischer Aspekt der Stigmatisierung ist die Selbststigmatisierung. Hierbei verinnerlichen Betroffene negative Stereotypen und Vorurteile über psychische Erkrankungen und wenden diese auf sich selbst an. Dies kann zu einem verminderten Selbstwertgefühl, geringer Selbstwirksamkeitserwartung und einem Gefühl der Hoffnungslosigkeit führen. Selbststigmatisierung kann den Genesungsprozess erheblich behindern und die Lebensqualität der Betroffenen nachhaltig beeinträchtigen.

Auf gesellschaftlicher Ebene trägt Stigmatisierung zur Aufrechterhaltung von Fehlinformationen und Mythen über psychische Erkrankungen bei. Dies kann zu einer Unterschätzung der Prävalenz und Bedeutung psychischer Erkrankungen führen und somit die Bereitstellung angemessener Ressourcen für Prävention, Behandlung und Forschung behindern. Zudem kann Stigmatisierung dazu führen, dass psychische Gesundheit in politischen und gesellschaftlichen Diskursen vernachlässigt wird.

Um diese vielschichtigen Auswirkungen der Stigmatisierung zu überwinden, sind multidimensionale und langfristige Ansätze erforderlich. Ein zentraler Aspekt ist die Aufklärung und Bildung. Durch die Verbreitung korrekter und differenzierter Informationen über psychische Erkrankungen können Mythen und Fehlvorstellungen abgebaut werden. Dies kann durch Schulprogramme, öffentliche Informationskampagnen und gezielte Fortbildungen für bestimmte Berufsgruppen (z.B. Arbeitgeber, Lehrer, Polizei) erreicht werden. Dabei ist es wichtig, nicht nur über Symptome und Behandlungsmöglichkeiten zu informieren, sondern auch die menschlichen Aspekte psychischer Erkrankungen zu vermitteln und die Vielfalt der Erfahrungen Betroffener aufzuzeigen.

Ein weiterer wichtiger Ansatz ist die Förderung des direkten Kontakts zwischen der Allgemeinbevölkerung und Menschen mit psychischen Erkrankungen. Studien haben gezeigt, dass persönlicher Kontakt einer der effektivsten Wege ist, um Vorurteile abzubauen und Empathie zu fördern. Dies kann durch integrative Programme in Schulen und Arbeitsplätzen, durch öffentliche Veranstaltungen oder durch Peer-Support-Programme erreicht werden. Dabei ist es wichtig, dass diese Kontakte in einem positiven und unterstützenden Umfeld stattfinden und die Individualität und Würde der Betroffenen respektieren.

Aktiver Protest gegen stigmatisierende Darstellungen in Medien und Gesellschaft ist ein weiterer wichtiger Bestandteil der Entstigmatisierung. Dies kann durch Watchdog-Organisationen, die problematische Medieninhalte identifizieren und ansprechen, oder durch Grassroots-Bewegungen, die sich gegen Diskriminierung einsetzen, erfolgen. Gleichzeitig ist eine konstruktive Zusammenarbeit mit Medien wichtig, um eine verantwortungsvolle und differenzierte Berichterstattung über psychische Gesundheit zu fördern. Dies kann die Entwicklung von Medienrichtlinien, die Schulung von Journalisten und die Bereitstellung von Ressourcen für akkurate Berichterstattung umfassen.

Empowerment der Betroffenen ist ein weiterer Schlüsselaspekt in der Überwindung von Stigmatisierung. Dies beinhaltet die Stärkung der Betroffenen, damit sie für ihre Rechte eintreten und ihre Erfahrungen selbstbestimmt teilen können. Selbsthilfegruppen, Peer-Support-Programme und Advocacy-Organisationen spielen hierbei eine wichtige Rolle. Sie bieten nicht nur praktische Unterstützung und Informationen, sondern fördern auch das Selbstwertgefühl und die Selbstwirksamkeit der Betroffenen.

Auf politischer Ebene sind gesetzliche Maßnahmen zur Bekämpfung von Diskriminierung aufgrund psychischer Erkrankungen unerlässlich. Dies umfasst die Implementierung und konsequente Durchsetzung von Anti-Diskriminierungsgesetzen, die explizit psychische Erkrankungen einschließen. Darüber hinaus sind politische Initiativen zur Förderung der psychischen Gesundheit und zur Verbesserung der psychiatrischen Versorgung wichtig, um ein gesellschaftliches Klima zu schaffen, das psychische Gesundheit als integralen Bestandteil der allgemeinen Gesundheit anerkennt.

Die Überwindung von Stigmatisierung erfordert auch eine kritische Reflexion und Veränderung innerhalb des Gesundheitssystems selbst. Dies beinhaltet die Förderung eines recovery-orientierten Ansatzes, der die Stärken und Ressourcen der Betroffenen in den Mittelpunkt stellt, anstatt sich ausschließlich auf Symptome und Defizite zu konzentrieren. Zudem ist eine kontinuierliche Schulung des medizinischen Personals wichtig, um stigmatisierende Einstellungen und Verhaltensweisen im klinischen Kontext zu adressieren.

Ein oft übersehener Aspekt der Entstigmatisierung ist die Förderung positiver Darstellungen von Menschen mit psychischen Erkrankungen in Kunst, Literatur und Populärkultur. Authentische und vielfältige Repräsentationen können dazu beitragen, stereotype Vorstellungen zu durchbrechen und ein differenzierteres Bild psychischer Erkrankungen in der öffentlichen Wahrnehmung zu etablieren.

Schließlich ist es wichtig anzuerkennen, dass die Überwindung von Stigmatisierung ein langfristiger Prozess ist, der kontinuierliche, koordinierte Bemühungen auf individueller, gesellschaftlicher und politischer Ebene erfordert. Es handelt sich um eine gesamtgesellschaftliche Aufgabe, die nicht nur von Betroffenen und Fachleuten, sondern von allen Mitgliedern der Gesellschaft getragen werden muss.

Trotz der Herausforderungen gibt es ermutigende Anzeichen für Fortschritte in der Entstigmatisierung psychischer Erkrankungen. In vielen Ländern ist in den letzten Jahren ein wachsendes öffentliches Bewusstsein für die Bedeutung psychischer Gesundheit zu beobachten. Prominente Persönlichkeiten, die offen über ihre eigenen Erfahrungen mit psychischen Erkrankungen sprechen, tragen dazu bei, das Thema zu enttabuisieren und zu normalisieren.

Auch im Bereich der Arbeitsplatzpolitik gibt es positive Entwicklungen. Immer mehr Unternehmen erkennen die Bedeutung psychischer Gesundheit für die Produktivität und das Wohlbefinden ihrer Mitarbeiter und implementieren entsprechende Unterstützungsprogramme und Richtlinien.

In der Bildungspolitik werden zunehmend Programme zur Förderung der psychischen Gesundheit und zur Prävention psychischer Erkrankungen in Schulcurricula integriert. Dies trägt dazu bei, schon früh ein Verständnis für psychische Gesundheit zu entwickeln und Stigmatisierung vorzubeugen.

Die digitale Revolution bietet neue Möglichkeiten zur Entstigmatisierung. Soziale Medien und Online-Plattformen ermöglichen es Betroffenen, ihre Erfahrungen zu teilen, sich zu vernetzen und ihre Stimmen hörbar zu machen. Gleichzeitig bergen diese Technologien auch Risiken, wie die schnelle Verbreitung von Fehlinformationen oder Cybermobbing, die adressiert werden müssen.

Abschließend lässt sich sagen, dass die Überwindung der Stigmatisierung psychischer Erkrankungen eine komplexe, aber notwendige Aufgabe ist. Sie erfordert einen ganzheitlichen Ansatz, der Bildung, Kontakt, Protest, Empowerment, rechtliche Maßnahmen und Medienarbeit kombiniert. Nur durch kontinuierliche Bemühungen auf allen Ebenen der Gesellschaft kann eine Kultur geschaffen werden, in der psychische Erkrankungen ohne Scham oder Angst vor Diskriminierung offen angesprochen und behandelt werden können. Dies würde nicht nur das Leben der direkt Betroffenen verbessern, sondern auch zu einer gesünderen, inklusiveren und produktiveren Gesellschaft insgesamt beitragen.

7.5. Gesundheitspolitik und ihre Auswirkungen auf individuelle und öffentliche Gesundheit

Gesundheitspolitik und ihre Auswirkungen auf individuelle und öffentliche Gesundheit sind ein komplexes und weitreichendes Thema, das viele Aspekte des gesellschaftlichen Lebens berührt. Die Gestaltung und Umsetzung von Gesundheitspolitik hat tiefgreifende Konsequenzen für das Wohlbefinden der Bevölkerung und die Funktionsweise des Gesundheitssystems.

Ein zentraler Aspekt der Gesundheitspolitik ist die Frage der Finanzierung und Organisation des Gesundheitssystems. Die Entscheidung für ein staatliches, privates oder gemischtes System hat weitreichende Folgen für den Zugang zur Gesundheitsversorgung und die Verteilung von Gesundheitsleistungen. In Ländern mit einem überwiegend staatlichen Gesundheitssystem, wie dem National Health Service (NHS) in Großbritannien, steht der universelle Zugang zu Gesundheitsleistungen im Vordergrund. Dies kann zu längeren Wartezeiten für bestimmte Behandlungen führen, gewährleistet aber eine Grundversorgung für alle Bürger. Im Gegensatz dazu können privatwirtschaftlich organisierte Systeme, wie sie teilweise in den USA zu finden sind, zu einer schnelleren und möglicherweise qualitativ hochwertigeren Versorgung für diejenigen führen, die es sich leisten können, während andere möglicherweise unterversorgt bleiben.

Die Gesundheitspolitik beeinflusst auch direkt die individuelle Gesundheitsversorgung durch Entscheidungen über Leistungskataloge, Zuzahlungen und Selbstbeteiligungen. Diese Entscheidungen können erhebliche Auswirkungen auf die Inanspruchnahme von Gesundheitsleistungen haben. Hohe Selbstbeteiligungen können dazu führen, dass Menschen notwendige Behandlungen aufschieben oder ganz darauf verzichten, was langfristig zu höheren Gesundheitskosten und einer Verschlechterung des Gesundheitszustands führen kann. Andererseits können gut durchdachte Anreizsysteme die Prävention und Früherkennung von Krankheiten fördern.

Ein weiterer wichtiger Aspekt der Gesundheitspolitik ist die Steuerung der Ressourcenverteilung im Gesundheitssystem. Entscheidungen über die Verteilung von finanziellen Mitteln, medizinischem Personal und technischer Ausstattung haben direkte Auswirkungen auf die Verfügbarkeit und Qualität der Gesundheitsversorgung in verschiedenen Regionen und für verschiedene Bevölkerungsgruppen. Die Förderung der Niederlassung von Ärzten in ländlichen Gebieten oder die Investition in spezialisierte Behandlungszentren sind Beispiele für solche politischen Entscheidungen, die die Versorgungslandschaft prägen.

Die Gesundheitspolitik spielt auch eine entscheidende Rolle bei der Gestaltung von Präventions- und Gesundheitsförderungsprogrammen. Durch die Festlegung von Prioritäten und die Bereitstellung von Ressourcen kann die Politik die öffentliche Gesundheit maßgeblich beeinflussen. Programme zur Förderung einer gesunden Ernährung, zur Reduzierung des Tabakkonsums oder zur Förderung körperlicher Aktivität können langfristig erhebliche positive Auswirkungen auf die Volksgesundheit haben. Die Wirksamkeit solcher Programme hängt jedoch oft von ihrer konsequenten Umsetzung und langfristigen Finanzierung ab.

Ein besonders relevanter Bereich der Gesundheitspolitik in der heutigen Zeit ist der Umgang mit neuen Technologien und Innovationen im Gesundheitswesen. Entscheidungen über die Zulassung und Finanzierung neuer Medikamente, Behandlungsmethoden oder digitaler Gesundheitsanwendungen haben direkte Auswirkungen auf die Verfügbarkeit innovativer Therapien für Patienten. Gleichzeitig muss die Politik einen Rahmen schaffen, der einerseits Innovation fördert und andererseits die Patientensicherheit und den Datenschutz gewährleistet.

Die Ausbildung und Regulierung von Gesundheitsfachkräften ist ein weiterer wichtiger Bereich der Gesundheitspolitik. Entscheidungen über Ausbildungsstandards, Zulassungsverfahren und Weiterbildungsanforderungen beeinflussen direkt die Qualität der Gesundheitsversorgung. Zudem kann die Politik durch gezielte Maßnahmen dem Fachkräftemangel in bestimmten Bereichen des Gesundheitswesens entgegenwirken.

Ein oft unterschätzter Aspekt der Gesundheitspolitik ist ihr Einfluss auf die soziale Gerechtigkeit und Gesundheitsgleichheit. Politische Entscheidungen können dazu beitragen, gesundheitliche Ungleichheiten zu verringern oder zu verstärken. Maßnahmen zur Verbesserung der Gesundheitsversorgung in benachteiligten Gebieten, Programme zur Unterstützung vulnerabler Gruppen oder Initiativen zur Verbesserung der Gesundheitskompetenz in der Bevölkerung können einen wichtigen Beitrag zur Verringerung gesundheitlicher Ungleichheiten leisten.

Die Gesundheitspolitik steht auch vor der Herausforderung, auf globale Gesundheitsbedrohungen wie Pandemien oder antimikrobielle Resistenzen zu reagieren. Die COVID-19-Pandemie hat deutlich gemacht, wie wichtig eine koordinierte und effektive Gesundheitspolitik auf nationaler und internationaler Ebene ist. Die Entwicklung von Strategien zur Pandemieprävention und -bekämpfung, die Stärkung globaler Gesundheitsstrukturen und die Förderung der internationalen Zusammenarbeit im Gesundheitsbereich sind zu zentralen Aufgaben der Gesundheitspolitik geworden.

Ein weiterer wichtiger Aspekt ist die Integration von Gesundheitsaspekten in andere Politikbereiche, das sogenannte "Health in All Policies"-Konzept. Gesundheitspolitik beschränkt sich nicht nur auf den engeren Bereich des Gesundheitswesens, sondern umfasst auch Bereiche wie Umwelt-, Verkehrs-, Bildungs- oder Sozialpolitik. Die Berücksichtigung gesundheitlicher Auswirkungen in allen Politikbereichen kann zu einer umfassenderen und effektiveren Gesundheitsförderung beitragen.

Schließlich ist die Beteiligung verschiedener Interessengruppen und der Öffentlichkeit an der Gestaltung der Gesundheitspolitik von großer Bedeutung. Partizipative Ansätze in der Politikgestaltung können dazu beitragen, die Akzeptanz und Wirksamkeit gesundheitspolitischer Maßnahmen zu erhöhen. Die Einbeziehung von Patientenorganisationen, Fachverbänden, Wissenschaftlern und anderen relevanten Akteuren kann zu ausgewogeneren und praxisnäheren Entscheidungen führen.

Zusammenfassend lässt sich sagen, dass die Gesundheitspolitik ein mächtiges Instrument zur Gestaltung der individuellen und öffentlichen Gesundheit ist. Ihre Auswirkungen reichen weit über den engeren Bereich des Gesundheitswesens hinaus und beeinflussen zahlreiche Aspekte des gesellschaftlichen Lebens. Eine effektive und gerechte Gesundheitspolitik erfordert einen ganzheitlichen Ansatz, der wissenschaftliche Erkenntnisse, ethische Überlegungen und gesellschaftliche Bedürfnisse berücksichtigt. Sie muss flexibel genug sein, um auf neue Herausforderungen zu reagieren, und gleichzeitig langfristige Ziele zur Verbesserung der Gesundheit und des Wohlbefindens der Bevölkerung verfolgen.

Die Evaluierung und kontinuierliche Anpassung gesundheitspolitischer Maßnahmen ist dabei von entscheidender Bedeutung. Regelmäßige Überprüfungen der Wirksamkeit und Effizienz von Programmen und Strategien können dazu beitragen, die begrenzten Ressourcen im Gesundheitssystem optimal einzusetzen und die Gesundheitsversorgung stetig zu verbessern.

Zudem steht die Gesundheitspolitik vor der Herausforderung, eine Balance zwischen Innovation und Kostenkontrolle zu finden. Während neue Technologien und Behandlungsmethoden das Potenzial haben, die Gesundheitsversorgung zu revolutionieren, können sie auch zu steigenden Kosten führen. Eine kluge Gesundheitspolitik muss Wege finden, Innovationen zu fördern und gleichzeitig die langfristige Finanzierbarkeit des Gesundheitssystems sicherzustellen.

Letztendlich hat die Gesundheitspolitik das Potenzial, die Lebensqualität und das Wohlbefinden der gesamten Bevölkerung zu verbessern. Indem sie den Zugang zu hochwertiger Gesundheitsversorgung sicherstellt, Prävention und Gesundheitsförderung in den Vordergrund stellt und auf die sich wandelnden Bedürfnisse der Gesellschaft reagiert, kann sie einen wesentlichen Beitrag zur Entwicklung einer gesünderen und produktiveren Gesellschaft leisten.

Die Herausforderungen und Chancen in der Gesundheitspolitik erfordern einen kontinuierlichen Dialog zwischen Politik, Wissenschaft, Gesundheitsfachkräften und der Öffentlichkeit. Nur durch eine solche breite Beteiligung und einen evidenzbasierten Ansatz kann eine Gesundheitspolitik gestaltet werden, die nachhaltig positive Auswirkungen auf die individuelle und öffentliche Gesundheit hat.

7.6. Recovery und soziale Inklusion

Recovery im Kontext der psychischen Gesundheit bezeichnet einen persönlichen Prozess der Genesung und des Wachstums, bei dem Betroffene trotz möglicher anhaltender Symptome ein erfülltes und selbstbestimmtes Leben führen können. Dieser Ansatz stellt einen Paradigmenwechsel in der Behandlung und Betreuung von Menschen mit psychischen Erkrankungen dar, indem er den Fokus von der reinen Symptomreduzierung auf die Förderung von Lebensqualität und persönlicher Entwicklung verlagert.

Soziale Inklusion ist ein wesentlicher Bestandteil dieses Prozesses und bezieht sich auf die vollständige und wirksame Teilhabe an der Gesellschaft. Sie umfasst nicht nur die formale Integration in soziale Strukturen, sondern auch das subjektive Gefühl der Zugehörigkeit und Akzeptanz. Für Menschen mit psychischen Erkrankungen ist soziale Inklusion oft eine besondere Herausforderung, da sie häufig mit Stigmatisierung und Ausgrenzung konfrontiert sind.

Der Recovery-Ansatz betont die Bedeutung von vier Schlüsselelementen:

1. Hoffnung: Die Überzeugung, dass ein besseres Leben möglich ist, spielt eine zentrale Rolle im Genesungsprozess. Hoffnung kann durch positive Vorbilder, unterstützende Beziehungen und die Anerkennung kleiner Fortschritte gefördert werden.

2. Persönliche Identität: Recovery beinhaltet die Entwicklung einer Identität jenseits der Krankheit. Es geht darum, sich selbst nicht primär als "Patient" oder "krank" zu definieren, sondern als Individuum mit vielfältigen Rollen und Fähigkeiten.

3. Empowerment: Die Stärkung der Selbstbestimmung und Eigenverantwortung ist ein wesentlicher Aspekt von Recovery. Dies umfasst die Förderung von Entscheidungsfähigkeit, Selbstmanagement und die aktive Beteiligung an der eigenen Behandlung.

4. Soziale Verbundenheit: Bedeutungsvolle Beziehungen und die Einbindung in soziale Netzwerke sind entscheidend für den Genesungsprozess. Dies kann Familie, Freunde, Peer-Support-Gruppen oder die breitere Gemeinschaft umfassen.

Soziale Inklusion bedeutet, dass Menschen mit psychischen Erkrankungen gleichberechtigt am gesellschaftlichen Leben teilhaben können. Dies erstreckt sich auf verschiedene Lebensbereiche:

- Bildung: Zugang zu Schulen, Universitäten und Weiterbildungsmöglichkeiten ohne Diskriminierung.
- Arbeit: Faire Chancen auf dem Arbeitsmarkt, inklusive Arbeitsumgebungen und angemessene Anpassungen.
- Wohnen: Zugang zu angemessenem und bezahlbarem Wohnraum in der Gemeinschaft.
- Freizeit und Kultur: Möglichkeit zur Teilnahme an sozialen, kulturellen und sportlichen Aktivitäten.
- Politische Partizipation: Einbeziehung in Entscheidungsprozesse, die das eigene Leben und die Gemeinschaft betreffen.

Für die Umsetzung von Recovery und sozialer Inklusion sind verschiedene Maßnahmen auf unterschiedlichen Ebenen erforderlich:

1. Individuelle Ebene:
   - Förderung von Selbstmanagement-Fähigkeiten
   - Unterstützung bei der Entwicklung persönlicher Ziele und Zukunftsvisionen
   - Stärkung der Resilienz und Bewältigungsstrategien

2. Zwischenmenschliche Ebene:
   - Förderung von Peer-Support und Selbsthilfegruppen
   - Schulung von Angehörigen und Freunden im Umgang mit psychischen Erkrankungen
   - Entwicklung von Mentoring-Programmen

3. Organisatorische Ebene:
- Implementierung recovery-orientierter Praktiken in Gesundheits-einrichtungen
- Schaffung inklusiver Arbeitsplätze mit flexiblen Arbeitszeitmodellen und Unterstützungsangeboten
- Entwicklung inklusiver Bildungsangebote mit angemessenen Anpassungen für Menschen mit psychischen Erkrankungen

4. Gemeindeebene:
- Entwicklung gemeindebasierter Unterstützungssysteme
- Förderung von Nachbarschaftsinitiativen zur Inklusion
- Schaffung von niedrigschwelligen Begegnungsräumen und Aktivitätsangeboten

5. Gesellschaftliche Ebene:
- Sensibilisierung der Öffentlichkeit für psychische Gesundheit und Abbau von Stigmata
- Gesetzliche Verankerung von Antidiskriminierungsmaßnahmen
- Einbeziehung von Betroffenen in die Gestaltung von Gesundheitsdiensten und sozialpolitischen Entscheidungen

Ein wichtiger Aspekt der sozialen Inklusion ist die Förderung von "supported employment" und "supported education". Diese Ansätze zielen darauf ab, Menschen mit psychischen Erkrankungen direkt in reguläre Arbeits- oder Bildungsumgebungen zu integrieren und dort die notwendige Unterstützung zu bieten. Studien haben gezeigt, dass solche integrativen Ansätze oft erfolgreicher sind als separate, geschützte Einrichtungen.

Die Umsetzung von Recovery und sozialer Inklusion erfordert auch ein Umdenken in der Ausbildung von Fachkräften im Gesundheits- und Sozialwesen. Neben medizinischem Wissen müssen verstärkt Kompetenzen in Bereichen wie Empowerment, personenzentrierte Planung und gemeindepsychiatrische Ansätze vermittelt werden.

Digitale Technologien können eine wichtige Rolle bei der Förderung von Recovery und sozialer Inklusion spielen. Online-Plattformen können den Zugang zu Peer-Support und Selbsthilfegruppen erleichtern, während Apps zur Selbstbeobachtung und -management beitragen können. Allerdings muss dabei auf Datenschutz und die Vermeidung einer digitalen Kluft geachtet werden.

Eine besondere Herausforderung stellt die Inklusion von Menschen mit schweren und anhaltenden psychischen Erkrankungen dar. Hier sind oft intensivere und langfristigere Unterstützungsangebote nötig, die flexibel an individuelle Bedürfnisse angepasst werden können. Konzepte wie "Housing First", bei denen zunächst eine stabile Wohnsituation geschaffen wird, haben sich hier als vielversprechend erwiesen.

Der Recovery-Ansatz und soziale Inklusion erfordern ein grundlegendes Umdenken in der Gesundheitsversorgung und der Gesellschaft insgesamt. Es geht um einen Wechsel von einem defizitorientierten zu einem ressourcenorientierten und inklusiven Verständnis psychischer Gesundheit. Dieser Wandel beinhaltet auch eine Neubewertung von Konzepten wie "Normalität" und "Gesundheit" und eine Anerkennung der Vielfalt menschlicher Erfahrungen und Lebensweisen.

Die Umsetzung dieser Prinzipien ist ein langfristiger Prozess, der kontinuierliche Anstrengungen auf allen gesellschaftlichen Ebenen erfordert. Sie verspricht jedoch nicht nur eine Verbesserung der Lebensqualität für Menschen mit psychischen Erkrankungen, sondern auch eine Bereicherung für die Gesellschaft als Ganzes durch die Förderung von Diversität, Empathie und gegenseitigem Verständnis.

Die erfolgreiche Implementierung von Recovery-Prinzipien und sozialer Inklusion erfordert eine enge Zusammenarbeit zwischen verschiedenen Sektoren, einschließlich Gesundheitswesen, Sozialarbeit, Bildung, Arbeitsmarkt und Politik. Es ist wichtig, dass diese Ansätze nicht nur in spezialisierten psychiatrischen Einrichtungen, sondern in allen Bereichen des öffentlichen Lebens verankert werden.

Ein wesentlicher Aspekt dabei ist die Förderung von "Trialog"-Initiativen, bei denen Betroffene, Angehörige und Fachkräfte gleichberechtigt in den Austausch treten und gemeinsam an Lösungen arbeiten. Diese Form der Zusammenarbeit kann dazu beitragen, gegenseitiges Verständnis zu fördern und innovative Ansätze zu entwickeln.

Die Evaluation und kontinuierliche Verbesserung von Recovery-orientierten und inklusiven Programmen ist von großer Bedeutung. Dabei sollten sowohl quantitative als auch qualitative Forschungsmethoden zum Einsatz kommen, um die Wirksamkeit und die subjektiven Erfahrungen der Beteiligten zu erfassen. Die aktive Einbeziehung von Betroffenen in den Forschungsprozess, etwa durch partizipative Forschungsansätze, kann dabei wertvolle Erkenntnisse liefern.

Letztendlich geht es bei Recovery und sozialer Inklusion darum, eine Gesellschaft zu schaffen, in der psychische Gesundheit als ein kontinuierliches Spektrum verstanden wird und in der jeder Mensch, unabhängig von seiner aktuellen psychischen Verfassung, die Möglichkeit hat, ein sinnerfülltes und selbstbestimmtes Leben zu führen. Dies erfordert nicht nur strukturelle Veränderungen, sondern auch einen tiefgreifenden kulturellen Wandel im Umgang mit psychischer Gesundheit und Diversität.

In diesem Sinne sind Recovery und soziale Inklusion nicht nur Ziele für Menschen mit psychischen Erkrankungen, sondern Leitprinzipien für eine gerechtere und menschlichere Gesellschaft insgesamt. Sie fordern uns heraus, unsere Vorstellungen von Normalität, Gesundheit und Erfolg zu überdenken und eine Kultur der Akzeptanz und gegenseitigen Unterstützung zu entwickeln. Dies kann letztendlich zu einer resilienteren und adaptiveren Gesellschaft führen, die besser in der Lage ist, mit den komplexen Herausforderungen unserer Zeit umzugehen.

7.7. Technologie und digitale Gesundheit: Rolle in der modernen Gesundheitsversorgung

Die rasante Entwicklung von Technologie und digitalen Lösungen hat in den letzten Jahren zu einer tiefgreifenden Transformation des Gesundheitswesens geführt. Diese digitale Revolution, oft als "eHealth" oder "Digital Health" bezeichnet, bietet vielversprechende Möglichkeiten, die Qualität, Effizienz und Zugänglichkeit der Gesundheitsversorgung zu verbessern. Gleichzeitig stellt sie das Gesundheitssystem vor neue Herausforderungen und wirft wichtige ethische Fragen auf.

Einer der bedeutendsten Fortschritte in diesem Bereich ist die Telemedizin. Sie ermöglicht Fernkonsultationen und -diagnosen, was besonders für Menschen in ländlichen Gebieten oder mit eingeschränkter Mobilität von unschätzbarem Wert ist. Während der COVID-19-Pandemie hat sich die Telemedizin als unverzichtbares Instrument erwiesen, um die medizinische Versorgung aufrechtzuerhalten und gleichzeitig das Infektionsrisiko zu minimieren. Über Videokonferenzen können Ärzte Patienten beraten, Diagnosen stellen und Behandlungspläne erstellen, ohne dass ein physischer Kontakt erforderlich ist. Diese Form der Gesundheitsversorgung kann nicht nur Zeit und Ressourcen sparen, sondern auch den Zugang zu spezialisierten medizinischen Dienstleistungen erweitern.

Mobile Health-Apps (mHealth) haben sich zu einem weiteren Eckpfeiler der digitalen Gesundheit entwickelt. Diese Anwendungen unterstützen Patienten bei der Überwachung ihrer Gesundheit, der Medikamenteneinnahme oder der Umsetzung von Lebensstiländerungen. Von Fitness-Trackern bis hin zu Apps zur Überwachung chronischer Erkrankungen wie Diabetes oder Bluthochdruck - diese Tools ermöglichen es den Nutzern, eine aktive Rolle in ihrem Gesundheitsmanagement zu übernehmen. Einige Apps bieten sogar personalisierte Empfehlungen basierend auf den gesammelten Daten, was zu einer individuelleren und effektiveren Gesundheitsförderung beitragen kann.

Die Fortschritte in der künstlichen Intelligenz (KI) und Big Data-Analyse eröffnen neue Horizonte in der Gesundheitsversorgung. KI-Algorithmen können riesige Mengen an medizinischen Daten analysieren, um Muster zu erkennen, die dem menschlichen Auge möglicherweise entgehen. Dies kann zu früheren und genaueren Diagnosen führen, insbesondere in Bereichen wie der Radiologie oder der Pathologie. In der personalisierten Medizin können KI-gestützte Systeme helfen, Behandlungen auf der Grundlage der individuellen genetischen Zusammensetzung, des Lebensstils und der Umweltfaktoren eines Patienten zu optimieren.

Wearables und Gesundheits-Tracker haben die Art und Weise, wie wir Gesundheitsdaten sammeln und nutzen, revolutioniert. Diese Geräte können kontinuierlich Vitalparameter wie Herzfrequenz, Blutsauerstoffsättigung und Aktivitätsniveaus überwachen. Die gesammelten Daten können nicht nur für die persönliche Gesundheitsüberwachung genutzt werden, sondern auch wertvolle Einblicke für die medizinische Forschung liefern. Beispielsweise könnten Veränderungen in den Vitalparametern frühzeitige Warnsignale für bestimmte Erkrankungen sein, was neue Möglichkeiten für die Prävention und Früherkennung eröffnet.

Im Bereich der psychischen Gesundheit bieten digitale Technologien innovative Lösungen. Online-Therapien und Telepsychiatrie machen psychologische Unterstützung für Menschen zugänglich, die sonst möglicherweise keinen Zugang dazu hätten. Apps zur Stressreduktion, Meditation und Achtsamkeit können als unterstützende Tools für die psychische Gesundheit dienen. Einige dieser Apps nutzen auch KI, um personalisierte Interventionen basierend auf dem Nutzerverhalten und den berichteten Symptomen anzubieten.

Die Integration von Virtual Reality (VR) und Augmented Reality (AR) in die Gesundheitsversorgung eröffnet faszinierende Möglichkeiten. In der medizinischen Ausbildung können VR-Simulationen angehenden Ärzten die Möglichkeit geben, komplexe Eingriffe zu üben, ohne Patienten zu gefährden. In der Behandlung werden VR-Technologien bereits erfolgreich in der Schmerztherapie und bei der Behandlung von Phobien eingesetzt.

Trotz dieser vielversprechenden Entwicklungen bringt die digitale Gesundheit auch erhebliche Herausforderungen mit sich. Der Datenschutz ist ein zentrales Anliegen, da Gesundheitsdaten zu den sensibelsten persönlichen Informationen gehören. Die Sicherstellung der Vertraulichkeit und Integrität dieser Daten ist von entscheidender Bedeutung, um das Vertrauen der Patienten in digitale Gesundheitslösungen zu gewährleisten.

Die digitale Kluft stellt eine weitere Herausforderung dar. Nicht alle Bevölkerungsgruppen haben gleichen Zugang zu digitalen Technologien oder die erforderlichen Fähigkeiten, um diese effektiv zu nutzen. Es besteht die Gefahr, dass die digitale Gesundheit bestehende gesundheitliche Ungleichheiten verstärkt, anstatt sie zu verringern. Daher ist es wichtig, Strategien zu entwickeln, die einen gerechten Zugang zu digitalen Gesundheitslösungen für alle Bevölkerungsgruppen sicherstellen.

Die Integration neuer Technologien in bestehende Gesundheitssysteme erfordert oft erhebliche Investitionen und Veränderungen in den Arbeitsabläufen. Gesundheitsfachkräfte müssen in der Nutzung neuer Technologien geschult werden, und es müssen Standards für die Qualität und Sicherheit digitaler Gesundheitsangebote entwickelt werden.

Darüber hinaus wirft die zunehmende Digitalisierung des Gesundheitswesens ethische Fragen auf. Wie viel Verantwortung sollte KI-Systemen bei medizinischen Entscheidungen übertragen werden? Wie können wir sicherstellen, dass der menschliche Aspekt der Gesundheitsversorgung nicht verloren geht? Wie gehen wir mit den potenziellen Risiken der Überdiagnose oder Überbehandlung um, die durch die ständige Überwachung von Gesundheitsdaten entstehen könnten?

Trotz dieser Herausforderungen bietet die digitale Gesundheit ein enormes Potenzial für eine verbesserte, patientenzentrierte und effizientere

Gesundheitsversorgung. Sie ermöglicht eine aktivere Beteiligung der Patienten an ihrer eigenen Gesundheit und kann zu einer personalisierten Medizin beitragen, die auf die individuellen Bedürfnisse jedes Einzelnen zugeschnitten ist.

Um dieses Potenzial voll auszuschöpfen, ist ein ganzheitlicher Ansatz erforderlich. Dies beinhaltet die Entwicklung geeigneter rechtlicher und ethischer Rahmenbedingungen, die Förderung digitaler Kompetenzen sowohl bei Gesundheitsfachkräften als auch bei Patienten, und die kontinuierliche Evaluation und Anpassung digitaler Gesundheitslösungen an die Bedürfnisse der Nutzer und des Gesundheitssystems.

Ein weiterer wichtiger Aspekt der digitalen Gesundheit ist die elektronische Patientenakte (EPA). Sie ermöglicht eine bessere Koordination der Versorgung zwischen verschiedenen Gesundheitsdienstleistern und kann Doppeluntersuchungen vermeiden. Allerdings erfordert die Implementierung einer EPA robuste Sicherheitsmaßnahmen und klare Regelungen zum Datenzugriff.

Auch im Bereich der öffentlichen Gesundheit spielt die digitale Technologie eine zunehmend wichtige Rolle. Während der COVID-19-Pandemie haben wir gesehen, wie digitale Tools zur Kontaktverfolgung und zur Verbreitung von Gesundheitsinformationen eingesetzt wurden. Solche Anwendungen könnten in Zukunft bei der Bewältigung von Gesundheitskrisen und bei der Gesundheitsförderung auf Bevölkerungsebene von großem Nutzen sein.

Die Blockchain-Technologie bietet vielversprechende Möglichkeiten für die sichere Speicherung und den Austausch von Gesundheitsdaten. Sie könnte die Interoperabilität zwischen verschiedenen Gesundheitssystemen verbessern und gleichzeitig die Kontrolle der Patienten über ihre eigenen Daten stärken.

Ein weiteres aufstrebendes Feld ist die digitale Therapeutik. Diese softwarebasierten Therapien können entweder allein oder in Kombination mit herkömmlichen Behandlungen eingesetzt werden. Sie bieten neue

Möglichkeiten für die Behandlung chronischer Erkrankungen und psychischer Gesundheitsprobleme.

Abschließend lässt sich sagen, dass die digitale Gesundheit das Potenzial hat, das Gesundheitswesen grundlegend zu verändern. Sie kann zu einer proaktiveren, präventiveren und personalisierteren Gesundheitsversorgung führen. Allerdings erfordert die erfolgreiche Integration digitaler Technologien in das Gesundheitssystem eine sorgfältige Abwägung von Nutzen und Risiken, eine enge Zusammenarbeit zwischen Technologieentwicklern, Gesundheitsdienstleistern und politischen Entscheidungsträgern, sowie eine kontinuierliche Anpassung an die sich entwickelnden technologischen Möglichkeiten und gesellschaftlichen Bedürfnisse.

Die Zukunft der Gesundheitsversorgung wird wahrscheinlich eine Kombination aus traditionellen und digitalen Ansätzen sein, wobei die Technologie als Werkzeug dient, um die menschliche Expertise und Fürsorge zu ergänzen und zu verstärken, nicht zu ersetzen. In diesem Sinne bietet die digitale Gesundheit eine spannende Perspektive für die Verbesserung der Gesundheitsversorgung im 21. Jahrhundert.

7.8. Ethische Aspekte verschiedener Gesundheitsansätze

Die ethischen Aspekte verschiedener Gesundheitsansätze stellen einen zentralen Diskussionspunkt in der modernen Gesundheitsversorgung dar. Sie berühren fundamentale Fragen der Menschenwürde, Autonomie, Gerechtigkeit und gesellschaftlicher Verantwortung. Eine vertiefte Betrachtung dieser Thematik ist unerlässlich, um ein Gesundheitssystem zu gestalten, das sowohl effizient als auch ethisch vertretbar ist.

Im defizitorientierten Modell, das in vielen westlichen Gesundheitssystemen vorherrscht, ergeben sich mehrere ethische Herausforderungen. Ein zentrales Problem ist die Gefahr der Überdiagnostizierung und Überbehandlung. Wenn der Fokus primär auf der Identifikation und Behandlung von Krankheiten liegt, besteht das Risiko, dass normale Lebenserfahrungen oder vorübergehende Zustände pathologisiert werden. Dies kann zu unnötigen medizinischen Interventionen führen, die nicht nur kostspielig sind, sondern auch potenzielle Risiken für den Patienten bergen. Die ethische Frage, die sich hier stellt, ist, wie ein angemessenes Gleichgewicht zwischen notwendiger medizinischer Versorgung und der Vermeidung von Übermedikalisierung gefunden werden kann.

Darüber hinaus wirft das defizitorientierte Modell Fragen zur Patientenautonomie auf. Wenn Patienten primär als Träger von Krankheiten oder Störungen betrachtet werden, besteht die Gefahr, dass ihre individuellen Bedürfnisse, Werte und Präferenzen in den Hintergrund treten. Dies kann zu paternalistischen Behandlungsansätzen führen, bei denen medizinische Fachkräfte Entscheidungen für, statt mit den Patienten treffen. Eine ethische Herausforderung besteht darin, wie die Expertise der Gesundheitsfachkräfte mit dem Recht der Patienten auf Selbstbestimmung in Einklang gebracht werden kann.

Im Gegensatz dazu betonen ressourcenorientierte Ansätze wie Salutogenese und Recovery die Autonomie und Selbstbestimmung des Individuums. Diese Modelle sehen den Menschen als aktiven Gestalter seiner Gesundheit und nicht als passiven Empfänger medizinischer Leistungen.

Während dies auf den ersten Blick ethisch wünschenswert erscheint, ergeben sich auch hier komplexe Fragestellungen. Eine zentrale ethische Herausforderung ist die Frage, wie viel Verantwortung dem Einzelnen für seine Gesundheit zugemutet werden kann, ohne dabei strukturelle Benachteiligungen und soziale Determinanten der Gesundheit zu ignorieren. Es besteht die Gefahr, dass ein zu starker Fokus auf individuelle Verantwortung zu einer Schuldzuweisung an Menschen führt, die aufgrund ihrer Lebensumstände oder genetischen Prädispositionen mit gesundheitlichen Herausforderungen konfrontiert sind.

Die personalisierte Medizin, die auf genetischen und molekularen Daten basiert, wirft ebenfalls wichtige ethische Fragen auf. Einerseits bietet sie die Möglichkeit, Behandlungen präziser auf individuelle Patienten abzustimmen und potenziell bessere Outcomes zu erzielen. Andererseits ergeben sich ethische Herausforderungen bezüglich genetischer Diagnostik, etwa hinsichtlich des Rechts auf Nichtwissen oder möglicher Diskriminierung aufgrund genetischer Prädispositionen. Wie kann sichergestellt werden, dass genetische Informationen nicht missbraucht werden, etwa im Kontext von Versicherungen oder Arbeitsplätzen? Zudem stellt sich die Frage der Gerechtigkeit: Wie kann ein fairer Zugang zu personalisierten Therapien gewährleistet werden, die oft kostspielig sind?

Die zunehmende Digitalisierung im Gesundheitswesen bringt weitere ethische Herausforderungen mit sich. Einerseits bieten digitale Technologien enorme Chancen für eine verbesserte Gesundheitsversorgung, etwa durch Telemedizin, Gesundheits-Apps oder Big-Data-Analysen. Andererseits werfen sie Fragen zum Datenschutz und zur informationellen Selbstbestimmung auf. Wie können sensible Gesundheitsdaten geschützt werden, während gleichzeitig ihr Potenzial für Forschung und verbesserte Versorgung genutzt wird? Wie kann sichergestellt werden, dass der Einsatz von Künstlicher Intelligenz in der Medizin nicht zu Diskriminierung oder Benachteiligung bestimmter Gruppen führt?

Im Kontext der globalen Gesundheit stellen sich ethische Fragen auf einer noch breiteren Ebene. Die ungleiche Verteilung von Gesundheitsressourcen zwischen und innerhalb von Ländern wirft fundamentale Fragen der Gerechtigkeit auf. Wie können begrenzte Ressourcen fair verteilt werden? Welche Verpflichtungen haben wohlhabende Länder gegenüber ärmeren Ländern in Bezug auf Gesundheitsversorgung? Diese Fragen gewinnen in Zeiten globaler Gesundheitskrisen wie der COVID-19-Pandemie zusätzlich an Brisanz.

Ein weiterer wichtiger ethischer Aspekt betrifft den Umgang mit vulnerablen Gruppen in verschiedenen Gesundheitsansätzen. Dies umfasst Menschen mit chronischen Erkrankungen, ältere Menschen, Kinder, Menschen mit Behinderungen und sozial benachteiligte Gruppen. Wie kann sichergestellt werden, dass diese Gruppen angemessen versorgt werden und ihre spezifischen Bedürfnisse berücksichtigt werden? Wie können Stigmatisierung und Diskriminierung vermieden werden?

In allen Gesundheitsansätzen ist es von zentraler Bedeutung, die Würde und Autonomie des Patienten zu respektieren. Dies bedeutet, Patienten als ganzheitliche Personen zu betrachten, nicht nur als Träger von Krankheiten oder Symptomen. Es erfordert auch, Patienten in den Entscheidungsprozess einzubeziehen und informierte Entscheidungen zu ermöglichen. Dies kann jedoch in der Praxis herausfordernd sein, insbesondere bei Patienten mit eingeschränkter Entscheidungsfähigkeit oder in Notfallsituationen.

Die Frage der Ressourcenallokation ist ein weiteres ethisches Dilemma, das alle Gesundheitsansätze betrifft. In einem System mit begrenzten Ressourcen müssen Entscheidungen darüber getroffen werden, welche Behandlungen, Forschungsprojekte oder Präventionsmaßnahmen priorisiert werden sollen. Diese Entscheidungen haben direkte Auswirkungen auf das Leben und die Gesundheit von Menschen und müssen daher auf einer soliden ethischen Grundlage getroffen werden.

Schließlich stellt sich die Frage nach der gesellschaftlichen Verantwortung für Gesundheit. Inwieweit ist Gesundheit eine individuelle Angelegenheit und inwieweit eine gesellschaftliche Aufgabe? Wie kann ein ausgewogenes Verhältnis zwischen individueller Freiheit und gesellschaftlicher Verantwortung gefunden werden, etwa in Bezug auf Impfungen oder Maßnahmen zur Bekämpfung von Infektionskrankheiten?

Um diese komplexen ethischen Herausforderungen zu bewältigen, ist ein kontinuierlicher, interdisziplinärer Dialog notwendig. Ethische Reflexion sollte ein integraler Bestandteil der Gesundheitspolitik, der medizinischen Ausbildung und der klinischen Praxis sein. Ethikkommissionen in Krankenhäusern und Forschungseinrichtungen spielen eine wichtige Rolle bei der Bewertung konkreter Fälle und der Entwicklung von Leitlinien.

Ein wichtiger Aspekt in der ethischen Betrachtung verschiedener Gesundheitsansätze ist die Frage der Evidenzbasierung. Während traditionelle medizinische Ansätze oft auf umfangreichen klinischen Studien basieren, fehlt bei einigen alternativen oder komplementären Ansätzen eine solide wissenschaftliche Grundlage. Hier stellt sich die ethische Frage, wie mit Behandlungsmethoden umgegangen werden soll, die von Patienten nachgefragt werden, deren Wirksamkeit aber nicht eindeutig belegt ist. Einerseits sollte die Autonomie des Patienten respektiert werden, andererseits haben Gesundheitssysteme auch eine Verantwortung, Ressourcen effizient einzusetzen und Patienten vor potenziell unwirksamen oder schädlichen Behandlungen zu schützen.

Die Integration verschiedener Gesundheitsansätze, wie sie etwa in der integrativen Medizin angestrebt wird, wirft ebenfalls ethische Fragen auf. Wie können konventionelle und komplementäre Ansätze so kombiniert werden, dass sie den Patientennutzen maximieren, ohne dabei grundlegende ethische Prinzipien zu verletzen? Wie kann sichergestellt werden, dass Patienten umfassend über die Vor- und Nachteile verschiedener Behandlungsoptionen informiert werden?

Ein weiterer wichtiger ethischer Aspekt betrifft die Frage der Prävention versus Behandlung. Viele Gesundheitssysteme investieren den Großteil ihrer Ressourcen in die Behandlung bereits bestehender Krankheiten, während Präventionsmaßnahmen oft unterfinanziert sind. Aus ethischer Sicht stellt sich die Frage, ob es nicht moralisch geboten wäre, mehr Ressourcen in die Verhinderung von Krankheiten zu investieren, anstatt primär auf ihre Behandlung zu fokussieren.

Die zunehmende Bedeutung der psychischen Gesundheit in der gesellschaftlichen Diskussion wirft ebenfalls ethische Fragen auf. Wie kann ein angemessenes Gleichgewicht zwischen der Entstigmatisierung psychischer Erkrankungen und der Vermeidung einer Überpsychologisierung alltäglicher Probleme gefunden werden? Wie können psychische Gesundheitsdienstleistungen fair und ohne Diskriminierung zugänglich gemacht werden?

Schließlich müssen ethische Überlegungen auch die langfristigen Auswirkungen verschiedener Gesundheitsansätze berücksichtigen. Dies betrifft nicht nur die Auswirkungen auf individuelle Patienten, sondern auch auf die Gesellschaft als Ganzes, zukünftige Generationen und die Umwelt. Ein Gesundheitsansatz, der kurzfristig effektiv erscheint, könnte langfristig negative Folgen haben, etwa durch die Entwicklung von Antibiotikaresistenzen oder die Erschöpfung natürlicher Ressourcen.

Zusammenfassend lässt sich sagen, dass die ethischen Aspekte verschiedener Gesundheitsansätze komplex und vielschichtig sind. Sie erfordern eine sorgfältige Abwägung verschiedener Prinzipien wie Autonomie, Gerechtigkeit, Nicht-Schaden und Fürsorge. Es gibt keine einfachen Lösungen für diese ethischen Dilemmata, aber eine kontinuierliche Reflexion und ein offener Dialog zwischen allen Beteiligten - Gesundheitsfachkräften, Patienten, Ethikern, Politikern und der Öffentlichkeit - sind unerlässlich, um ein Gesundheitssystem zu gestalten, das sowohl effektiv als auch ethisch vertretbar ist. Nur durch die Berücksichtigung dieser ethischen Aspekte können wir sicherstellen, dass unser Gesundheitssystem nicht nur medizinisch fortschrittlich, sondern auch menschlich und gerecht ist.

Kapitel 8: Ganzheitlicher Ansatz

In den vorangegangenen Kapiteln haben wir uns intensiv mit verschiedenen Aspekten des Gesundheitssystems, der menschlichen Entwicklung und spezifischen Herausforderungen wie Trauma auseinandergesetzt. Nun wenden wir uns einem Konzept zu, das all diese Elemente in einem umfassenden Rahmen zu integrieren versucht: dem ganzheitlichen Ansatz in der Gesundheitsversorgung und im Verständnis des menschlichen Wohlbefindens.

Der ganzheitliche Ansatz basiert auf der Prämisse, dass der Mensch mehr ist als die Summe seiner Teile. Er betrachtet den Menschen als komplexes System, in dem körperliche, geistige, emotionale, soziale und spirituelle Aspekte in ständiger Wechselwirkung stehen. Diese Perspektive steht im Kontrast zu dem in Kapitel 1 kritisierten defizitorientierten Gesundheitssystem, das oft dazu neigt, den Menschen in einzelne, voneinander getrennte Komponenten zu zerlegen.

Die Wurzeln des ganzheitlichen Denkens reichen weit zurück und finden sich in vielen traditionellen Heilsystemen weltweit. In der westlichen Welt erlebt dieser Ansatz seit einigen Jahrzehnten eine Renaissance, nicht zuletzt als Reaktion auf die zunehmende Spezialisierung und Fragmentierung in der modernen Medizin. Der ganzheitliche Ansatz versucht, die Errungenschaften der modernen Wissenschaft mit zeitlosen Weisheiten und einem umfassenden Verständnis des Menschen zu verbinden.

Ein zentrales Element des ganzheitlichen Ansatzes ist die Erkenntnis der engen Verbindung zwischen Körper und Geist, oft als Mind-Body-Verbindung bezeichnet. Diese Verbindung manifestiert sich auf vielfältige Weise: in psychosomatischen Erkrankungen, bei denen sich seelische Belastungen körperlich ausdrücken, aber auch in der umgekehrten Richtung, wenn körperliche Zustände das psychische Wohlbefinden beeinflussen. Das Konzept des Embodiment geht noch einen Schritt weiter und postuliert, dass unsere kognitiven Prozesse und unser Bewusstsein grundlegend in unserer körperlichen Existenz verwurzelt sind.

Die Anerkennung dieser Verbindung hat weitreichende Implikationen für die Gesundheitsversorgung. Sie legt nahe, dass eine effektive Behandlung sowohl körperliche als auch psychische Aspekte berücksichtigen muss. Praktische Anwendungen finden sich in integrativen Therapieansätzen, die beispielsweise Psychotherapie mit körperorientierten Verfahren kombinieren, oder in der Verwendung von Entspannungstechniken und Meditation zur Unterstützung der körperlichen Heilung.

Ein weiterer wichtiger Aspekt des ganzheitlichen Ansatzes ist die Berücksichtigung traditioneller Medizinsysteme. Viele dieser Systeme, wie die Traditionelle Chinesische Medizin oder das indische Ayurveda, basieren auf jahrtausendealten Erfahrungen und bieten oft eine ganzheitliche Sichtweise auf Gesundheit und Krankheit. Sie betrachten den Menschen im Kontext seiner Umwelt und verstehen Gesundheit als Balance zwischen verschiedenen Kräften oder Elementen.

Die integrative Medizin versucht, Elemente aus diesen traditionellen Systemen mit der modernen westlichen Medizin zu verbinden. Dabei geht es nicht darum, bewährte wissenschaftliche Erkenntnisse zu ersetzen, sondern vielmehr darum, das Beste aus beiden Welten zu kombinieren. Ein Beispiel hierfür ist die zunehmende Integration von Akupunktur in die Schmerztherapie oder die Verwendung von Yoga und Meditation als ergänzende Behandlungen bei verschiedenen chronischen Erkrankungen.

Die Berücksichtigung der spirituellen Dimension ist ein weiterer wesentlicher Bestandteil des ganzheitlichen Ansatzes. Dabei geht es nicht notwendigerweise um religiöse Überzeugungen, sondern um die Anerkennung, dass Menschen nach Sinn und Bedeutung in ihrem Leben suchen und dass diese Suche einen wichtigen Einfluss auf ihr Wohlbefinden haben kann. Studien haben gezeigt, dass spirituelle Praktiken und Überzeugungen positive Auswirkungen auf die Gesundheit haben können, etwa durch verbesserte Stressbewältigung oder erhöhte Resilienz in Krisensituationen.

Ein relativ neuer Aspekt des ganzheitlichen Ansatzes ist die Ökopsychologie, die die Verbindung zwischen menschlichem Wohlbefinden und der natürlichen Umwelt untersucht. Diese Disziplin erkennt an, dass Menschen Teil der Natur sind und dass der Kontakt zur natürlichen Umwelt wesentlich für unsere psychische und physische Gesundheit ist. Praktische Anwendungen reichen von "Waldbaden" über naturbasierte Therapien bis hin zu städteplanerischen Konzepten, die mehr Grünflächen in urbane Umgebungen integrieren.

Der ganzheitliche Ansatz hat auch wichtige Implikationen für die Gestaltung von Versorgungsmodellen. Recovery-orientierte ganzheitliche Versorgungsmodelle, wie sie insbesondere in der psychischen Gesundheitsversorgung zunehmend Anwendung finden, betrachten den Genesungsprozess als individuellen Weg, der weit über die bloße Symptomreduktion hinausgeht. Sie berücksichtigen die Lebenssituation, die persönlichen Ziele und die Ressourcen des Individuums und zielen darauf ab, Menschen zu befähigen, ein erfülltes Leben trotz möglicher anhaltender Symptome zu führen.

Die Umsetzung eines wirklich ganzheitlichen Ansatzes in der Gesundheitsversorgung stellt jedoch erhebliche Herausforderungen dar. Sie erfordert eine Neuausrichtung der Ausbildung von Gesundheitsfachkräften, die Entwicklung neuer Versorgungsstrukturen und oft auch eine Veränderung in der Finanzierung von Gesundheitsleistungen. Zudem kann die Integration verschiedener Ansätze und Disziplinen zu Spannungen führen, etwa wenn es um die wissenschaftliche Evidenz bestimmter Praktiken geht.

Trotz dieser Herausforderungen bietet der ganzheitliche Ansatz ein enormes Potenzial für eine verbesserte Gesundheitsversorgung und ein tieferes Verständnis menschlichen Wohlbefindens. Er ermöglicht es uns, die Komplexität des menschlichen Erlebens anzuerkennen und Wege zu finden, die verschiedenen Aspekte unseres Seins in Einklang zu bringen.

In den folgenden Abschnitten werden wir die verschiedenen Elemente des ganzheitlichen Ansatzes im Detail betrachten. Wir werden uns mit der Mind-Body-Verbindung, traditionellen Medizinsystemen, der integrativen Medizin, der Rolle von Spiritualität und der Bedeutung der Natur für unsere Gesundheit auseinandersetzen. Dabei werden wir sowohl theoretische Grundlagen als auch praktische Anwendungen und aktuelle Forschungsergebnisse diskutieren.

Unser Ziel ist es, ein umfassendes Verständnis dafür zu entwickeln, wie ein ganzheitlicher Ansatz zu einer verbesserten Gesundheitsversorgung und einem erfüllteren Leben beitragen kann. Wir laden Sie ein, diese Reise mit offenem Geist und kritischem Denken anzutreten , um die vielfältigen Perspektiven und Möglichkeiten zu erkunden, die ein ganzheitlicher Ansatz bietet.

Im Verlauf dieses Kapitels werden wir zunächst die Mind-Body-Verbindung genauer untersuchen und dabei sowohl auf psychosomatische Phänomene als auch auf das Konzept des Embodiments eingehen. Wir werden diskutieren, wie diese Erkenntnisse in der klinischen Praxis angewendet werden können und welche Auswirkungen sie auf unser Verständnis von Gesundheit und Krankheit haben.

Anschließend werden wir uns mit traditionellen Medizinsystemen befassen und deren Sichtweisen auf Gesundheit und Heilung betrachten. Wir werden untersuchen, wie diese Systeme den Menschen in seiner Gesamtheit und in Beziehung zu seiner Umwelt verstehen, und wie dieses Wissen in moderne Gesundheitskonzepte integriert werden kann.

Ein weiterer Schwerpunkt wird die integrative Medizin sein, die konventionelle und komplementäre Ansätze kombiniert. Wir werden Beispiele für erfolgreiche integrative Modelle vorstellen und die Herausforderungen bei der Implementierung solcher Ansätze diskutieren.

Die Rolle der Spiritualität in der Gesundheitsversorgung wird ebenfalls ein wichtiges Thema sein. Wir werden untersuchen, wie spirituelle Praktiken und Überzeugungen das Wohlbefinden beeinflussen können und wie sie in therapeutische Konzepte einbezogen werden können, ohne dabei die Grenzen zwischen medizinischer Versorgung und persönlichen Glaubensvorstellungen zu verwischen.

Ein innovativer Aspekt, den wir betrachten werden, ist die Ökopsychologie und die Bedeutung der Natur für die psychische Gesundheit. Wir werden die wachsende Forschung in diesem Bereich vorstellen und praktische Anwendungen diskutieren, wie die Natur als Ressource für Heilung und Wohlbefinden genutzt werden kann.

Schließlich werden wir uns mit recovery-orientierten ganzheitlichen Versorgungsmodellen beschäftigen. Wir werden untersuchen, wie diese Modelle die Prinzipien des ganzheitlichen Ansatzes in die Praxis umsetzen und welche Vorteile sie für Patienten und Gesundheitssysteme bieten können.

Durchgehend werden wir kritisch reflektieren, wie der ganzheitliche Ansatz das bestehende Gesundheitssystem ergänzen und verbessern kann. Wir werden sowohl die Chancen als auch die Herausforderungen betrachten, die mit der Implementierung ganzheitlicher Konzepte verbunden sind.

Dieses Kapitel zielt darauf ab, ein tiefes Verständnis für die Komplexität und Interdependenz der verschiedenen Aspekte menschlicher Gesundheit zu vermitteln. Es soll dazu anregen, über die Grenzen konventioneller medizinischer Modelle hinauszudenken und neue, integrative Wege in der Gesundheitsversorgung zu erkunden.

Wir laden Sie ein, sich auf diese umfassende Betrachtung des ganzheitlichen Ansatzes einzulassen und dabei sowohl Ihre persönlichen Erfahrungen als auch Ihr professionelles Wissen einzubringen. Lassen Sie uns gemeinsam erkunden, wie wir ein Gesundheitssystem gestalten können, das den Menschen in seiner Ganzheit respektiert und unterstützt.

8.1. Mind-Body-Verbindung: Psychosomatik und Embodiment

Die Mind-Body-Verbindung beschreibt die komplexe und tiefgreifende Wechselwirkung zwischen Geist und Körper. Dieses Konzept, das seine Wurzeln in alten Heiltraditionen hat, gewinnt in der modernen Medizin und Psychologie zunehmend an Bedeutung. Es stellt eine Herausforderung für das cartesianische Dualismusmodell dar, das Geist und Körper als getrennte Entitäten betrachtet, und fördert stattdessen ein ganzheitliches Verständnis des Menschen.

Die Psychosomatik, als Teilbereich der Mind-Body-Medizin, untersucht spezifisch, wie psychische Faktoren körperliche Symptome beeinflussen und umgekehrt. Diese bidirektionale Beziehung manifestiert sich in vielfältiger Weise. Ein klassisches Beispiel ist der Einfluss von Stress auf den Körper: Chronischer Stress kann nicht nur zu psychischen Problemen wie Angststörungen oder Depressionen führen, sondern auch eine Vielzahl körperlicher Symptome hervorrufen. Dazu gehören Magen-Darm-Beschwerden, Kopfschmerzen, Muskelverspannungen und sogar kardiovaskuläre Probleme. Umgekehrt können chronische körperliche Erkrankungen wie Schmerzzustände oder Autoimmunerkrankungen erhebliche Auswirkungen auf die psychische Verfassung haben, was zu Depressionen, Angstzuständen oder Veränderungen des Selbstbildes führen kann.

Die Forschung in der Psychoneuroimmunologie hat in den letzten Jahrzehnten wichtige Erkenntnisse über die biologischen Mechanismen geliefert, die diesen Wechselwirkungen zugrunde liegen. Sie zeigt, wie psychische Zustände das Immunsystem, das endokrine System und das Nervensystem beeinflussen können und umgekehrt. Diese Erkenntnisse haben zu einem tieferen Verständnis von Krankheiten wie Fibromyalgie, chronischem Erschöpfungssyndrom und bestimmten Autoimmunerkrankungen geführt, bei denen die Mind-Body-Interaktion eine zentrale Rolle spielt.

Das Konzept des Embodiment geht noch einen Schritt weiter und betrachtet den Körper als integralen Bestandteil kognitiver Prozesse. Dieser Ansatz, der in der kognitiven Wissenschaft und Philosophie entwickelt wurde, postuliert, dass unser Denken und Fühlen nicht nur im Gehirn stattfindet, sondern durch den gesamten Körper beeinflusst und geformt wird. Nach dieser Theorie sind unsere kognitiven Prozesse tief in unseren körperlichen Erfahrungen verwurzelt und werden durch diese geprägt.

Embodiment-Forschung hat gezeigt, dass Körperhaltungen, Gesten und Bewegungen einen direkten Einfluss auf unsere Emotionen und Gedanken haben können. Ein oft zitiertes Beispiel ist der "Pencil-in-Mouth"-Effekt, bei dem das Halten eines Stifts zwischen den Zähnen (was die Gesichtsmuskeln in eine lächelnde Position bringt) positive Emotionen auslösen kann. Solche Erkenntnisse haben wichtige Implikationen für das Verständnis und die Behandlung psychischer Störungen sowie für die Förderung des allgemeinen Wohlbefindens.

In der klinischen Praxis finden die Konzepte der Mind-Body-Verbindung und des Embodiment Anwendung in verschiedenen ganzheitlichen Therapieansätzen. Die Körperpsychotherapie beispielsweise integriert körperliche Erfahrungen und Bewegungen in den psychotherapeutischen Prozess. Sie geht davon aus, dass emotionale und psychische Probleme sich im Körper manifestieren und dass die Arbeit mit dem Körper ein wichtiger Weg zur psychischen Heilung sein kann.

Achtsamkeitsbasierte Interventionen, wie Mindfulness-Based Stress Reduction (MBSR) oder Mindfulness-Based Cognitive Therapy (MBCT), sind weitere Beispiele für Ansätze, die die Mind-Body-Verbindung nutzen. Diese Methoden zielen darauf ab, die Körperwahrnehmung zu schulen und die Verbindung zwischen körperlichen Empfindungen und emotionalen Zuständen bewusst zu machen. Durch die Praxis der Achtsamkeit lernen Menschen, ihre körperlichen Reaktionen auf Stress und Emotionen besser wahrzunehmen und zu regulieren.

Auch in der Behandlung chronischer Schmerzen spielt die Mind-Body-Verbindung eine zentrale Rolle. Moderne Schmerztherapien berücksichtigen nicht nur die physischen Aspekte des Schmerzes, sondern auch die psychologischen und sozialen Faktoren, die das Schmerzerleben beeinflussen. Techniken wie Biofeedback, progressive Muskelentspannung und Hypnose nutzen die Fähigkeit des Geistes, körperliche Prozesse zu beeinflussen, um Schmerzen zu lindern und die Lebensqualität zu verbessern.

Die zunehmende Anerkennung der Mind-Body-Verbindung hat weitreichende Implikationen für das Gesundheitswesen. Sie unterstreicht die Notwendigkeit, bei der Behandlung von Erkrankungen sowohl physische als auch psychische Aspekte zu berücksichtigen und fördert einen ganzheitlichen Ansatz in der medizinischen Versorgung. Dies bedeutet, dass Ärzte und Therapeuten nicht nur die körperlichen Symptome ihrer Patienten behandeln, sondern auch deren emotionale und psychische Verfassung berücksichtigen sollten.

In der Prävention und Gesundheitsförderung eröffnen die Erkenntnisse über die Mind-Body-Verbindung neue Möglichkeiten. Stress-Management-Programme, die sowohl kognitive als auch körperliche Techniken einsetzen, können beispielsweise zur Vorbeugung stressbedingter Erkrankungen beitragen. Ebenso können Bewegungsprogramme nicht nur die körperliche Fitness verbessern, sondern auch positive Auswirkungen auf die psychische Gesundheit haben.

Die Integration von Mind-Body-Ansätzen in die Gesundheitsversorgung stellt jedoch auch Herausforderungen dar. Sie erfordert ein Umdenken in der Ausbildung von Gesundheitsfachkräften, die traditionell oft entweder auf körperliche oder psychische Aspekte spezialisiert sind. Zudem müssen Strukturen geschaffen werden, die eine ganzheitliche Betrachtung und Behandlung von Patienten ermöglichen und fördern.

Trotz dieser Herausforderungen bietet die Berücksichtigung der Mind-Body-Verbindung ein enormes Potenzial für die Verbesserung der Gesundheitsversorgung. Sie ermöglicht ein tieferes Verständnis von Gesundheit und Krankheit und eröffnet neue Wege zur Förderung von Heilung und Wohlbefinden. Indem wir den Menschen als Einheit von Körper und Geist betrachten, können wir eine Medizin entwickeln, die wahrhaft ganzheitlich und patientenzentriert ist.

8.2. Traditionelle Medizinsysteme und ihre Sichtweise auf Gesundheit

Traditionelle Medizinsysteme, die oft auf jahrtausendealten Erkenntnissen und Praktiken beruhen, bieten faszinierende alternative Perspektiven auf Gesundheit und Krankheit. Diese Systeme, zu denen unter anderem die Traditionelle Chinesische Medizin (TCM), Ayurveda und die traditionelle europäische Naturheilkunde gehören, zeichnen sich durch ihre ganzheitlichen Ansätze aus, die den Menschen als komplexes System betrachten, das in enger Verbindung mit seiner Umwelt steht.

Die Traditionelle Chinesische Medizin (TCM) basiert auf dem Konzept des Qi, der Lebensenergie, die durch den Körper fließt. Gesundheit wird in diesem System als harmonischer Fluss des Qi verstanden, während Krankheit als Störung oder Blockade dieses Flusses interpretiert wird. Die TCM unterscheidet zwischen Yin und Yang, zwei komplementären Kräften, deren Gleichgewicht für die Gesundheit entscheidend ist. Darüber hinaus spielen die fünf Elemente - Holz, Feuer, Erde, Metall und Wasser - eine zentrale Rolle in der chinesischen Medizintheorie. Jedes dieser Elemente steht in Beziehung zu bestimmten Organen und Funktionen im Körper.

Die Behandlungsmethoden der TCM umfassen eine Vielzahl von Techniken. Akupunktur, bei der feine Nadeln an spezifischen Punkten entlang der Meridiane (Energiebahnen) eingesetzt werden, zielt darauf ab, den Fluss des Qi zu regulieren. Die chinesische Kräutertherapie verwendet komplexe Kombinationen von Pflanzen, Mineralien und manchmal auch tierischen Produkten, um das innere Gleichgewicht wiederherzustellen. Qigong und Tai Chi sind Bewegungs- und Meditationspraktiken, die den Fluss des Qi fördern und sowohl zur Prävention als auch zur Behandlung von Krankheiten eingesetzt werden.

Ayurveda, das traditionelle Heilsystem Indiens, betrachtet Gesundheit als Zustand des Gleichgewichts zwischen Körper, Geist und Umwelt. Zentral für das ayurvedische Verständnis sind die drei Doshas - Vata, Pitta und Kapha - die verschiedene physiologische und psychologische

Funktionen im Körper repräsentieren. Jeder Mensch hat eine einzigartige Kombination dieser Doshas, die seine Konstitution bestimmt. Krankheit entsteht nach ayurvedischer Vorstellung durch ein Ungleichgewicht der Doshas.

Die ayurvedische Behandlung ist hochgradig individualisiert und basiert auf der spezifischen Konstitution des Patienten. Sie umfasst eine Vielzahl von Therapien, darunter spezielle Ernährungsempfehlungen, Kräutermedizin, Yoga, Meditation und verschiedene Reinigungsverfahren (Panchakarma). Ein besonderer Fokus liegt auf der Prävention von Krankheiten durch einen ausgewogenen Lebensstil, der auf die individuelle Konstitution abgestimmt ist.

Die traditionelle europäische Naturheilkunde, die ihre Wurzeln in der antiken griechischen und römischen Medizin hat, basiert auf dem Konzept der Selbstheilungskräfte des Körpers. Sie geht davon aus, dass der Körper über natürliche Mechanismen verfügt, um Krankheiten zu bekämpfen und Gesundheit wiederherzustellen. Die Aufgabe der Heilkunst besteht darin, diese natürlichen Prozesse zu unterstützen und zu fördern.

Zu den Methoden der europäischen Naturheilkunde gehören die Hydrotherapie (Wasseranwendungen), die Phytotherapie (Pflanzenheilkunde), die Bewegungstherapie und verschiedene manuelle Techniken wie Massage und Osteopathie. Auch die Ernährungstherapie spielt eine wichtige Rolle. Ein zentrales Prinzip ist die "Reiz-Reaktions-Therapie", bei der durch gezielte Reize die Selbstheilungskräfte des Körpers aktiviert werden sollen.

Ein gemeinsames Merkmal aller dieser traditionellen Medizinsysteme ist ihr ganzheitlicher Ansatz. Sie betrachten den Menschen nicht als Summe einzelner Organe oder Funktionen, sondern als komplexes, interagierendes System. Gesundheit wird nicht nur als Abwesenheit von Krankheit verstanden, sondern als Zustand des Gleichgewichts und der Harmonie zwischen verschiedenen Aspekten des menschlichen Seins - körperlich, geistig und oft auch spirituell.

Diese Systeme legen großen Wert auf Prävention und Lebensstilmodifikation. Sie betonen die Bedeutung einer ausgewogenen Ernährung, regelmäßiger Bewegung, ausreichender Ruhe und Stressmanagement für die Erhaltung der Gesundheit. Viele ihrer Praktiken, wie Meditation oder bestimmte Formen der Körperarbeit, zielen darauf ab, die Verbindung zwischen Körper und Geist zu stärken.

Ein weiterer wichtiger Aspekt traditioneller Medizinsysteme ist ihre Betonung der Individualität. Behandlungen werden oft speziell auf die einzigartige Konstitution und Lebenssituation des Patienten zugeschnitten, im Gegensatz zu dem eher standardisierten Ansatz der modernen westlichen Medizin.

In den letzten Jahrzehnten hat das Interesse an traditionellen Medizinsystemen in westlichen Ländern stark zugenommen. Viele Menschen suchen nach ganzheitlichen, natürlichen Ansätzen zur Gesundheitserhaltung und Krankheitsbehandlung. Dies hat zu einer zunehmenden Integration traditioneller Praktiken in die moderne Gesundheitsversorgung geführt, oft unter dem Begriff "Integrative Medizin".

Trotz ihrer langen Geschichte und wachsenden Popularität stehen traditionelle Medizinsysteme auch vor Herausforderungen. Eine davon ist die Forderung nach wissenschaftlicher Validierung ihrer Wirksamkeit nach modernen Standards. Während einige Praktiken, wie bestimmte Kräutermedizin oder Akupunktur, in klinischen Studien positive Ergebnisse gezeigt haben, bleibt die Wirksamkeit vieler traditioneller Behandlungen aus wissenschaftlicher Sicht umstritten.

Eine weitere Herausforderung ist die Integration dieser Systeme in moderne Gesundheitsstrukturen. Fragen der Standardisierung, Qualitätskontrolle und Ausbildung von Praktizierenden müssen adressiert werden, um eine sichere und effektive Anwendung zu gewährleisten.

Trotz dieser Herausforderungen bieten traditionelle Medizinsysteme wertvolle Perspektiven und Ansätze, die das moderne Gesundheitswesen bereichern können. Ihr ganzheitlicher Blick auf den Menschen, ihre

Betonung der Prävention und ihre individualisierten Behandlungsansätze können wichtige Ergänzungen zur konventionellen Medizin darstellen. Eine integrative Herangehensweise, die die Stärken traditioneller und moderner Medizin kombiniert, könnte den Weg zu einem umfassenderen und effektiveren Gesundheitssystem weisen.

8.3. Integrative Medizin: Kombination von konventionellen und komplementären Ansätzen

Die integrative Medizin stellt einen innovativen und ganzheitlichen Ansatz in der Gesundheitsversorgung dar, der die Stärken der konventionellen Schulmedizin mit den Vorteilen evidenzbasierter komplementärer und alternativer Therapieformen verbindet. Dieses Konzept zielt darauf ab, den Patienten in seiner Gesamtheit zu betrachten und zu behandeln, wobei nicht nur körperliche Symptome, sondern auch emotionale, mentale und spirituelle Aspekte des Wohlbefindens berücksichtigt werden.

Der Grundgedanke der integrativen Medizin basiert auf der Erkenntnis, dass Gesundheit und Krankheit komplexe Phänomene sind, die von vielfältigen Faktoren beeinflusst werden. Während die konventionelle Medizin oft auf die Behandlung spezifischer Symptome oder Krankheiten fokussiert ist, strebt die integrative Medizin danach, die zugrunde liegenden Ursachen von Gesundheitsproblemen zu identifizieren und anzugehen. Dabei werden sowohl biomedizinische als auch psychosoziale und lebensstilbezogene Faktoren in Betracht gezogen.

Ein zentrales Merkmal der integrativen Medizin ist die Betonung der Prävention und der aktiven Rolle des Patienten im Heilungsprozess. Anstatt sich ausschließlich auf die Behandlung bestehender Krankheiten zu konzentrieren, legt dieser Ansatz großen Wert auf die Förderung von Gesundheit und Wohlbefinden durch Lebensstilmodifikationen. Dazu gehören Aspekte wie Ernährung, Bewegung, Stressmanagement und die Pflege sozialer Beziehungen. Patienten werden ermutigt, aktiv an ihrer Gesunderhaltung und Genesung mitzuwirken und werden als gleichberechtigte Partner im therapeutischen Prozess betrachtet.

Die integrative Medizin nutzt ein breites Spektrum von Therapieansätzen, die sowohl aus der Schulmedizin als auch aus komplementären und alternativen Heilmethoden stammen. Zu den häufig eingesetzten komplementären Verfahren gehören unter anderem:

1. Akupunktur und traditionelle chinesische Medizin
2. Phytotherapie und Naturheilkunde
3. Osteopathie und Chiropraktik
4. Mind-Body-Techniken wie Meditation, Yoga und Biofeedback
5. Ernährungstherapie und Nahrungsergänzungsmittel
6. Homöopathie
7. Massage und andere manuelle Therapien
8. Kunsttherapie und Musiktherapie

Diese Methoden werden nicht als Ersatz, sondern als Ergänzung zur konventionellen medizinischen Behandlung eingesetzt. Die Auswahl der Therapien erfolgt individuell, basierend auf den spezifischen Bedürfnissen und Präferenzen des Patienten sowie auf der verfügbaren wissenschaftlichen Evidenz für ihre Wirksamkeit und Sicherheit.

Ein Beispiel für die praktische Anwendung der integrativen Medizin ist die Behandlung von Krebspatienten. Neben der konventionellen Therapie wie Chemotherapie oder Bestrahlung können komplementäre Ansätze eingesetzt werden, um Nebenwirkungen zu lindern und die Lebensqualität zu verbessern. So kann Akupunktur gegen Übelkeit und Erbrechen helfen, während Meditation und Yoga Stress reduzieren und das emotionale Wohlbefinden fördern können. Ernährungsberatung kann die Patienten dabei unterstützen, ihre Ernährung optimal auf die Bedürfnisse während der Krebstherapie abzustimmen. Psychologische Begleitung und Unterstützungsgruppen können wertvolle emotionale und soziale Unterstützung bieten.

Ein weiteres Anwendungsgebiet der integrativen Medizin ist die Behandlung chronischer Schmerzen. Hier kann ein multimodaler Ansatz, der schulmedizinische Schmerztherapie mit Physiotherapie, Akupunktur, Entspannungstechniken und kognitiver Verhaltenstherapie kombiniert, oft bessere Ergebnisse erzielen als eine rein medikamentöse Behandlung.

Die integrative Medizin stellt jedoch auch Herausforderungen an das Gesundheitssystem und die medizinische Praxis. Eine der größten Herausforderungen besteht in der effektiven Integration verschiedener Therapieansätze und der Koordination zwischen verschiedenen Gesundheitsdienstleistern. Dies erfordert eine offene, respektvolle Kommunikation zwischen Ärzten, Therapeuten und Patienten sowie die Bereitschaft, über die Grenzen der eigenen Disziplin hinauszudenken.

Ein weiterer wichtiger Aspekt ist die Sicherstellung der Qualität und Sicherheit integrativer Behandlungen. Während viele komplementäre Therapien als sicher gelten, können einige Wechselwirkungen mit konventionellen Behandlungen auftreten. Es ist daher von entscheidender Bedeutung, dass Patienten ihre Ärzte über alle verwendeten Therapien informieren und dass Gesundheitsdienstleister über mögliche Interaktionen und Kontraindikationen informiert sind.

Die wissenschaftliche Evaluation kombinierter Therapieansätze stellt eine weitere Herausforderung dar. Während für viele einzelne komplementäre Therapien eine solide Evidenzbasis existiert, sind die Wirksamkeit und Sicherheit komplexer integrativer Behandlungsprotokolle oft schwieriger zu untersuchen. Es besteht ein Bedarf an gut konzipierten klinischen Studien, die die Effektivität integrativer Ansätze im Vergleich zu konventionellen Behandlungen evaluieren.

Trotz dieser Herausforderungen gewinnt die integrative Medizin zunehmend an Bedeutung und Akzeptanz, sowohl bei Patienten als auch bei Gesundheitsdienstleistern. Viele renommierte medizinische Einrichtungen haben inzwischen Zentren für integrative Medizin eingerichtet, und immer mehr Versicherungen beginnen, bestimmte komplementäre Therapien zu erstatten.

Die integrative Medizin bietet das Potenzial, die Gesundheitsversorgung umfassender, patientenzentrierter und effektiver zu gestalten. Indem sie die Stärken verschiedener Heiltraditionen vereint und den Patienten als Ganzes betrachtet, kann sie zu einer verbesserten Lebensqualität, einer höheren Patientenzufriedenheit und möglicherweise auch zu besseren klinischen Ergebnissen führen.

Zukunftsweisend könnte die integrative Medizin eine Schlüsselrolle bei der Bewältigung einiger der größten Herausforderungen im Gesundheitswesen spielen, wie der Zunahme chronischer Erkrankungen und der steigenden Gesundheitskosten. Durch ihren Fokus auf Prävention, Lebensstilmodifikation und ganzheitliche Behandlungsansätze hat sie das Potenzial, nicht nur die Gesundheit des Einzelnen zu verbessern, sondern auch zu einem nachhaltigeren und effizienteren Gesundheitssystem beizutragen.

8.4. Spiritualität und Gesundheit

Die Verbindung zwischen Spiritualität und Gesundheit gewinnt in der Forschung und im Gesundheitswesen zunehmend an Beachtung. Spiritualität, oft verstanden als die Suche nach Sinn und Zweck im Leben, kann eine wichtige Ressource für Gesundheit und Wohlbefinden darstellen. Diese Erkenntnis führt zu einem wachsenden Interesse an der Integration spiritueller Aspekte in die ganzheitliche Gesundheitsversorgung.

Zahlreiche Studien haben in den letzten Jahrzehnten die positiven Auswirkungen spiritueller Praktiken auf die physische und psychische Gesundheit untersucht. Meditation, Gebet, die Teilnahme an religiösen Gemeinschaften und andere spirituelle Aktivitäten wurden mit einer Vielzahl von gesundheitlichen Vorteilen in Verbindung gebracht. Diese reichen von der Reduzierung von Stress und Angst über die Stärkung des Immunsystems bis hin zu einer verbesserten Bewältigung chronischer Krankheiten.

Ein wesentlicher Aspekt der Spiritualität im Kontext der Gesundheit ist ihre Fähigkeit, Sinn und Bedeutung zu vermitteln, insbesondere in Zeiten von Krankheit oder Leid. Dieser Sinnfindungsprozess kann eine wichtige Rolle bei der Krankheitsbewältigung spielen. Er kann Patienten helfen, ihre Erfahrungen in einen größeren Zusammenhang zu stellen und dadurch Hoffnung, Trost und innere Stärke zu finden. In der Palliativmedizin wird die spirituelle Begleitung daher oft als unverzichtbarer Bestandteil der ganzheitlichen Versorgung betrachtet.

Die Forschung hat gezeigt, dass Spiritualität auch einen positiven Einfluss auf die Resilienz haben kann. Menschen mit einer starken spirituellen oder religiösen Überzeugung scheinen oft besser in der Lage zu sein, mit Widrigkeiten umzugehen und sich von traumatischen Erfahrungen zu erholen. Dies könnte teilweise auf das soziale Unterstützungsnetzwerk zurückzuführen sein, das oft mit religiösen Gemeinschaften verbunden ist, aber auch auf die inneren Ressourcen, die durch spirituelle Praktiken kultiviert werden.

Es ist wichtig zu betonen, dass die Integration von Spiritualität in die Gesundheitsversorgung mit großer Sensibilität und Respekt für die individuellen Überzeugungen der Patienten erfolgen muss. Es geht nicht darum, bestimmte religiöse Überzeugungen zu fördern oder aufzudrängen, sondern vielmehr darum, die spirituellen Bedürfnisse und Ressourcen der Patienten anzuerkennen und zu unterstützen. Dies erfordert von Gesundheitsfachkräften ein hohes Maß an kultureller Kompetenz und die Fähigkeit, offen und vorurteilsfrei über spirituelle Themen zu kommunizieren.

Die Implementierung spiritueller Aspekte in die Gesundheitsversorgung stellt das Gesundheitssystem vor einige Herausforderungen. Eine davon ist die Definition und Messung von Spiritualität. Spiritualität ist ein komplexes und oft sehr persönliches Konzept, das sich nicht leicht in standardisierte Messverfahren übersetzen lässt. Trotzdem wurden in den letzten Jahren verschiedene Instrumente entwickelt, um spirituelle Bedürfnisse und Ressourcen zu erfassen und in die klinische Praxis zu integrieren.

Eine weitere Herausforderung besteht darin, spirituelle Aspekte in die evidenzbasierte Medizin zu integrieren. Während die Forschung zunehmend die positiven Auswirkungen von Spiritualität auf die Gesundheit belegt, bleibt die Frage, wie diese Erkenntnisse in konkrete klinische Leitlinien und Behandlungsansätze übersetzt werden können. Hier besteht noch erheblicher Forschungsbedarf, insbesondere im Hinblick auf die Entwicklung und Evaluation spiritueller Interventionen in verschiedenen klinischen Kontexten.

Trotz dieser Herausforderungen wächst das Bewusstsein dafür, dass eine ganzheitliche Gesundheitsversorgung auch die spirituelle Dimension des Menschen berücksichtigen sollte. In vielen Ländern werden inzwischen Kurse zur spirituellen Versorgung in die Ausbildung von Ärzten, Pflegekräften und anderen Gesundheitsfachkräften integriert. Auch in Krankenhäusern und anderen Gesundheitseinrichtungen werden zunehmend Möglichkeiten für spirituelle Betreuung und Praxis geschaffen, sei es durch die Einrichtung von Räumen der Stille, die Bereitstellung von Seelsorgern verschiedener Glaubensrichtungen oder die Integration spiritueller Aspekte in die Pflege und Therapie.

Die Bedeutung von Spiritualität für die Gesundheit wird auch im Kontext der öffentlichen Gesundheit und der Gesundheitsförderung diskutiert. Spirituelle Praktiken wie Meditation oder Achtsamkeitsübungen werden zunehmend als Werkzeuge zur Stressbewältigung und zur Förderung des allgemeinen Wohlbefindens anerkannt. Einige Gesundheitssysteme experimentieren bereits mit der Integration solcher Praktiken in präventive Gesundheitsprogramme.

Es ist wichtig zu betonen, dass die Anerkennung der spirituellen Dimension in der Gesundheitsversorgung nicht bedeutet, wissenschaftliche oder medizinische Ansätze zu vernachlässigen. Vielmehr geht es darum, ein umfassenderes Verständnis von Gesundheit und Heilung zu entwickeln, das sowohl die physischen, psychischen als auch die spirituellen Aspekte des menschlichen Daseins berücksichtigt.

Die zunehmende Beachtung von Spiritualität im Gesundheitswesen spiegelt auch einen breiteren gesellschaftlichen Trend wider. In einer zunehmend säkularen Welt suchen viele Menschen nach neuen Formen von Spiritualität und Sinnfindung. Die Gesundheitsversorgung kann hier eine wichtige Rolle spielen, indem sie Räume und Möglichkeiten für diese Suche bietet und die spirituellen Ressourcen der Menschen als Teil ihrer Gesundheit und ihres Wohlbefindens anerkennt und fördert.

Zusammenfassend lässt sich sagen, dass die Integration von Spiritualität in die Gesundheitsversorgung ein vielversprechender Ansatz ist, der das Potenzial hat, die Qualität der Versorgung zu verbessern und das Wohlbefinden der Patienten zu fördern. Gleichzeitig erfordert sie ein hohes Maß an Sensibilität, Respekt und kultureller Kompetenz. Die weitere Forschung und Entwicklung in diesem Bereich wird zweifellos dazu beitragen, unser Verständnis der komplexen Zusammenhänge zwischen Spiritualität und Gesundheit zu vertiefen und neue Wege für eine ganzheitliche, patientenzentrierte Gesundheitsversorgung zu eröffnen.

8.5. Ökopsychologie: Die Rolle der Natur für die psychische Gesundheit

Die Ökopsychologie ist ein interdisziplinäres Forschungsfeld, das die komplexe Beziehung zwischen Menschen und ihrer natürlichen Umwelt untersucht. Sie basiert auf der Annahme, dass Menschen eine angeborene, tiefe Verbindung zur Natur haben - ein Konzept, das als "Biophilie" bekannt ist. Diese Theorie, die ursprünglich von Edward O. Wilson entwickelt wurde, postuliert, dass unsere evolutionäre Geschichte uns mit einer inhärenten Affinität zur Natur und anderen Lebensformen ausgestattet hat.

In den letzten Jahrzehnten hat die Forschung im Bereich der Ökopsychologie zunehmend die positiven Auswirkungen von Naturerfahrungen auf die mentale Gesundheit belegt. Zahlreiche Studien zeigen, dass regelmäßiger Kontakt mit der Natur eine Vielzahl von psychologischen Vorteilen bieten kann:

1. Stressreduktion: Naturaufenthalte können den Cortisolspiegel senken, ein Hormon, das mit Stress assoziiert ist. Schon ein kurzer Spaziergang im Grünen oder der Aufenthalt in einem Park kann messbare Verringerungen des Stresslevels bewirken.

2. Stimmungsaufhellung: Die Natur hat nachweislich stimmungsaufhellende Effekte. Menschen berichten oft von einem Gefühl der Ruhe, des Friedens und des Wohlbefindens nach dem Aufenthalt in natürlichen Umgebungen.

3. Angstreduktion: Naturerfahrungen können helfen, Ängste und Sorgen zu lindern. Dies kann besonders wertvoll für Menschen sein, die unter Angststörungen oder übermäßigem Grübeln leiden.

4. Verbesserung der kognitiven Funktion: Studien haben gezeigt, dass der Aufenthalt in der Natur die Aufmerksamkeit, das Gedächtnis und die Kreativität verbessern kann. Die "Attention Restoration Theory"

schlägt vor, dass natürliche Umgebungen unsere erschöpften kognitiven Ressourcen wieder aufladen können.

5. Förderung der sozialen Verbundenheit: Gemeinsame Naturerfahrungen können soziale Bindungen stärken und ein Gefühl der Gemeinschaft fördern.

Es ist bemerkenswert, dass selbst minimale Naturkontakte positive Auswirkungen haben können. Der Blick aus dem Fenster auf eine grüne Umgebung, das Betrachten von Naturbildern oder sogar das Hören von Naturgeräuschen kann messbare Vorteile für die psychische Gesundheit haben. Dies unterstreicht die Bedeutung von Grünflächen in urbanen Umgebungen und die Notwendigkeit, Natur in unseren Alltag zu integrieren.

In der therapeutischen Praxis haben diese Erkenntnisse zu verschiedenen naturbasierten Interventionen geführt:

1. Waldtherapie oder "Shinrin-yoku": Ursprünglich in Japan entwickelt, beinhaltet diese Praxis achtsame Spaziergänge in Waldgebieten. Studien haben gezeigt, dass regelmäßiges "Waldbaden" Stress reduzieren, das Immunsystem stärken und die allgemeine psychische Gesundheit verbessern kann.

2. Gartengestützte Therapie: Diese Therapieform nutzt gärtnerische Aktivitäten als therapeutisches Mittel. Sie kann besonders wirksam sein bei der Behandlung von Depression, Angststörungen und posttraumatischem Stress.

3. Naturbasierte Achtsamkeitsübungen: Die Integration von Naturerfahrungen in Achtsamkeits- und Meditationspraktiken kann deren Wirksamkeit verstärken.

4. Tiergestützte Therapie: Der Kontakt mit Tieren, sei es in therapeutischen Settings oder im Alltag, kann zahlreiche psychologische Vorteile

bieten, darunter Stressreduktion und verbesserte emotionale Regulation.

Die Ökopsychologie betont auch die Wichtigkeit eines nachhaltigen Umgangs mit der Umwelt für die psychische Gesundheit. Sie argumentiert, dass die zunehmende Entfremdung von der Natur und die fortschreitende Umweltzerstörung negative Auswirkungen auf unser psychisches Wohlbefinden haben können. Dieses Phänomen wird manchmal als "Öko-Angst" oder "Klimaangst" bezeichnet - ein zunehmendes Gefühl der Besorgnis oder Verzweiflung angesichts der globalen Umweltkrisen.

In diesem Zusammenhang schlägt die Ökopsychologie vor, dass die aktive Beteiligung an Umweltschutzmaßnahmen und nachhaltigen Praktiken nicht nur der Umwelt zugute kommt, sondern auch das persönliche Wohlbefinden steigern kann. Dies kann ein Gefühl der Handlungsfähigkeit und des Sinns vermitteln, was wiederum die psychische Resilienz stärken kann.

Die Erkenntnisse der Ökopsychologie haben auch Auswirkungen auf Stadtplanung und Architektur. Die Integration von Grünflächen in urbane Umgebungen, die Schaffung von "grünen" Arbeitsplätzen und die Förderung von naturnahen Freizeitaktivitäten werden zunehmend als wichtige Aspekte der öffentlichen Gesundheitsvorsorge anerkannt.

Für die Zukunft der Gesundheitsversorgung bietet die Ökopsychologie wichtige Impulse. Sie unterstreicht die Notwendigkeit eines ganzheitlichen Ansatzes, der die Verbindung zwischen Mensch und Natur als integralen Bestandteil der Gesundheit anerkennt. Dies könnte zu innovativen Behandlungsansätzen führen, die Naturerfahrungen systematisch in die Gesundheitsversorgung integrieren.

Gleichzeitig wirft die Ökopsychologie auch wichtige Fragen auf: Wie können wir in einer zunehmend urbanisierten und technologisierten Welt bedeutungsvolle Verbindungen zur Natur aufrechterhalten? Wie können wir sicherstellen, dass alle Menschen, unabhängig von ihrem sozioökonomischen Status oder ihrer geografischen Lage, Zugang zu heilsamen Naturerfahrungen haben?

Die Beantwortung dieser Fragen und die Integration der Erkenntnisse der Ökopsychologie in unser Gesundheitssystem und unseren Lebensstil könnten einen bedeutenden Beitrag zur Verbesserung der psychischen Gesundheit und des allgemeinen Wohlbefindens leisten. In einer Zeit, in der psychische Gesundheitsprobleme weltweit zunehmen, bietet die Ökopsychologie einen vielversprechenden, naturbasierten Ansatz zur Förderung der Resilienz und des Wohlbefindens.

8.6. Recovery-orientierte ganzheitliche Versorgungsmodelle

Recovery-orientierte ganzheitliche Versorgungsmodelle stellen einen innovativen und vielversprechenden Ansatz in der Gesundheitsversorgung dar, der besonders im Bereich der psychischen Gesundheit zunehmend an Bedeutung gewinnt. Diese Modelle basieren auf dem Recovery-Konzept, das Genesung als einen individuellen, nicht-linearen Prozess versteht. Dabei geht es darum, trotz möglicher anhaltender Symptome oder Einschränkungen ein erfülltes und sinnvolles Leben zu führen und persönliches Wachstum zu erfahren.

Die ganzheitliche Recovery-orientierte Versorgung berücksichtigt alle Aspekte des menschlichen Lebens - körperliche, psychische, soziale und spirituelle. Sie überwindet die traditionelle, oft fragmentierte Herangehensweise des defizitorientierten Gesundheitssystems und sieht den Menschen nicht als passiven Empfänger von Behandlungen, sondern als aktiven Gestalter seines Genesungsprozesses. Dieser Paradigmenwechsel erfordert eine grundlegende Neuausrichtung der Gesundheitsversorgung und eine Veränderung in der Haltung von Fachkräften und Institutionen.

Zentrale Elemente dieses Ansatzes sind:

1. Personenzentrierung: Die individuellen Bedürfnisse, Ziele, Werte und Stärken des Menschen stehen im Mittelpunkt der Versorgung. Behandlungspläne werden gemeinsam erarbeitet und regelmäßig angepasst, um den sich verändernden Bedürfnissen und Zielen des Individuums gerecht zu werden.

2. Hoffnung und Empowerment: Die Förderung von Hoffnung, Selbstbestimmung und Selbstwirksamkeit ist ein Kernaspekt des Recovery-Ansatzes. Menschen werden ermutigt, Verantwortung für ihre Genesung zu übernehmen und ihre eigenen Ressourcen zu aktivieren.

3. Ganzheitlichkeit: Recovery-orientierte Modelle integrieren verschiedene Therapieansätze und berücksichtigen alle Lebensbereiche. Neben

medizinischer und psychotherapeutischer Behandlung können auch Aspekte wie Ernährung, Bewegung, soziale Beziehungen, Arbeit und Wohnen einbezogen werden.

4. Peer-Support: Die Einbeziehung von Erfahrungsexperten, also Menschen, die selbst einen Genesungsprozess durchlaufen haben, ist ein wichtiger Bestandteil vieler Recovery-orientierter Modelle. Peer-Supporter können Hoffnung vermitteln, praktische Unterstützung bieten und als Brücke zwischen Betroffenen und Fachkräften fungieren.

5. Inklusion und gesellschaftliche Teilhabe: Recovery-orientierte Modelle zielen darauf ab, die soziale Inklusion und gesellschaftliche Teilhabe von Menschen mit psychischen Erkrankungen zu fördern. Dies beinhaltet die Unterstützung bei der Reintegration in Arbeit, Bildung und Gemeinschaft.

6. Stärkenorientierung: Anstatt sich primär auf die Defizite und Symptome zu konzentrieren, legen Recovery-orientierte Modelle den Fokus auf die Stärken, Fähigkeiten und Ressourcen des Individuums.

7. Trauma-informierte Versorgung: Viele Recovery-orientierte Modelle berücksichtigen die hohe Prävalenz von Traumaerfahrungen bei Menschen mit psychischen Erkrankungen und integrieren trauma-informierte Ansätze in die Versorgung.

In der praktischen Umsetzung kann ein Recovery-orientiertes ganzheitliches Versorgungsmodell vielfältige Formen annehmen. Es könnte beispielsweise ein integriertes Versorgungsnetzwerk umfassen, das verschiedene Dienste und Angebote koordiniert. Neben der medizinischen und psychotherapeutischen Behandlung könnten folgende Elemente Teil des Modells sein:

- Unterstützung bei der Arbeitsuche oder beim Erhalt des Arbeitsplatzes, z.B. durch Supported Employment Programme
- Hilfe bei der Wohnungssuche oder beim Erhalt der eigenen Wohnung

- Unterstützung beim Aufbau und der Pflege sozialer Beziehungen, z.B. durch Gruppenangebote oder Freizeitaktivitäten
- Kreative Therapien wie Kunst-, Musik- oder Tanztherapie
- Körperorientierte Ansätze wie Bewegungstherapie oder Yoga
- Achtsamkeitsbasierte Interventionen
- Spirituelle oder sinnorientierte Angebote
- Ernährungsberatung und Unterstützung bei der Entwicklung eines gesunden Lebensstils
- Finanzielle Beratung und Unterstützung bei der Schuldenregulierung
- Rechtsberatung, z.B. in Bezug auf Sozialleistungen oder Patientenrechte
- Familieninterventionen und Angehörigengruppen
- Peer-geleitete Selbsthilfegruppen und Recoverygruppen

Die Implementierung solcher ganzheitlichen Recovery-orientierten Modelle erfordert oft eine grundlegende Umstrukturierung bestehender Versorgungsstrukturen und eine Veränderung der professionellen Haltung. Dies kann Herausforderungen mit sich bringen, wie beispielsweise:

- Widerstand gegen Veränderungen in etablierten Systemen und Strukturen
- Notwendigkeit von Schulungen und Fortbildungen für Fachkräfte
- Anpassung von Finanzierungsmodellen und Abrechnungssystemen
- Entwicklung neuer Formen der interdisziplinären Zusammenarbeit
- Überwindung von Stigma und Vorurteilen gegenüber Menschen mit psychischen Erkrankungen

Trotz dieser Herausforderungen zeigen erste Erfahrungen und Studien vielversprechende Ergebnisse. Recovery-orientierte ganzheitliche Versorgungsmodelle können zu einer verbesserten Lebensqualität, einer höheren Zufriedenheit mit der Versorgung, einer besseren sozialen Inklusion und in vielen Fällen auch zu einer Reduktion von Symptomen und Krankenhausaufenthalten führen.

Ein Beispiel für ein erfolgreiches Recovery-orientiertes ganzheitliches Versorgungsmodell ist das "Trieste-Modell" in Italien. Hier wurde die psychiatrische Versorgung grundlegend reformiert, mit einem Fokus auf gemeindenahe Versorgung, soziale Inklusion und die Förderung von Autonomie und Selbstbestimmung. Das Modell umfasst ein Netzwerk von gemeindenahen Zentren, Wohnprojekten, Arbeitsintegrationsprogrammen und kulturellen Initiativen.

In Deutschland gibt es zunehmend Bemühungen, Recovery-orientierte Ansätze in die Versorgung zu integrieren, wie beispielsweise durch die Einführung von Genesungsbegleitern in psychiatrischen Einrichtungen oder die Entwicklung von Recoverygruppen. Die vollständige Implementierung ganzheitlicher Recovery-orientierter Versorgungsmodelle steht jedoch noch am Anfang und erfordert weitere Forschung, Entwicklung und politische Unterstützung.

Zusammenfassend lässt sich sagen, dass Recovery-orientierte ganzheitliche Versorgungsmodelle einen vielversprechenden Weg darstellen, um die Gesundheitsversorgung, insbesondere im Bereich der psychischen Gesundheit, menschenzentrierter, effektiver und nachhaltiger zu gestalten. Sie haben das Potenzial, nicht nur die Lebensqualität und Genesung von Betroffenen zu verbessern, sondern auch einen gesellschaftlichen Wandel im Umgang mit psychischen Erkrankungen anzustoßen.

Die Umsetzung solcher Modelle erfordert jedoch ein Umdenken auf vielen Ebenen - von der individuellen Haltung der Fachkräfte über die Organisation von Versorgungsstrukturen bis hin zu gesundheitspolitischen Rahmenbedingungen. Es bedarf einer kontinuierlichen Evaluation und Weiterentwicklung, um die Wirksamkeit dieser Ansätze zu optimieren und auf die sich ändernden Bedürfnisse der Betroffenen und der Gesellschaft zu reagieren.

Zukünftige Herausforderungen und Entwicklungsmöglichkeiten für Recovery-orientierte ganzheitliche Versorgungsmodelle umfassen:

1. Die Integration digitaler Technologien: Telemedizin, Apps zur Selbstüberwachung und Online-Peer-Support könnten die Zugänglichkeit und
Flexibilität der Versorgung erhöhen.

2. Kulturelle Anpassung: Es ist wichtig, diese Modelle so zu gestalten,
dass sie für Menschen aus verschiedenen kulturellen Hintergründen ansprechend und wirksam sind.

3. Intersektorale Zusammenarbeit: Eine verstärkte Kooperation zwischen dem Gesundheitssektor und anderen Bereichen wie Bildung, Arbeit und Wohnungswesen ist notwendig, um ganzheitliche Unterstützung zu bieten.

4. Einbeziehung von Betroffenen in Forschung und Entwicklung: Der
Grundsatz "Nichts über uns ohne uns" sollte in der Weiterentwicklung
dieser Modelle konsequent umgesetzt werden.

5. Nachhaltige Finanzierungsmodelle: Es müssen Wege gefunden werden, wie diese umfassenden Versorgungsansätze langfristig finanziert
werden können.

Abschließend lässt sich sagen, dass Recovery-orientierte ganzheitliche
Versorgungsmodelle das Potenzial haben, einen Paradigmenwechsel in
der Gesundheitsversorgung einzuleiten. Sie bieten eine Vision für ein
Gesundheitssystem, das den Menschen in seiner Ganzheit wahrnimmt,
seine Autonomie respektiert und ihn dabei unterstützt, ein erfülltes Leben zu führen - unabhängig von gesundheitlichen Herausforderungen.
Die Weiterentwicklung und breitere Implementierung solcher Modelle
könnte einen bedeutenden Beitrag zur Verbesserung der individuellen
und gesellschaftlichen Gesundheit leisten.

Kapitel 9: Resilienz und Wachstum

In einer Welt, die von ständigem Wandel, Unsicherheit und zunehmenden Herausforderungen geprägt ist, gewinnen die Konzepte von Resilienz und persönlichem Wachstum immer mehr an Bedeutung. Dieses Kapitel widmet sich der Untersuchung dieser beiden eng miteinander verbundenen Phänomene und ihrer Rolle in der menschlichen Entwicklung, insbesondere im Kontext von Gesundheit, Wohlbefinden und Recovery.

Resilienz, oft als die Fähigkeit beschrieben, Widrigkeiten zu überwinden und gestärkt aus Krisen hervorzugehen, ist mehr als nur ein modernes Schlagwort. Es handelt sich um ein komplexes, multidimensionales Konzept, das psychologische, biologische und soziale Faktoren umfasst. In den letzten Jahrzehnten hat die Forschung zur Resilienz nicht nur unser Verständnis davon erweitert, wie Menschen mit Stress und Trauma umgehen, sondern auch neue Wege aufgezeigt, wie wir diese Fähigkeit kultivieren und stärken können.

Eng verknüpft mit dem Konzept der Resilienz ist die Idee des persönlichen Wachstums. Während Resilienz oft als die Fähigkeit verstanden wird, trotz widriger Umstände zu bestehen, geht persönliches Wachstum noch einen Schritt weiter. Es beschreibt den Prozess, durch den Menschen nicht nur Herausforderungen bewältigen, sondern aus diesen Erfahrungen lernen, sich weiterentwickeln und oft sogar über ihr vorheriges Funktionsniveau hinauswachsen. Dieses Phänomen, das in der Psychologie als posttraumatisches Wachstum bekannt ist, zeigt, dass selbst die schwierigsten Lebenserfahrungen Potenzial für positive Veränderung und persönliche Entwicklung bergen.

Im Kontext des Gesundheitswesens und insbesondere im Bereich der psychischen Gesundheit spielen Resilienz und Wachstum eine zentrale Rolle. Sie bilden einen Gegenpol zu dem oft defizitorientierten Ansatz, der in vielen Gesundheitssystemen vorherrscht. Anstatt sich ausschließlich auf die Behandlung von Symptomen oder die Beseitigung von Störungen zu konzentrieren, rückt die Förderung von Resilienz und persönlichem Wachstum die Stärken und Ressourcen des Individuums in den Mittelpunkt.

Dieser Perspektivenwechsel hat weitreichende Implikationen für die Art und Weise, wie wir Gesundheit und Krankheit verstehen und behandeln. Er steht im Einklang mit den Prinzipien der Salutogenese und des Recovery-Ansatzes, die wir in früheren Kapiteln diskutiert haben. Alle diese Konzepte teilen die Überzeugung, dass Menschen über innere Ressourcen und Potenziale verfügen, die aktiviert und gestärkt werden können, um Herausforderungen zu bewältigen und ein erfülltes Leben zu führen.

Die Erforschung von Resilienz und Wachstum hat auch wichtige Erkenntnisse für die Prävention und Behandlung psychischer Erkrankungen geliefert. Studien haben gezeigt, dass resiliente Individuen weniger anfällig für die Entwicklung psychischer Störungen sind und sich schneller von belastenden Erfahrungen erholen. Dies unterstreicht die Bedeutung von Präventionsprogrammen und Interventionen, die darauf abzielen, Resilienz zu fördern und die Fähigkeit zum persönlichen Wachstum zu unterstützen.

Ein besonders faszinierender Aspekt der Resilienzforschung ist die Erkenntnis, dass Resilienz keine feste, angeborene Eigenschaft ist, sondern eine Fähigkeit, die erlernt und entwickelt werden kann. Dies eröffnet neue Möglichkeiten für Interventionen und Therapien, die Menschen dabei unterstützen können, ihre Widerstandsfähigkeit zu stärken und besser mit Stress und Belastungen umzugehen.

In diesem Kapitel werden wir uns eingehend mit den verschiedenen Facetten von Resilienz und Wachstum beschäftigen. Wir werden unterschiedliche Definitionsansätze und Modelle der Resilienz untersuchen und die Faktoren erforschen, die zur Entwicklung von Resilienz beitragen. Dabei werden wir sowohl individuelle als auch umweltbezogene Faktoren berücksichtigen und die komplexen Wechselwirkungen zwischen diesen Elementen beleuchten.

Ein besonderer Fokus wird auf dem Konzept des posttraumatischen Wachstums liegen. Wir werden untersuchen, wie Menschen nicht nur trotz, sondern gerade wegen schwieriger Erfahrungen persönliches Wachstum und positive Veränderungen erleben können. Dabei werden wir auch kritisch hinterfragen, unter welchen Bedingungen solches Wachstum möglich ist und welche Rolle professionelle Unterstützung dabei spielen kann.

Die Bedeutung des Mindsets für Resilienz und persönliches Wachstum wird ebenfalls ein wichtiges Thema sein. Wir werden untersuchen, wie unsere Grundüberzeugungen und Einstellungen unsere Fähigkeit beeinflussen, mit Herausforderungen umzugehen und aus ihnen zu lernen. Dabei werden wir auch auf die Forschung zu Growth Mindset und Fixed Mindset eingehen und diskutieren, wie diese Konzepte in der Praxis angewendet werden können.

Ein weiterer wichtiger Aspekt, den wir in diesem Kapitel behandeln werden, ist die Förderung von Resilienz in verschiedenen Lebensphasen und -bereichen. Wir werden untersuchen, wie Resilienz von der frühen Kindheit bis ins hohe Alter entwickelt und gestärkt werden kann und welche spezifischen Herausforderungen und Chancen jede Lebensphase bietet. Dabei werden wir auch auf die Rolle von Bildung, Arbeit und sozialen Beziehungen bei der Entwicklung von Resilienz eingehen.

Schließlich werden wir die Verbindung zwischen Resilienz, persönlichem Wachstum und dem Recovery-Ansatz in der psychischen Gesundheitsversorgung näher betrachten. Wir werden untersuchen, wie die Prinzipien der Resilienzförderung in Recovery-orientierte Behandlungsansätze integriert werden können und welche Auswirkungen dies auf den Genesungsprozess und die langfristige Lebensqualität von Menschen mit psychischen Erkrankungen haben kann.

Durchgehend werden wir uns auf aktuelle Forschungsergebnisse stützen und diese kritisch reflektieren. Dabei werden wir auch die Grenzen und potenziellen Fallstricke der Resilienzforschung diskutieren und ethische Fragen aufwerfen, die sich aus der Anwendung dieser Konzepte ergeben.

Unser Ziel ist es, ein umfassendes und differenziertes Verständnis von Resilienz und Wachstum zu vermitteln, das sowohl theoretisch fundiert als auch praktisch anwendbar ist. Wir möchten Sie dazu anregen, über Ihre eigenen Erfahrungen mit Resilienz und Wachstum nachzudenken und die vorgestellten Konzepte kritisch zu hinterfragen.

Letztendlich hoffen wir, dass dieses Kapitel nicht nur informativ ist, sondern auch inspirierend wirkt und dazu beiträgt, neue Perspektiven auf die menschliche Fähigkeit zur Bewältigung von Herausforderungen und zur persönlichen Weiterentwicklung zu eröffnen. In einer Zeit, die von vielen als zunehmend belastend und unsicher erlebt wird, können die Konzepte der Resilienz und des persönlichen Wachstums wertvolle Werkzeuge sein, um nicht nur zu überleben, sondern zu gedeihen und ein erfülltes Leben zu führen.

9.1. Definitionsansätze und Modelle der Resilienz

Das Konzept der Resilienz hat in den letzten Jahrzehnten sowohl in der psychologischen Forschung als auch in der praktischen Anwendung zunehmend an Bedeutung gewonnen. Es beschreibt die Fähigkeit von Individuen, Gruppen oder Systemen, trotz widriger Umstände oder schwieriger Lebensereignisse psychisch gesund zu bleiben oder sich von Belastungen schnell zu erholen. Die Erforschung der Resilienz hat zu verschiedenen Definitionsansätzen und Modellen geführt, die versuchen, dieses komplexe Phänomen zu erfassen und zu erklären.

Einer der frühen Pioniere in der Resilienzforschung, Norman Garmezy, definierte Resilienz als "Prozess, Fähigkeit oder Ergebnis erfolgreicher Anpassung trotz herausfordernder oder bedrohlicher Umstände". Diese Definition betont bereits, dass Resilienz nicht nur ein Persönlichkeitsmerkmal ist, sondern auch als Prozess und Ergebnis verstanden werden kann.

Emmy Werner, eine weitere bedeutende Forscherin auf diesem Gebiet, führte eine bahnbrechende Langzeitstudie auf der Insel Kauai durch. Sie beobachtete, dass etwa ein Drittel der Kinder, die unter Risikobedingungen aufwuchsen, sich trotz widriger Umstände zu kompetenten, selbstbewussten und fürsorglichen Erwachsenen entwickelten. Werner prägte den Begriff der "Unverwüstlichen" (invulnerables) für diese resilienten Individuen, betonte aber später, dass Resilienz kein fixes Attribut ist, sondern sich im Laufe des Lebens entwickeln und verändern kann.

Ein einflussreiches Modell zur Erklärung von Resilienz ist das "Resilienzwaage-Modell" von Ann Masten. Dieses Modell stellt Resilienz als ein Gleichgewicht zwischen Risiko- und Schutzfaktoren dar. Auf der einen Seite der Waage befinden sich Risikofaktoren wie Armut, Vernachlässigung oder traumatische Erlebnisse. Auf der anderen Seite stehen Schutzfaktoren wie sichere Bindungen, soziale Unterstützung oder Selbstwirksamkeitsüberzeugungen. Resilienz entsteht demnach, wenn die Schutzfaktoren die Risikofaktoren ausgleichen oder überwiegen können.

Ein weiteres interessantes Modell ist das "Resilienz-Donut" von Fiona Brennan. Dieses Modell visualisiert Resilienz als einen Donut mit verschiedenen Segmenten, die unterschiedliche Lebensbereiche repräsentieren, wie Familie, Freunde, Bildung, Identität und Zugehörigkeitsgefühl. Die Stärke jedes Segments trägt zur Gesamtresilienz bei. Dieses Modell betont die Multidimensionalität von Resilienz und zeigt auf, dass Stärken in einem Bereich Schwächen in einem anderen kompensieren können.

In den letzten Jahren hat sich die Resilienzforschung auch verstärkt den neurobiologischen Grundlagen zugewandt. Studien haben gezeigt, dass resiliente Individuen oft bestimmte neurobiologische Merkmale aufweisen, wie eine effizientere Regulation des Stresshormons Cortisol oder eine stärkere Vernetzung bestimmter Hirnregionen. Das "Allostatic Load Model" von Bruce McEwen erklärt, wie chronischer Stress die physiologischen Systeme des Körpers belasten kann und wie Resilienz dazu beiträgt, diese Belastung zu reduzieren.

Ein weiterer wichtiger Ansatz ist das "Broaden-and-Build-Modell" von Barbara Fredrickson. Dieses Modell postuliert, dass positive Emotionen nicht nur angenehm sind, sondern auch dazu beitragen, unsere kognitiven und sozialen Ressourcen zu erweitern. Diese erweiterten Ressourcen wiederum erhöhen unsere Resilienz gegenüber zukünftigen Herausforderungen.

Das "Posttraumatische Wachstum" (PTG) ist ein verwandtes Konzept, das von Richard Tedeschi und Lawrence Calhoun entwickelt wurde. Es beschreibt positive psychologische Veränderungen, die als Ergebnis des Kampfes mit sehr herausfordernden Lebensumständen auftreten können. PTG geht über reine Resilienz hinaus und beinhaltet eine Transformation, bei der Menschen nach traumatischen Erlebnissen ein höheres Niveau des Funktionierens erreichen als zuvor.

Neuere Forschungen haben auch die Bedeutung von Achtsamkeit und Spiritualität für die Entwicklung von Resilienz hervorgehoben. Jon Kabat-Zinns Arbeiten zur Achtsamkeitsbasierten Stressreduktion (MBSR) zeigen, wie Achtsamkeitspraktiken die Stressresistenz und emotionale Regulation verbessern können.

Ein wichtiger Aspekt, der in vielen Resilienzmodellen betont wird, ist die Rolle sozialer Unterstützung. Das "Social Ecological Model" von Urie Bronfenbrenner betrachtet Resilienz im Kontext verschiedener Systemebenen, von der unmittelbaren Familie bis hin zu kulturellen und gesellschaftlichen Faktoren.

Es ist wichtig zu betonen, dass Resilienz nicht als binäres Konzept verstanden werden sollte - man ist nicht entweder resilient oder nicht resilient. Vielmehr handelt es sich um ein Kontinuum, das sich über die Lebensspanne hinweg entwickeln und verändern kann. Zudem ist Resilienz kontextabhängig: Eine Person kann in einem Lebensbereich sehr resilient sein, während sie in einem anderen verwundbarer ist.

Die verschiedenen Modelle und Definitionsansätze der Resilienz bieten wertvolle Perspektiven für das Verständnis dieses komplexen Phänomens. Sie zeigen auf, dass Resilienz nicht nur ein individuelles Merkmal ist, sondern auch durch Umweltfaktoren beeinflusst wird und aktiv gefördert werden kann. Diese Erkenntnisse haben wichtige Implikationen für die Praxis in Bereichen wie Psychotherapie, Pädagogik und Organisationsentwicklung.

Zusammenfassend lässt sich sagen, dass die Resilienzforschung ein dynamisches und sich ständig weiterentwickelndes Feld ist. Die verschiedenen Modelle und Ansätze ergänzen sich gegenseitig und tragen zu einem umfassenderen Verständnis davon bei, wie Menschen Widrigkeiten bewältigen und sogar an ihnen wachsen können. Dieses Wissen bietet eine solide Grundlage für die Entwicklung von Interventionen und Strategien zur Förderung von Resilienz auf individueller, gemeinschaftlicher und gesellschaftlicher Ebene.

9.2. Faktoren, die Resilienz fördern

Resilienz, die Fähigkeit, Widrigkeiten zu bewältigen und gestärkt aus Krisen hervorzugehen, ist ein komplexes Konstrukt, das von verschiedenen Faktoren beeinflusst wird. Die Förderung von Resilienz basiert auf einem Zusammenspiel interner und externer Ressourcen, die es Individuen ermöglichen, flexibel und adaptiv auf Herausforderungen zu reagieren.

Interne Faktoren:

Positives Selbstbild: Ein grundlegendes Vertrauen in die eigenen Fähigkeiten und ein gesundes Selbstwertgefühl bilden das Fundament für Resilienz. Menschen mit einem positiven Selbstbild sind eher in der Lage, Rückschläge als vorübergehende Hindernisse zu betrachten und nicht als persönliches Versagen.

Selbstwirksamkeitserwartung: Die Überzeugung, dass man durch eigenes Handeln Einfluss auf Situationen nehmen kann, ist ein Kernaspekt der Resilienz. Diese Erwartung motiviert Menschen dazu, aktiv Lösungen zu suchen und durchzuhalten, auch wenn Schwierigkeiten auftreten.

Problemlösefähigkeiten: Die Fähigkeit, Probleme systematisch anzugehen, Lösungsalternativen zu generieren und flexibel auf veränderte Umstände zu reagieren, ist entscheidend für die Bewältigung von Krisen. Kritisches Denken und Kreativität spielen hierbei eine wichtige Rolle.

Emotionale Regulationsfähigkeit: Die Fähigkeit, eigene Emotionen wahrzunehmen, zu verstehen und angemessen zu regulieren, ist ein zentraler Aspekt der Resilienz. Dies ermöglicht es, auch in stressigen Situationen einen klaren Kopf zu bewahren und impulsive Reaktionen zu vermeiden.

Optimismus und Sinnfindung: Eine optimistische Grundhaltung und die Fähigkeit, auch in schwierigen Situationen einen Sinn oder eine Chance zur persönlichen Weiterentwicklung zu sehen, tragen wesentlich zur Resilienz bei. Dies beinhaltet auch die Fähigkeit zur Neubewertung (Reframing) negativer Erfahrungen.

Adaptive Copingstrategien: Die Entwicklung eines breiten Repertoires an Bewältigungsstrategien ermöglicht es, flexibel auf unterschiedliche Stressoren zu reagieren. Dazu gehören sowohl problem- als auch emotionsfokussierte Strategien, wie aktives Problemlösen, Suche nach sozialer Unterstützung oder Entspannungstechniken.

Externe Faktoren:

Soziale Beziehungen: Ein stabiles soziales Netzwerk aus Familie, Freunden und Gemeinschaft bietet emotionale Unterstützung, praktische Hilfe und ein Gefühl der Zugehörigkeit. Besonders wichtig sind vertrauensvolle Beziehungen, in denen offene Kommunikation möglich ist.

Unterstützendes Umfeld: Ein Umfeld, das individuelle Stärken fördert, Autonomie unterstützt und Sicherheit bietet, trägt wesentlich zur Entwicklung von Resilienz bei. Dies gilt sowohl für familiäre als auch für schulische und berufliche Kontexte.

Zugang zu Ressourcen: Der Zugang zu Bildung, Gesundheitsversorgung, wirtschaftlichen Möglichkeiten und anderen gesellschaftlichen Ressourcen beeinflusst die individuelle Fähigkeit, Krisen zu bewältigen und sich davon zu erholen.

Kulturelle Faktoren: Kulturelle Werte, Traditionen und spirituelle Praktiken können wichtige Quellen der Resilienz sein, indem sie Orientierung, Sinn und Gemeinschaft bieten.

Praktiken zur Förderung der Resilienz:

Achtsamkeit und Meditation: Regelmäßige Achtsamkeitsübungen und Meditation können die emotionale Regulationsfähigkeit verbessern, Stress reduzieren und die Fähigkeit zur Selbstreflexion stärken. Diese Praktiken fördern auch die Fähigkeit, im gegenwärtigen Moment zu bleiben und nicht von Sorgen über die Zukunft oder Grübeln über die Vergangenheit überwältigt zu werden.

Körperliche Aktivität: Regelmäßige Bewegung und Sport haben nicht nur positive Auswirkungen auf die physische Gesundheit, sondern auch auf die psychische Widerstandsfähigkeit. Körperliche Aktivität reduziert Stress, verbessert die Stimmung und stärkt das Selbstwertgefühl.

Ausgewogene Ernährung: Eine gesunde, ausgewogene Ernährung unterstützt nicht nur die körperliche Gesundheit, sondern beeinflusst auch die psychische Verfassung und die Fähigkeit, mit Stress umzugehen.

Lebenslanges Lernen: Die kontinuierliche Entwicklung neuer Fähigkeiten und Kenntnisse fördert die kognitive Flexibilität und das Selbstvertrauen, was wiederum die Resilienz stärkt.

Soziale Kompetenztrainings: Programme zur Förderung sozialer und emotionaler Kompetenzen können insbesondere bei Kindern und Jugendlichen die Grundlagen für Resilienz legen.

Stressmanagement-Techniken: Das Erlernen spezifischer Techniken wie progressive Muskelentspannung, Atemübungen oder Zeitmanagement kann die Fähigkeit zur Stressbewältigung verbessern.

Reflektionspraktiken: Regelmäßige Selbstreflexion, z.B. durch Journaling oder Gesprächsgruppen, kann das Selbstverständnis vertiefen und die Fähigkeit zur Sinnfindung stärken.

Förderung von Kreativität: Kreative Aktivitäten wie Kunst, Musik oder Schreiben können als Ventil für Emotionen dienen und neue Perspektiven eröffnen.

Es ist wichtig zu betonen, dass Resilienz keine statische Eigenschaft ist, sondern eine Fähigkeit, die über die Lebensspanne hinweg entwickelt und gestärkt werden kann. Die Förderung von Resilienz sollte daher als kontinuierlicher Prozess verstanden werden, der in verschiedenen Lebensbereichen und -phasen relevant ist.

In Bezug auf das Gesundheitssystem und den Recovery-Ansatz bedeutet dies, dass Interventionen zur Resilienzförderung ein integraler Bestandteil der Gesundheitsversorgung sein sollten. Dies kann präventive Programme in Schulen und Gemeinden umfassen, aber auch spezifische Interventionen für Menschen, die bereits mit psychischen oder physischen Herausforderungen konfrontiert sind.

Ein ressourcenorientierter, resilienzfördernder Ansatz im Gesundheitssystem würde den Fokus von der reinen Symptombehandlung auf die Stärkung individueller und gemeinschaftlicher Ressourcen verlagern. Dies könnte beispielsweise bedeuten, dass neben medizinischen Behandlungen auch Angebote zur Stressbewältigung, sozialen Vernetzung oder Achtsamkeitspraxis in die Versorgung integriert werden.

Für die praktische Umsetzung ist es wichtig, dass Gesundheitsfachkräfte in resilienzfördernden Ansätzen geschult werden und diese in ihre tägliche Praxis integrieren. Gleichzeitig sollten politische und gesellschaftliche Rahmenbedingungen geschaffen werden, die die Entwicklung von Resilienz auf individueller und gemeinschaftlicher Ebene unterstützen.

Abschließend lässt sich sagen, dass die Förderung von Resilienz ein multidimensionaler Ansatz ist, der sowohl individuelle als auch gesellschaftliche Aspekte berücksichtigt. Indem wir die Faktoren verstehen und fördern, die Resilienz begünstigen, können wir Menschen besser darauf vorbereiten, mit den unvermeidlichen Herausforderungen des Lebens umzugehen und gestärkt aus Krisen hervorzugehen.

9.3. Posttraumatisches Wachstum: Chancen in der Krise

Das Konzept des posttraumatischen Wachstums ist ein faszinierender Aspekt der menschlichen Resilienz und Anpassungsfähigkeit. Es zeigt, dass selbst in den dunkelsten Momenten des Lebens die Möglichkeit für positive Veränderung und persönliches Wachstum besteht. Dieses Phänomen verdeutlicht die bemerkenswerte Fähigkeit des menschlichen Geistes, aus Widrigkeiten Stärke zu schöpfen und traumatische Erfahrungen in Katalysatoren für tiefgreifende persönliche Transformation umzuwandeln.

Ein wesentlicher Aspekt des posttraumatischen Wachstums ist die Neubewertung von Lebensprioritäten. Menschen, die traumatische Erlebnisse durchgemacht haben, berichten oft von einer veränderten Perspektive auf das, was im Leben wirklich wichtig ist. Materielle Ziele und oberflächliche Sorgen treten häufig in den Hintergrund, während zwischenmenschliche Beziehungen, Selbstfürsorge und die Verfolgung bedeutungsvoller Lebensziele an Bedeutung gewinnen. Diese Verschiebung der Prioritäten kann zu einer größeren Zufriedenheit und einem erfüllteren Leben führen.

Ein weiterer wichtiger Bereich des Wachstums ist die Entwicklung einer erhöhten persönlichen Stärke. Überlebende traumatischer Ereignisse entdecken oft innere Ressourcen und Fähigkeiten, von denen sie zuvor nichts wussten. Das Bewusstsein, eine schwere Krise überstanden zu haben, kann zu einem gesteigerten Selbstvertrauen und einer größeren Bereitschaft führen, zukünftige Herausforderungen anzunehmen. Diese neu entdeckte Stärke manifestiert sich oft in einer proaktiveren Lebenseinstellung und der Fähigkeit, Probleme als Gelegenheiten für persönliches Wachstum zu betrachten.

Die Vertiefung zwischenmenschlicher Beziehungen ist ein weiterer häufig beobachteter Aspekt des posttraumatischen Wachstums. Viele Menschen berichten von einer gesteigerten Empathie und einem tieferen Verständnis für die Leiden anderer nach dem Durchleben einer traumatischen Erfahrung. Dies kann zu engeren Bindungen mit Familie und

Freunden führen, aber auch zu einer größeren Offenheit für neue Beziehungen und einer verstärkten Bereitschaft, anderen in Not zu helfen. Die Erfahrung von Verletzlichkeit und die Notwendigkeit, Unterstützung anzunehmen, können paradoxerweise zu stärkeren und authentischeren sozialen Verbindungen führen.

Ein besonders tiefgreifender Aspekt des posttraumatischen Wachstums ist die spirituelle und existenzielle Dimension. Viele Menschen berichten von einer veränderten Weltanschauung und einem tieferen Sinn für den Zweck ihres Lebens nach einem Trauma. Dies kann sich in einer verstärkten Spiritualität oder Religiosität äußern, muss es aber nicht. Oft geht es eher um ein erweitertes Bewusstsein für die Komplexität und Unvorhersehbarkeit des Lebens, gepaart mit einer größeren Wertschätzung für den gegenwärtigen Moment. Diese existenzielle Neuorientierung kann zu einem reicheren und bewussteren Lebensgefühl führen.

Es ist wichtig zu betonen, dass posttraumatisches Wachstum kein automatischer oder linearer Prozess ist. Es erfordert oft aktive kognitive Verarbeitung und Sinnfindung. Der Prozess kann langwierig und schmerzhaft sein und ist oft von Rückschlägen geprägt. Nicht jeder, der ein Trauma erlebt, wird posttraumatisches Wachstum erfahren, und das Ausmaß des Wachstums kann stark variieren. Faktoren wie soziale Unterstützung, individuelle Copingstrategien und die Art des Traumas spielen eine wichtige Rolle bei der Ermöglichung von Wachstum.

Die Erforschung des posttraumatischen Wachstums hat wichtige Implikationen für die klinische Praxis. Therapeuten und Berater können Klienten dabei unterstützen, Möglichkeiten für Wachstum und positive Veränderung inmitten ihrer traumatischen Erfahrungen zu erkennen und zu kultivieren. Dies bedeutet nicht, das Leid zu minimieren oder vorzeitig nach positiven Aspekten zu suchen, sondern vielmehr einen Raum zu schaffen, in dem sowohl Schmerz als auch Potenzial für Wachstum anerkannt werden können.

Ein interessanter Aspekt des posttraumatischen Wachstums ist seine potenzielle Rolle bei der Prävention von posttraumatischen Belastungsstörungen (PTBS). Einige Studien deuten darauf hin, dass die Förderung von Wachstumsprozessen das Risiko für die Entwicklung einer PTBS reduzieren kann. Dies unterstreicht die Bedeutung einer ganzheitlichen Herangehensweise an die Traumabehandlung, die nicht nur auf Symptomreduktion abzielt, sondern auch das Potenzial für positive Veränderungen berücksichtigt.

Im Kontext des Gesundheitssystems und der Gesundheitspolitik wirft das Konzept des posttraumatischen Wachstums wichtige Fragen auf. Wie können Gesundheitssysteme so gestaltet werden, dass sie nicht nur die negativen Folgen von Traumata behandeln, sondern auch Räume für Wachstum und positive Transformation schaffen? Dies könnte eine Verschiebung von einem rein defizitorientierten Ansatz hin zu einem ressourcenorientierten Modell bedeuten, das die Stärken und Wachstumspotenziale der Betroffenen in den Mittelpunkt stellt.

Die Forschung zum posttraumatischen Wachstum hat auch Auswirkungen auf unser Verständnis von Resilienz und psychischer Gesundheit im Allgemeinen. Sie zeigt, dass psychische Gesundheit mehr ist als die Abwesenheit von Symptomen oder die Rückkehr zu einem vorherigen Funktionsniveau. Vielmehr kann sie eine dynamische Entwicklung beinhalten, die zu neuen Ebenen des psychologischen Funktionierens und Wohlbefindens führt.

In Bezug auf den Recovery-Ansatz, der in anderen Teilen dieses Dokuments diskutiert wird, bietet das Konzept des posttraumatischen Wachstums wertvolle Einsichten. Es unterstützt die Idee, dass Recovery mehr sein kann als die Wiederherstellung eines früheren Zustands. Stattdessen kann es ein Prozess der persönlichen Entdeckung und Transformation sein, der zu einem reicheren und erfüllteren Leben führt.

Abschließend lässt sich sagen, dass das Konzept des posttraumatischen Wachstums eine wichtige Perspektive auf die menschliche Fähigkeit zur

Bewältigung und Transzendenz von Traumata bietet. Es erinnert uns daran, dass selbst in den schwierigsten Lebensumständen die Möglichkeit für Wachstum, Lernen und positive Veränderung besteht. Diese Erkenntnis kann sowohl für Betroffene als auch für Fachkräfte im Gesundheitswesen eine Quelle der Hoffnung und Inspiration sein und zu einem ganzheitlicheren und humaneren Ansatz in der Traumabehandlung und der allgemeinen Gesundheitsversorgung beitragen.

9.4. Mindset und seine Bedeutung für Resilienz und persönliches Wachstum

Das Konzept des Mindsets, insbesondere die Unterscheidung zwischen einem fixierten und einem wachstumsorientierten Mindset, spielt eine entscheidende Rolle für Resilienz und persönliches Wachstum. Die bahnbrechende Arbeit von Carol Dweck hat gezeigt, dass unsere Überzeugungen über unsere eigenen Fähigkeiten und Potenziale einen tiefgreifenden Einfluss auf unser Verhalten, unsere Motivation und letztlich unseren Erfolg haben.

Ein wachstumsorientiertes Mindset basiert auf der Überzeugung, dass Fähigkeiten und Intelligenz durch Anstrengung, Lernen und Erfahrung entwickelt werden können. Menschen mit diesem Mindset betrachten Herausforderungen als Gelegenheiten zum Lernen und Wachsen. Sie sind eher bereit, Risiken einzugehen und aus Fehlern zu lernen, da sie diese nicht als Bedrohung für ihr Selbstwertgefühl wahrnehmen, sondern als natürlichen Teil des Lernprozesses. Diese Haltung fördert eine intrinsische Motivation, sich kontinuierlich zu verbessern und neue Fähigkeiten zu erwerben.

Im Gegensatz dazu führt ein fixiertes Mindset oft zu einer Vermeidung von Herausforderungen aus Angst vor Versagen. Menschen mit einem fixierten Mindset glauben, dass ihre Fähigkeiten und Intelligenz weitgehend angeboren und unveränderlich sind. Dies kann zu einer defensiven Haltung führen, bei der Herausforderungen als Bedrohung wahrgenommen werden, da sie das Potenzial haben, vermeintliche Schwächen aufzudecken. Als Folge davon neigen diese Individuen dazu, sich auf Aktivitäten zu beschränken, in denen sie sich bereits kompetent fühlen, was langfristig ihre persönliche Entwicklung und ihr Wachstum einschränken kann.

Die Förderung eines wachstumsorientierten Mindsets kann die Resilienz erheblich stärken, indem es die Fähigkeit verbessert, Rückschläge als vorübergehend und überwindbar zu betrachten. Es ermutigt zu einer proaktiven Haltung gegenüber Problemen und fördert die Entwicklung von Bewältigungsstrategien. Menschen mit einem wachstumsorientierten Mindset sind eher in der Lage, aus schwierigen Situationen zu lernen und gestärkt aus ihnen hervorzugehen, was ein Kernaspekt der Resilienz ist.

Ein wichtiger Aspekt des wachstumsorientierten Mindsets ist die Fähigkeit zur Selbstreflexion und Metakognition. Individuen mit diesem Mindset sind eher in der Lage, ihre eigenen Denkprozesse zu beobachten und zu hinterfragen. Sie können ihre Strategien anpassen und neue Herangehensweisen ausprobieren, wenn sie mit Hindernissen konfrontiert werden. Diese Flexibilität im Denken ist ein wesentlicher Bestandteil der kognitiven Resilienz und ermöglicht es Menschen, sich besser an veränderte Umstände anzupassen.

Das wachstumsorientierte Mindset steht auch in engem Zusammenhang mit dem Konzept der Selbstwirksamkeit, das von Albert Bandura entwickelt wurde. Selbstwirksamkeit bezieht sich auf den Glauben an die eigene Fähigkeit, bestimmte Aufgaben erfolgreich bewältigen zu können. Menschen mit einem wachstumsorientierten Mindset entwickeln tendenziell eine höhere Selbstwirksamkeit, da sie glauben, dass sie durch Anstrengung und Ausdauer ihre Fähigkeiten verbessern können. Diese Überzeugung führt zu einer größeren Bereitschaft, sich Herausforderungen zu stellen und durchzuhalten, selbst wenn Schwierigkeiten auftreten.

Im Kontext der psychischen Gesundheit und des Recovery-Ansatzes spielt das Mindset eine besonders wichtige Rolle. Ein wachstumsorientiertes Mindset kann Menschen mit psychischen Erkrankungen helfen, ihre Diagnose nicht als unveränderliches Schicksal zu betrachten, sondern als Ausgangspunkt für persönliches Wachstum und Entwicklung. Es ermutigt sie, aktiv an ihrem Genesungsprozess teilzunehmen und neue Bewältigungsstrategien zu erlernen. Dies steht im Einklang mit den Prinzipien des Recovery-Ansatzes, der die Fähigkeit zur Veränderung und persönlichen Entwicklung betont, unabhängig von der Schwere oder Dauer einer psychischen Erkrankung.

Die Entwicklung eines wachstumsorientierten Mindsets ist kein einfacher oder schneller Prozess, besonders für Menschen, die lange Zeit ein fixiertes Mindset hatten. Es erfordert bewusste Anstrengung und Übung, um die eigenen Denkmuster zu verändern. Therapeutische Ansätze wie die kognitive Verhaltenstherapie können hierbei hilfreich sein, indem sie Menschen dabei unterstützen, dysfunktionale Überzeugungen zu identifizieren und zu hinterfragen.

Ein wichtiger Aspekt bei der Förderung eines wachstumsorientierten Mindsets ist die Art und Weise, wie Lob und Feedback gegeben werden. Statt Personen für ihre inhärenten Fähigkeiten zu loben (z.B. "Du bist so intelligent"), ist es effektiver, den Prozess und die Anstrengung zu würdigen (z.B. "Du hast hart gearbeitet und eine kreative Lösung gefunden"). Dies ermutigt Menschen, sich auf den Prozess des Lernens und der Verbesserung zu konzentrieren, anstatt sich auf fixe Eigenschaften zu fokussieren.

Im Bildungsbereich hat die Forschung zum Mindset wichtige Implikationen. Lehrer und Erzieher, die ein wachstumsorientiertes Mindset fördern, können signifikante Auswirkungen auf die akademische Leistung und das Wohlbefinden ihrer Schüler haben. Dies ist besonders wichtig für Schüler aus benachteiligten Hintergründen oder solche, die mit Lernherausforderungen konfrontiert sind. Ein wachstumsorientiertes Mindset kann ihnen helfen, Rückschläge als Teil des Lernprozesses zu sehen und nicht als Bestätigung ihrer vermeintlichen Unzulänglichkeiten.

In der Arbeitswelt wird die Bedeutung eines wachstumsorientierten Mindsets zunehmend anerkannt. Unternehmen, die eine Kultur des kontinuierlichen Lernens und der persönlichen Entwicklung fördern, schaffen ein Umfeld, in dem Mitarbeiter eher bereit sind, neue Herausforderungen anzunehmen und innovativ zu denken. Dies kann zu einer höheren Arbeitszufriedenheit, besserer Anpassungsfähigkeit an Veränderungen und letztlich zu einer gesteigerten Produktivität führen.

Es ist wichtig zu betonen, dass das Konzept des Mindsets nicht binär ist. Menschen können in verschiedenen Bereichen ihres Lebens unterschiedliche Mindsets haben. Jemand könnte beispielsweise ein wachstumsorientiertes Mindset in Bezug auf berufliche Fähigkeiten haben, aber ein eher fixiertes Mindset in Bezug auf persönliche Beziehungen. Die Herausforderung besteht darin, ein wachstumsorientiertes Mindset auf möglichst viele Lebensbereiche auszuweiten.

Abschließend lässt sich sagen, dass die Kultivierung eines wachstumsorientierten Mindsets ein mächtiges Werkzeug für die Förderung von Resilienz und persönlichem Wachstum ist. Es ermöglicht Menschen, Herausforderungen als Chancen zur Weiterentwicklung zu sehen, aus Rückschlägen zu lernen und sich kontinuierlich zu verbessern. In einer Welt, die zunehmend von Unsicherheit und schnellem Wandel geprägt ist, ist die Fähigkeit, flexibel zu denken und sich anzupassen, von unschätzbarem Wert. Indem wir ein wachstumsorientiertes Mindset fördern, können wir nicht nur unsere individuelle Resilienz stärken, sondern auch zu einer Gesellschaft beitragen, die besser gerüstet ist, die Herausforderungen der Zukunft zu bewältigen.

9.5. Resilienzförderung in verschiedenen Lebensphasen und -bereichen

Die Förderung von Resilienz ist ein dynamischer und lebenslanger Prozess, der sich über alle Lebensphasen erstreckt und in verschiedenen Lebensbereichen eine zentrale Rolle spielt. Resilienz, verstanden als die Fähigkeit, Herausforderungen zu bewältigen und aus Krisen gestärkt hervorzugehen, ist keine statische Eigenschaft, sondern eine Kompetenz, die kontinuierlich entwickelt und gestärkt werden kann.

In der frühen Kindheit legt die Resilienzförderung den Grundstein für eine gesunde emotionale und soziale Entwicklung. Hier spielen sichere Bindungserfahrungen eine entscheidende Rolle. Eltern und Bezugspersonen können die Resilienz von Kindern fördern, indem sie eine liebevolle, unterstützende Umgebung schaffen, in der Kinder ihre Emotionen frei ausdrücken können und lernen, mit Frustration und Enttäuschung umzugehen. Strukturierte Routinen, altersgerechte Herausforderungen und die Ermutigung zur Selbstständigkeit tragen ebenfalls zur Resilienzentwicklung bei. Kindertagesstätten und Vorschulen können diesen Prozess durch spezielle Programme unterstützen, die sozial-emotionale Kompetenzen fördern und Kindern helfen, ein positives Selbstbild zu entwickeln.

In der Schulzeit gewinnt die Peer-Gruppe an Bedeutung für die Resilienzförderung. Schulbasierte Programme, die auf die Stärkung von Problemlösefähigkeiten, Emotionsregulation und sozialen Kompetenzen abzielen, können die Widerstandsfähigkeit von Kindern und Jugendlichen erheblich steigern. Die Förderung eines "Growth Mindset" - der Überzeugung, dass Fähigkeiten durch Anstrengung und Ausdauer verbessert werden können - ist in dieser Phase besonders wertvoll. Lehrer und Schulpsychologen spielen eine wichtige Rolle bei der Identifikation von Risikofaktoren und der Implementierung gezielter Unterstützungsmaßnahmen.

Die Adoleszenz ist eine kritische Phase für die Resilienzentwicklung, geprägt von tiefgreifenden körperlichen, emotionalen und sozialen Veränderungen. In dieser Zeit ist die Unterstützung bei der Identitätsfindung und der Entwicklung von Autonomie von großer Bedeutung. Programme, die Jugendliche in ihrer Selbstreflexion und Selbstakzeptanz unterstützen, können ihre Resilienz stärken. Auch die Förderung von Coping-Strategien im Umgang mit Peer-Druck, akademischem Stress und ersten romantischen Beziehungen ist in dieser Phase zentral. Mentoring-Programme und Jugendgruppen können wertvolle Plattformen für den Erfahrungsaustausch und die gegenseitige Unterstützung bieten.

Im jungen Erwachsenenalter stehen oft der Berufseinstieg und die Gründung einer eigenen Familie im Vordergrund. Hier kann Resilienzförderung bedeuten, Strategien zur Bewältigung von beruflichem Stress, zur Work-Life-Balance und zum Aufbau stabiler Partnerschaften zu vermitteln. Hochschulen und Arbeitgeber können durch spezielle Schulungen und Coachings zur Resilienzförderung beitragen. Auch die Unterstützung bei der Entwicklung finanzieller Kompetenzen und langfristiger Lebensplanung kann die Widerstandsfähigkeit in dieser Lebensphase stärken.

Im mittleren Erwachsenenalter können Themen wie Karriereentwicklung, Kindererziehung und möglicherweise die Pflege alternder Eltern zu komplexen Herausforderungen führen. Resilienzförderung in dieser Phase kann sich auf Stressmanagement-Techniken, die Vereinbarkeit von Beruf und Familie sowie die Pflege sozialer Netzwerke konzentrieren. Betriebliche Gesundheitsförderung und familienunterstützende Maßnahmen am Arbeitsplatz können hier einen wichtigen Beitrag leisten.

Im höheren Erwachsenenalter und Seniorenalter gewinnen Themen wie der Umgang mit gesundheitlichen Einschränkungen, der Verlust von Partnern oder Freunden und die Anpassung an den Ruhestand an Bedeutung. Resilienzförderung in dieser Lebensphase kann bedeuten, neue Sinnquellen zu erschließen, soziale Kontakte aktiv zu pflegen und körperliche sowie geistige Aktivität zu fördern. Programme zur Förderung des "erfolgreichen Alterns" können hier ansetzen und Senioren dabei unterstützen, ihre Ressourcen optimal zu nutzen und neue Perspektiven zu entwickeln.

Über alle Lebensphasen hinweg ist die Förderung von Achtsamkeit und Selbstfürsorge ein wichtiger Aspekt der Resilienzförderung. Techniken wie Meditation, Yoga oder andere Entspannungsmethoden können in jedem Alter erlernt und praktiziert werden und tragen zur emotionalen Stabilität und Stressresistenz bei.

In Bezug auf verschiedene Lebensbereiche lassen sich spezifische Ansätze zur Resilienzförderung identifizieren:

Im Arbeitskontext kann Resilienzförderung bedeuten, eine positive Unternehmenskultur zu schaffen, die Fehler als Lernchancen begreift und offene Kommunikation fördert. Schulungen zu Zeitmanagement, Konfliktlösung und Teamarbeit können die Widerstandsfähigkeit der Mitarbeiter stärken. Auch die Förderung von Autonomie und Mitbestimmung am Arbeitsplatz trägt zur Resilienz bei.

Im familiären Bereich ist die Stärkung der Kommunikationsfähigkeiten und der emotionalen Bindungen zentral für die Resilienzförderung. Familienprogramme, die den Zusammenhalt fördern und Strategien zur gemeinsamen Problembewältigung vermitteln, können hier wirksam sein.

Im Bereich der Gesundheit kann Resilienzförderung bedeuten, Menschen dabei zu unterstützen, eine proaktive Haltung gegenüber ihrer Gesundheit einzunehmen. Dies umfasst die Vermittlung von Wissen über gesunde Lebensweisen, aber auch die Förderung von Selbstwirksamkeit im Umgang mit Krankheiten oder chronischen Zuständen.

In der Gemeinde oder im sozialen Umfeld können Initiativen zur Förderung des sozialen Zusammenhalts und der gegenseitigen Unterstützung die kollektive Resilienz stärken. Nachbarschaftsprojekte, Freiwilligenarbeit und intergenerationelle Programme können hier wichtige Beiträge leisten.

Ein wichtiger Aspekt der Resilienzförderung in allen Lebensphasen und -bereichen ist die Berücksichtigung individueller Unterschiede und kultureller Faktoren. Was für eine Person oder Gruppe resilienzfördernd wirkt, muss nicht notwendigerweise für andere ebenso effektiv sein. Daher ist es wichtig, Resilienzförderung als flexiblen, individualisierten Prozess zu verstehen und anzupassen.

Schließlich ist zu betonen, dass Resilienzförderung nicht nur auf individueller Ebene stattfinden sollte, sondern auch strukturelle und gesellschaftliche Aspekte berücksichtigen muss. Dies kann bedeuten, sich für Politiken einzusetzen, die soziale Gerechtigkeit fördern, Bildungschancen verbessern und den Zugang zu Gesundheitsversorgung und sozialer Unterstützung sicherstellen. Nur durch eine ganzheitliche Betrachtung und Förderung von Resilienz auf allen Ebenen - vom Individuum über Familien und Gemeinschaften bis hin zur Gesellschaft als Ganzes - kann eine wirklich resiliente Gesellschaft entstehen, die in der Lage ist, den Herausforderungen der Zukunft erfolgreich zu begegnen.

9.6. Recovery als Weg zu Resilienz und persönlichem Wachstum

Der Recovery-Ansatz als Weg zu Resilienz und persönlichem Wachstum stellt einen paradigmatischen Wandel in der Betrachtung von Gesundheit und Wohlbefinden dar. Er geht über die traditionelle, defizitorientierte Sichtweise hinaus und eröffnet neue Perspektiven für die individuelle und gesellschaftliche Entwicklung.

Zentral für den Recovery-Ansatz ist die Erkenntnis, dass Genesung und Wachstum auch unter schwierigsten Bedingungen möglich sind. Diese Haltung fördert eine grundlegende Hoffnung, die als treibende Kraft für Veränderung und Entwicklung wirkt. Indem Menschen ermutigt werden, ihre eigenen Definitionen von Wohlbefinden und Erfolg zu formulieren, wird ein individualisierter Weg des Wachstums ermöglicht, der nicht an vorgegebenen externen Standards gemessen wird.

Die Betonung der Selbstbestimmung im Recovery-Prozess stärkt das Gefühl der Autonomie und Kontrolle über das eigene Leben. Dies ist besonders wichtig in Situationen, in denen Menschen sich oft hilflos oder fremdbestimmt fühlen, wie bei schweren psychischen oder körperlichen Erkrankungen. Durch die aktive Einbindung in Entscheidungsprozesse und die Formulierung eigener Ziele wird die Selbstwirksamkeit gestärkt, ein wesentlicher Faktor für Resilienz.

Ein weiterer Schlüsselaspekt des Recovery-Ansatzes ist die Anerkennung und Nutzung persönlicher Stärken und Ressourcen. Anstatt sich ausschließlich auf die Behebung von Defiziten zu konzentrieren, werden Menschen ermutigt, ihre vorhandenen Fähigkeiten und Potenziale zu entdecken und zu entwickeln. Dieser ressourcenorientierte Ansatz fördert nicht nur die Bewältigung aktueller Herausforderungen, sondern bildet auch die Grundlage für zukünftiges Wachstum und Entwicklung.

Die Integration von Peer-Support in den Recovery-Prozess ist ein weiterer wichtiger Aspekt. Der Austausch mit Menschen, die ähnliche Erfahrungen gemacht haben, bietet nicht nur praktische Unterstützung, sondern auch Inspiration und Hoffnung. Peer-Support-Netzwerke können als lebende Beispiele für die Möglichkeit von Recovery und persönlichem Wachstum dienen. Sie fördern zudem das Gefühl der Zugehörigkeit und sozialen Verbundenheit, wichtige Faktoren für psychische Gesundheit und Resilienz.

Die Anerkennung des Erfahrungswissens von Betroffenen im Recovery-Ansatz führt zu einer Neubewertung von Expertise im Gesundheitssystem. Indem die subjektiven Erfahrungen und Erkenntnisse von Menschen, die Krisen durchlebt haben, als wertvolle Ressource anerkannt werden, wird nicht nur deren Selbstwertgefühl gestärkt, sondern auch das kollektive Wissen über Bewältigungsstrategien und Wachstumsprozesse erweitert.

Recovery als Weg zu Resilienz beinhaltet auch die Akzeptanz von Rückschlägen und Krisen als Teil des Lebens. Anstatt diese als Versagen zu betrachten, werden sie als Gelegenheiten für Lernen und Wachstum gesehen. Diese Perspektive fördert eine flexiblere und adaptivere Haltung gegenüber Herausforderungen, ein Kernmerkmal von Resilienz.

Die Integration von Recovery-Prinzipien in verschiedene Lebensbereiche wie Arbeit, Bildung und soziale Beziehungen kann zu einer ganzheitlichen Stärkung der Resilienz führen. Indem Menschen ermutigt werden, in allen Lebensbereichen nach Möglichkeiten für Wachstum und Selbstverwirklichung zu suchen, wird eine breite Basis für Wohlbefinden und Zufriedenheit geschaffen.

Ein wichtiger Aspekt des Recovery-Ansatzes ist auch die Betonung von Sinnhaftigkeit und Zielen im Leben. Die Suche nach und das Engagement für persönlich bedeutsame Ziele kann eine starke Quelle der Motivation und Resilienz sein. Dies kann Menschen helfen, auch in schwierigen Zeiten eine Richtung und einen Zweck zu finden.

Der Recovery-Ansatz fördert auch die Entwicklung von Copingstrategien und Selbstmanagementfähigkeiten. Indem Menschen lernen, ihre eigenen Bedürfnisse zu erkennen und effektive Wege zu finden, um diese zu erfüllen, entwickeln sie wichtige Fähigkeiten für langfristiges Wohlbefinden und Resilienz.

Die Anwendung von Recovery-Prinzipien in der Praxis erfordert oft eine Umgestaltung von Gesundheitsdiensten und sozialen Unterstützungssystemen. Dies kann die Schaffung von peer-geführten Diensten, die Entwicklung von Selbsthilfegruppen und die Integration von Recovery-orientierten Ansätzen in bestehende Versorgungsstrukturen umfassen.

Ein weiterer wichtiger Aspekt ist die Berücksichtigung kultureller und individueller Unterschiede im Recovery-Prozess. Was für eine Person als Weg zu Resilienz und Wachstum funktioniert, mag für eine andere nicht passend sein. Der Recovery-Ansatz betont daher die Notwendigkeit, individuelle und kulturell angepasste Wege zu finden.

Die Forschung zum Recovery-Ansatz hat gezeigt, dass Menschen, die diese Prinzipien in ihr Leben integrieren, oft eine verbesserte Lebensqualität, größere Zufriedenheit und ein stärkeres Gefühl der persönlichen Wirksamkeit berichten. Dies unterstreicht das Potenzial des Recovery-Ansatzes als Weg zu nachhaltiger Resilienz und persönlichem Wachstum.

Zusammenfassend lässt sich sagen, dass der Recovery-Ansatz als Weg zu Resilienz und persönlichem Wachstum eine ganzheitliche und ermächtigende Perspektive auf Gesundheit und Wohlbefinden bietet. Er fördert Hoffnung, Selbstbestimmung und persönliche Verantwortung, während er gleichzeitig die Bedeutung von sozialer Unterstützung und gemeinschaftlichem Lernen anerkennt. Durch die Integration von Recovery-Prinzipien in verschiedene Lebensbereiche kann eine breitere und nachhaltigere Basis für Resilienz und persönliches Wachstum geschaffen werden, die Menschen befähigt, nicht nur Krisen zu bewältigen, sondern aus ihnen zu lernen und zu wachsen.

Kapitel 10: Praktische Anwendungen

Die vorherigen Kapitel haben uns durch die theoretischen Grundlagen, kritischen Analysen und alternativen Ansätze im Gesundheitswesen geführt. Nun wenden wir uns der entscheidenden Frage zu: Wie können wir diese Erkenntnisse in die Praxis umsetzen? Dieses Kapitel widmet sich den konkreten Anwendungen und Implementierungsstrategien, mit besonderem Fokus auf den Recovery-Ansatz, der als vielversprechendes Modell für eine ganzheitliche und personenzentrierte Gesundheitsversorgung gilt.

Die Umsetzung neuer Konzepte und Philosophien in bestehende Strukturen ist oft eine herausfordernde Aufgabe. Sie erfordert nicht nur ein tiefgreifendes Verständnis der theoretischen Grundlagen, sondern auch praktische Fertigkeiten, Flexibilität und die Bereitschaft zur kontinuierlichen Anpassung und Verbesserung. Im Kontext des Gesundheitswesens bedeutet dies, tradierte Denkmuster und Arbeitsweisen zu hinterfragen und neue Methoden zu entwickeln, die den Menschen in seiner Ganzheit in den Mittelpunkt stellen.

Der Recovery-Ansatz, der seinen Ursprung in der Bewegung der Psychiatrie-Erfahrenen hat, bietet hier wertvolle Impulse. Er versteht Genesung nicht als einen linearen Prozess der Symptomreduktion, sondern als einen individuellen Weg zu einem erfüllten und selbstbestimmten Leben, trotz oder gerade mit den Herausforderungen einer psychischen Erkrankung. Dieser Paradigmenwechsel hat weitreichende Implikationen für die Gestaltung von Versorgungsstrukturen, die Rolle von Fachkräften und die Einbeziehung von Betroffenen und ihren Angehörigen.

Die Implementierung von Recovery-Prinzipien in der klinischen Praxis beginnt mit einer grundlegenden Neuausrichtung der therapeutischen Beziehung. Statt einer hierarchischen Expertenrolle nehmen Fachkräfte die Position von Begleitern und Unterstützern ein. Sie arbeiten partnerschaftlich mit den Betroffenen zusammen, um deren individuelle Ziele und Ressourcen zu identifizieren und zu fördern. Dies erfordert eine hohe Flexibilität und die Fähigkeit, standardisierte Behandlungsprotokolle an die Bedürfnisse und Präferenzen des Einzelnen anzupassen.

Ein zentrales Element der recoveryorientierten Praxis ist die Stärkung der Selbstbestimmung und Eigenverantwortung der Betroffenen. Dies kann durch verschiedene Methoden gefördert werden, wie etwa die gemeinsame Entscheidungsfindung bei Behandlungsoptionen, die Unterstützung bei der Entwicklung von Krisenplänen oder die Förderung von Selbstmanagement-Fähigkeiten. Auch die Integration von Peer-Support, also die Einbeziehung von Menschen mit eigener Krankheitserfahrung als Genesungsbegleiter, spielt eine wichtige Rolle. Peers können aufgrund ihrer Erfahrungen eine besondere Verbindung zu den Betroffenen aufbauen und als Rollenvorbilder für Recoveryprocesse dienen.

Die Umsetzung dieser Prinzipien erfordert oft eine umfassende Schulung und Fortbildung der Fachkräfte. Es geht darum, nicht nur neue Techniken zu erlernen, sondern auch eine grundlegende Haltungsänderung zu vollziehen. Fachkräfte müssen lernen, die Expertise der Betroffenen über ihr eigenes Leben und ihre Erfahrungen anzuerkennen und wertzuschätzen. Sie müssen fähig sein, Hoffnung zu vermitteln und Ressourcen zu aktivieren, auch in scheinbar aussichtslosen Situationen. Dies erfordert oft eine kritische Reflexion der eigenen Rolle und der persönlichen Überzeugungen bezüglich psychischer Erkrankungen und Genesung.

Die Entwicklung recoveryorientierter Versorgungsstrukturen geht über die Ebene der individuellen Behandlung hinaus. Sie umfasst die Gestaltung von Einrichtungen und Prozessen, die Flexibilität, Wahlmöglichkeiten und Partizipation fördern. Dies kann bedeuten, starre Stationsregeln zu überdenken, mehr ambulante und aufsuchende Angebote zu schaffen oder Behandlungssettings zu entwickeln, die weniger an klinische Umgebungen erinnern. Auch die Einbeziehung von Angehörigen und die Förderung sozialer Netzwerke sind wichtige Aspekte recoveryorientierter Strukturen.

Ein wesentlicher Bestandteil der praktischen Umsetzung ist die Entwicklung recoveryorientierter Dokumentations- und Evaluationsverfahren. Traditionelle klinische Dokumentation konzentriert sich oft auf Symptome und Defizite. Ein recoveryorientierter Ansatz erfordert hingegen Instrumente, die Fortschritte in Bereichen wie Lebensqualität, soziale Teilhabe und persönliche Zielerreichung erfassen. Dies kann die Einführung neuer Assessmenttools, die Anpassung von Behandlungsplänen oder die Entwicklung von Recoveryprotokollen beinhalten.

Die Evaluation und Qualitätssicherung recoveryorientierter Ansätze stellt eine besondere Herausforderung dar. Traditionelle Outcome-Maße wie Symptomschwere oder Rehospitalisierungsraten greifen oft zu kurz, um den Erfolg von Recoveryprozessen abzubilden. Es bedarf der Entwicklung neuer Indikatoren, die subjektive Aspekte wie Empowerment, Hoffnung und Lebenszufriedenheit einbeziehen. Gleichzeitig müssen diese Maße robust genug sein, um den Anforderungen evidenzbasierter Praxis zu genügen.

Die Implementierung recoveryorientierter Ansätze kann auf verschiedene Hindernisse stoßen. Dazu gehören strukturelle Barrieren wie begrenzte finanzielle Ressourcen oder rigide Abrechnungssysteme, aber auch kulturelle Widerstände innerhalb von Organisationen. Es bedarf oft einer sorgfältigen Change-Management-Strategie, um diese Herausforderungen zu bewältigen. Dies kann die Einbeziehung aller Stakeholder, die schrittweise Einführung von Veränderungen und die kontinuierliche Evaluation und Anpassung der Implementierungsstrategien umfassen.

Trotz dieser Herausforderungen gibt es bereits zahlreiche Beispiele für erfolgreiche recoveryorientierte Programme und Einrichtungen weltweit. Diese reichen von kleinen, innovativen Projekten bis hin zu umfassenden Systemtransformationen auf regionaler oder nationaler Ebene. Die Analyse dieser Best-Practice-Beispiele kann wertvolle Erkenntnisse für die Implementierung in anderen Kontexten liefern. Dabei ist es wichtig, nicht einfach Modelle zu kopieren, sondern die zugrundeliegenden

Prinzipien zu verstehen und an die jeweiligen lokalen Bedingungen anzupassen.

Ein wichtiger Aspekt bei der praktischen Umsetzung ist die Berücksichtigung kultureller und sozialer Diversität. Recoverykonzepte, die in einem bestimmten kulturellen Kontext entwickelt wurden, müssen möglicherweise angepasst werden, um in anderen Kulturen wirksam zu sein. Dies erfordert eine sensible und inklusive Herangehensweise, die verschiedene Perspektiven und Erfahrungen berücksichtigt.

Schließlich ist es wichtig, die Implementierung recoveryorientierter Ansätze nicht als einmalige Intervention, sondern als kontinuierlichen Prozess zu verstehen. Es bedarf einer ständigen Reflexion, Evaluation und Anpassung, um auf veränderte Bedürfnisse und neue Erkenntnisse reagieren zu können. Dies erfordert eine lernende Organisation, die offen für Feedback ist und die Erfahrungen aller Beteiligten - Fachkräfte, Betroffene und Angehörige - als wertvolle Ressource für die Weiterentwicklung versteht.

In den folgenden Abschnitten werden wir diese verschiedenen Aspekte der praktischen Umsetzung detaillierter betrachten. Wir werden konkrete Strategien und Werkzeuge vorstellen, Fallbeispiele analysieren und Möglichkeiten zur Überwindung häufiger Hindernisse diskutieren. Ziel ist es, ein umfassendes Verständnis dafür zu entwickeln, wie recoveryorientierte Ansätze in der Praxis umgesetzt werden können und welche Veränderungen dies für alle Beteiligten mit sich bringt.

10.1. Implementierung von Recovery-Prinzipien in der klinischen Praxis

Die Implementierung von Recovery-Prinzipien in der klinischen Praxis stellt einen tiefgreifenden Wandel in der Art und Weise dar, wie psychische Gesundheitsversorgung konzipiert und durchgeführt wird. Dieser Ansatz erfordert nicht nur eine Veränderung der Behandlungsmethoden, sondern auch eine fundamentale Neuausrichtung der Haltung und Denkweise aller Beteiligten im Gesundheitssystem.

Ein zentraler Aspekt dieser Implementierung ist die Verschiebung des Fokus von der reinen Symptomreduktion hin zur Förderung persönlichen Wachstums und der Erreichung individueller Ziele. Dies bedeutet, dass Kliniker lernen müssen, ihre Patienten nicht mehr als passive Empfänger von Behandlungen zu sehen, sondern als aktive Partner im Genesungsprozess. Die Expertise der Betroffenen durch ihre eigenen Erfahrungen wird dabei als wertvolle Ressource anerkannt und in den Behandlungsprozess integriert.

Die Entwicklung individueller Genesungspläne ist ein Kernstück dieses Ansatzes. Diese Pläne basieren auf den Stärken und Ressourcen der Patienten und berücksichtigen ihre persönlichen Ziele und Wertvorstellungen. Anstatt sich ausschließlich auf die Beseitigung von Symptomen zu konzentrieren, zielen diese Pläne darauf ab, die Lebensqualität zu verbessern und eine sinnvolle Teilhabe am gesellschaftlichen Leben zu ermöglichen.

Ein weiterer wichtiger Aspekt ist die Einführung von Shared Decision Making als Standardverfahren. Behandlungsentscheidungen werden nicht mehr einseitig vom Kliniker getroffen, sondern in einem partnerschaftlichen Dialog mit dem Patienten erarbeitet. Dies erfordert von den Klinikern die Fähigkeit, komplexe medizinische Informationen verständlich zu kommunizieren und die Präferenzen und Werte der Patienten in den Entscheidungsprozess einzubeziehen.

Die Gestaltung der klinischen Umgebung spielt ebenfalls eine wichtige Rolle bei der Implementierung von Recovery-Prinzipien. Eine Atmosphäre, die Hoffnung vermittelt und Empowerment fördert, kann den Genesungsprozess positiv beeinflussen. Dies kann durch eine einladende Raumgestaltung, die Verwendung von ermutigenden Botschaften und die Schaffung von Möglichkeiten zur Selbstbestimmung und Mitgestaltung erreicht werden.

Die Integration von Peer-Support in das Behandlungsteam ist ein weiterer wichtiger Schritt. Peers, also Menschen mit eigener Erfahrung psychischer Erkrankungen, können zusätzliche Perspektiven einbringen und eine Form der Unterstützung bieten, die auf gemeinsamen Erfahrungen basiert. Sie können als Rollenvorbilder dienen und Hoffnung vermitteln, dass Recovery möglich ist.

Eine Neuausrichtung der klinischen Dokumentation ist ebenfalls erforderlich. Anstatt sich auf Defizite und Probleme zu konzentrieren, sollte die Dokumentation Fortschritte und Erfolge in den Vordergrund stellen. Dies unterstützt nicht nur eine positivere Sichtweise auf den Genesungsprozess, sondern kann auch dazu beitragen, dass Patienten ihre eigenen Fortschritte besser wahrnehmen und wertschätzen.

Eine besondere Herausforderung für Kliniker liegt darin, die richtige Balance zwischen notwendiger Unterstützung und der Förderung von Autonomie zu finden. Einerseits müssen sie sicherstellen, dass Patienten die benötigte Hilfe erhalten, andererseits sollen sie eine übermäßige Abhängigkeit vom Gesundheitssystem vermeiden. Dies erfordert ein hohes Maß an Sensibilität und die Fähigkeit, den Unterstützungsbedarf individuell anzupassen.

Die Implementierung von Recovery-Prinzipien erfordert auch eine Anpassung der Ausbildung und Fortbildung von Gesundheitsfachkräften. Neben dem medizinischen Fachwissen müssen Kompetenzen in Bereichen wie motivierende Gesprächsführung, Empowerment-Strategien und Ressourcenaktivierung vermittelt werden. Zudem ist es wichtig, dass Kliniker lernen, ihre eigenen Vorurteile und Annahmen über psychische Erkrankungen zu reflektieren und gegebenenfalls zu korrigieren.

Ein weiterer wichtiger Aspekt ist die Einbeziehung des sozialen Umfelds der Patienten. Familie, Freunde und andere wichtige Bezugspersonen können eine wesentliche Rolle im Genesungsprozess spielen. Kliniker müssen lernen, diese Ressourcen zu erkennen und in den Behandlungsplan zu integrieren, wobei die Wünsche und Grenzen des Patienten stets respektiert werden müssen.

Die Implementierung von Recovery-Prinzipien erfordert auch eine Anpassung der Erfolgsmessung in der klinischen Praxis. Neben klassischen klinischen Parametern müssen Faktoren wie Lebensqualität, soziale Teilhabe und persönliche Zielerreichung als wichtige Outcome-Maße etabliert werden. Dies kann eine Herausforderung darstellen, da diese Faktoren oft schwieriger zu quantifizieren sind als traditionelle medizinische Messgrößen.

Eine weitere wichtige Komponente ist die Förderung von Selbstmanagement-Fähigkeiten. Patienten sollen befähigt werden, ihre Gesundheit aktiv zu managen und Strategien zur Bewältigung von Krisen zu entwickeln. Dies kann durch Psychoedukation, Skillstraining und die Vermittlung von Selbsthilfetechniken erreicht werden.

Die Implementierung von Recovery-Prinzipien erfordert auch eine Veränderung in der Art und Weise, wie mit Rückschlägen und Krisen umgegangen wird. Statt diese als Scheitern zu betrachten, werden sie als Teil des Genesungsprozesses verstanden und als Gelegenheit für Lernen und Wachstum genutzt.

Schließlich ist es wichtig, dass die Implementierung von Recovery-Prinzipien nicht als einmaliger Prozess, sondern als kontinuierliche Entwicklung verstanden wird. Regelmäßige Reflexion, Evaluation und Anpassung der Praktiken sind notwendig, um sicherzustellen, dass die Prinzipien tatsächlich gelebt werden und nicht zu leeren Phrasen verkommen.

Die Umsetzung all dieser Aspekte in der klinischen Praxis ist zweifellos eine Herausforderung. Sie erfordert Zeit, Ressourcen und vor allem die Bereitschaft aller Beteiligten, gewohnte Denk- und Handlungsmuster zu hinterfragen und zu verändern. Trotz dieser Herausforderungen bietet die Implementierung von Recovery-Prinzipien das Potenzial für eine humanere, effektivere und nachhaltigere Form der psychischen Gesundheitsversorgung.

10.2. Schulung und Fortbildung von Fachkräften im Recovery-Ansatz

Die Schulung und Fortbildung von Fachkräften im Recovery-Ansatz ist ein zentraler Baustein für die erfolgreiche Implementierung und nachhaltige Verankerung dieses Konzepts in der Gesundheitsversorgung. Es handelt sich hierbei um einen tiefgreifenden Paradigmenwechsel, der weit über die Vermittlung neuer Techniken oder Methoden hinausgeht. Vielmehr geht es um eine fundamentale Neuausrichtung des professionellen Selbstverständnisses und der Haltung gegenüber Menschen mit psychischen Erkrankungen oder anderen gesundheitlichen Herausforderungen.

Ein umfassendes Schulungsprogramm für Fachkräfte im Recovery-Ansatz sollte mehrere Ebenen adressieren:

1. Theoretische Grundlagen:
   Die Teilnehmer müssen ein tiefes Verständnis der Recovery-Philosophie entwickeln. Dies beinhaltet die historische Entwicklung des Konzepts, seine theoretischen Wurzeln und die zugrunde liegenden Werte und Prinzipien. Wichtige Aspekte sind hier das Verständnis von Recovery als individueller, nicht-linearer Prozess, die Betonung von Hoffnung, Selbstbestimmung und persönlichem Wachstum sowie die Anerkennung der Expertise durch Erfahrung.

2. Haltung und Selbstreflexion:
   Ein wesentlicher Teil der Schulung muss sich der Entwicklung einer recoveryorientierten Haltung widmen. Dies erfordert oft eine kritische Reflexion und Überprüfung eigener Überzeugungen, Vorurteile und Annahmen über psychische Erkrankungen und die Rolle als Fachkraft. Übungen zur Selbstreflexion, Fallbesprechungen und Rollenspiele können helfen, eine empathische, hoffnungsvolle und empowernde Haltung zu entwickeln.

3. Kommunikation und Beziehungsgestaltung:
   Die Art der Kommunikation und Beziehungsgestaltung ist im

Recovery-Ansatz von zentraler Bedeutung. Fachkräfte müssen lernen, eine partnerschaftliche, auf Augenhöhe stattfindende Beziehung zu den Klienten aufzubauen. Schulungen sollten Techniken des aktiven Zuhörens, der wertschätzenden Kommunikation und der Verwendung einer recoveryorientierten Sprache vermitteln. Besonderes Augenmerk sollte auf die Vermeidung stigmatisierender oder entmutigender Ausdrucksweisen gelegt werden.

4. Praktische Tools und Methoden:
   Neben der Haltung und Kommunikation müssen Fachkräfte auch konkrete Tools und Methoden erlernen, die den Recovery-Prozess unterstützen. Dazu gehören Techniken zur Förderung von Selbstmanagement und Resilienz, Methoden zur Stärkung von Selbstwirksamkeit und Empowerment sowie Ansätze zur Ressourcenaktivierung. Auch die Arbeit mit Recovery-orientierten Planungsinstrumenten, wie etwa persönlichen Entwicklungsplänen oder Krisenplänen, sollte Teil der Schulung sein.

5. Interdisziplinäre Zusammenarbeit:
   Recovery-orientierte Versorgung erfordert oft eine enge Zusammenarbeit verschiedener Berufsgruppen. Schulungen sollten daher interdisziplinär ausgerichtet sein und den Austausch und die Kooperation zwischen verschiedenen Fachrichtungen fördern. Dies kann durch gemeinsame Fallbesprechungen, Rollenspiele oder Projektarbeiten geschehen.

6. Einbezug von Erfahrungsexperten:
   Ein wesentliches Element recoveryorientierter Schulungen ist der Einbezug von Menschen mit Psychiatrieerfahrung als Dozenten oder Co-Trainer. Ihre persönlichen Erfahrungen und Einsichten können den Fachkräften wertvolle und authentische Einblicke in den Recovery-Prozess vermitteln und helfen, Vorurteile abzubauen und eine neue Perspektive einzunehmen.

7. Systemisches Verständnis:
   Fachkräfte müssen verstehen, dass Recovery nicht nur auf der individuellen Ebene stattfindet, sondern auch strukturelle und gesellschaftliche Aspekte umfasst. Schulungen sollten daher auch Themen wie Entstigmatisierung, soziale Inklusion und die Bedeutung von Arbeit, Wohnen und sozialen Beziehungen für den Recovery-Prozess behandeln.

8. Ethische Aspekte:
   Die Auseinandersetzung mit ethischen Fragen ist ein wichtiger Bestandteil recoveryorientierter Schulungen. Dazu gehören Themen wie der Umgang mit Autonomie und Selbstbestimmung, die Balance zwischen Fürsorge und Förderung von Eigenverantwortung sowie der Umgang mit Risiken und Krisen.

9. Kulturelle Kompetenz:
   Recovery ist ein kulturell geprägtes Konzept. Schulungen sollten daher auch die kulturelle Dimension von Recovery thematisieren und Fachkräfte für kulturelle Unterschiede in der Wahrnehmung und im Umgang mit psychischen Erkrankungen sensibilisieren.

10. Implementierung und Organisationsentwicklung:
    Fachkräfte, insbesondere in Leitungspositionen, sollten auch darin geschult werden, wie der Recovery-Ansatz auf organisatorischer Ebene implementiert und verankert werden kann. Dies umfasst Themen wie Changemanagement, die Entwicklung recoveryorientierter Leitbilder und Qualitätsstandards sowie die Gestaltung recoveryförderlicher Arbeitsumgebungen.

11. Kontinuierliche Reflexion und Supervision:
    Die Umsetzung des Recovery-Ansatzes in der Praxis erfordert kontinuierliche Reflexion und Unterstützung. Schulungsprogramme sollten daher Möglichkeiten zur regelmäßigen Supervision, kollegialen Beratung und Reflexion beinhalten oder anregen.

12. Evaluation und Forschung:
    Um die Wirksamkeit recoveryorientierter Ansätze zu belegen und weiterzuentwickeln, ist es wichtig, Fachkräfte auch in Grundlagen der Evaluation und Forschung zu schulen. Dies kann die Motivation zur Teilnahme an Forschungsprojekten erhöhen und zur Weiterentwicklung der evidenzbasierten Praxis beitragen.

13. Zertifizierung und Qualitätssicherung:
    Die Entwicklung von Zertifizierungsprogrammen für recoveryorientierte Schulungen kann dazu beitragen, die Qualität der Fortbildungen sicherzustellen und die Anerkennung des Ansatzes in Fachkreisen und der Öffentlichkeit zu fördern.

Die Umsetzung solcher umfassenden Schulungsprogramme erfordert Zeit, Ressourcen und ein langfristiges Engagement. Es ist wichtig zu verstehen, dass die Entwicklung einer recoveryorientierten Praxis ein fortlaufender Prozess ist, der kontinuierliches Lernen, Reflexion und Anpassung erfordert. Durch fundierte und nachhaltige Schulungs- und Fortbildungsprogramme können Fachkräfte jedoch befähigt werden, den Recovery-Ansatz in ihrer täglichen Arbeit zu leben und so einen wichtigen Beitrag zur Transformation des Gesundheitssystems zu leisten.

10.3. Entwicklung recoveryorientierter Versorgungsstrukturen

Die Entwicklung recoveryorientierter Versorgungsstrukturen stellt einen Paradigmenwechsel im Gesundheitssystem dar, der weit über einzelne Anpassungen hinausgeht. Es handelt sich um eine grundlegende Neu-ausrichtung, die das gesamte System und seine Philosophie betrifft. Im Kern geht es darum, von einem defizitorientierten zu einem ressourcen-orientierten Ansatz überzugehen, der die Autonomie, Selbstbestim-mung und das Potenzial zur Genesung jedes Einzelnen in den Mittel-punkt stellt.

Ein zentrales Element dieser Neuausrichtung ist die Flexibilisierung der Versorgungsstrukturen. Starre, institutionelle Einrichtungen werden zu-nehmend durch flexible, gemeindebasierte Angebote ersetzt. Dies er-möglicht eine individuellere und kontextsensitivere Unterstützung, die sich an den spezifischen Bedürfnissen und Lebenssituationen der Be-troffenen orientiert. Ambulante und aufsuchende Dienste spielen dabei eine Schlüsselrolle. Sie ermöglichen es, Menschen in ihrem natürlichen Lebensumfeld zu unterstützen, was nicht nur die Akzeptanz der Hilfsan-gebote erhöht, sondern auch die Chance bietet, Ressourcen im sozialen Umfeld zu aktivieren und zu stärken.

Die Neugestaltung von Krisendiensten ist ein weiterer wichtiger Aspekt. In einem recoveryorientierten System werden Krisen nicht primär als zu vermeidende Störungen betrachtet, sondern als potenzielle Wachstum-schancen. Krisendienste werden so konzipiert, dass sie Autonomie und Selbstbestimmung auch in schwierigen Situationen respektieren und fördern. Dies kann beispielsweise durch die Einrichtung von Krisenhäu-sern oder -wohnungen geschehen, die eine Alternative zur stationären Aufnahme bieten und in denen Betroffene selbstbestimmt und mit be-darfsgerechter Unterstützung Krisen bewältigen können.

Ein Kernmerkmal recoveryorientierter Versorgungsstrukturen ist die An-erkennung und Förderung von Peer-Run-Organisationen und Selbsthil-fegruppen als integrale Bestandteile des Versorgungssystems. Diese An-sätze nutzen das Erfahrungswissen von Menschen, die selbst

Genesungsprozesse durchlaufen haben, und können oft eine besonders authentische und motivierende Form der Unterstützung bieten. Die Einbindung von Peers in professionelle Teams, die Schaffung von Peer-geleiteten Angeboten und die Unterstützung von Selbsthilfestrukturen sind wichtige Schritte in diese Richtung.

Die Vernetzung verschiedener Lebensbereiche ist ein weiterer zentraler Aspekt recoveryorientierter Versorgungsstrukturen. Gesundheit wird hier nicht isoliert betrachtet, sondern in enger Verbindung mit Bereichen wie Arbeit, Wohnen und sozialer Teilhabe gesehen. Dies erfordert eine enge Kooperation zwischen verschiedenen Sektoren und Dienstleistern. Beispielsweise können Supported Employment-Programme die berufliche Integration unterstützen, während Housing First-Ansätze stabile Wohnverhältnisse als Basis für Genesungsprozesse schaffen. Die Förderung sozialer Netzwerke und gemeinschaftlicher Aktivitäten ist ebenfalls ein wichtiger Bestandteil dieses ganzheitlichen Ansatzes.

Digitale Technologien bieten vielfältige Möglichkeiten, recoveryorientierte Versorgungsstrukturen zu unterstützen und zu erweitern. Apps zum Selbstmanagement, Online-Peer-Support-Plattformen oder telemedizinische Angebote können eine kontinuierliche Unterstützung und Begleitung ermöglichen, die über die Grenzen traditioneller Versorgungsstrukturen hinausgeht. Dabei ist es wichtig, den Einsatz digitaler Technologien immer als Ergänzung und nicht als Ersatz für persönliche Beziehungen und face-to-face Unterstützung zu verstehen.

Die Entwicklung recoveryorientierter Versorgungsstrukturen erfordert auch eine Anpassung der Finanzierungsmodelle im Gesundheitssystem. Traditionelle Abrechnungssysteme, die sich an Diagnosen und Behandlungsepisoden orientieren, müssen durch Modelle ersetzt werden, die recoveryorientierte Ansätze fördern und belohnen. Dies kann beispielsweise durch die Finanzierung von Langzeitbegleitung, die Vergütung von Peer-Support oder die Förderung präventiver und gesundheitsfördernder Maßnahmen geschehen.

Ein wesentliches Merkmal recoveryorientierter Versorgungsstrukturen ist die systematische Einbindung von Betroffenen in Entscheidungsprozesse auf allen Ebenen. Dies reicht von der individuellen Behandlungsplanung über die Gestaltung von Versorgungsangeboten bis hin zur Beteiligung an gesundheitspolitischen Entscheidungen. Die Institutionalisierung von Betroffenenvertretungen in Gremien und Qualitätssicherungsprozessen ist ein wichtiger Schritt, um sicherzustellen, dass die Perspektive und die Bedürfnisse der Nutzer:innen im Mittelpunkt stehen.

Die Umsetzung recoveryorientierter Versorgungsstrukturen erfordert auch eine Veränderung in der Aus- und Weiterbildung von Fachkräften im Gesundheitssystem. Neben medizinischem und psychologischem Fachwissen müssen Kompetenzen in Bereichen wie Empowerment, Ressourcenorientierung und partizipative Entscheidungsfindung vermittelt werden. Die Zusammenarbeit auf Augenhöhe mit Betroffenen und die Wertschätzung von Erfahrungswissen sollten zentrale Elemente der professionellen Haltung werden.

Ein weiterer wichtiger Aspekt ist die Entwicklung von Instrumenten zur Evaluation und Qualitätssicherung, die den Prinzipien des Recovery-Ansatzes entsprechen. Traditionelle Outcome-Maße, die sich primär an der Symptomreduktion orientieren, müssen durch Indikatoren ergänzt werden, die Aspekte wie Lebensqualität, soziale Teilhabe und persönliches Wachstum erfassen. Dabei sollten sowohl quantitative als auch qualitative Methoden zum Einsatz kommen, um die vielschichtigen Aspekte von Genesungsprozessen abzubilden.

Die Entwicklung recoveryorientierter Versorgungsstrukturen ist ein langfristiger Prozess, der nicht nur strukturelle Veränderungen, sondern auch einen kulturellen Wandel im Gesundheitssystem erfordert. Es geht darum, ein System zu schaffen, das Menschen nicht nur behandelt, sondern sie auf ihrem individuellen Weg zu einem erfüllten und selbstbestimmten Leben unterstützt. Dabei müssen Barrieren zwischen verschiedenen Versorgungssektoren abgebaut, innovative Ansätze erprobt und kontinuierlich weiterentwickelt werden. Der Erfolg dieses Wandels wird letztlich daran gemessen werden, inwieweit es gelingt, ein Gesundheitssystem zu schaffen, das die Würde, die Hoffnungen und die Potenziale jedes einzelnen Menschen in den Mittelpunkt stellt.

10.4. Evaluation und Qualitätssicherung recoveryorientierter Ansätze

Die Evaluation und Qualitätssicherung recoveryorientierter Ansätze stellt eine komplexe Herausforderung dar, die ein Umdenken in der traditionellen Bewertung von Gesundheitsinterventionen erfordert. Im Gegensatz zu konventionellen medizinischen Ansätzen, die sich oft auf die Reduktion von Symptomen oder die Heilung spezifischer Krankheiten konzentrieren, zielt der Recovery-Ansatz auf ein breiteres Spektrum von Outcomes ab, die die Lebensqualität und persönliche Entwicklung der Betroffenen in den Mittelpunkt stellen.

Ein zentraler Aspekt bei der Evaluation recoveryorientierter Ansätze ist die Entwicklung geeigneter Messinstrumente und Bewertungskriterien. Traditionelle klinische Maßstäbe wie Symptomschwere oder Rückfallraten reichen nicht aus, um den Erfolg von Recovery-Prozessen adäquat zu erfassen. Stattdessen müssen neue Indikatoren entwickelt werden, die die vielfältigen Dimensionen von Recovery abbilden können. Dazu gehören beispielsweise:

Lebensqualität: Hierbei geht es um die subjektive Wahrnehmung der eigenen Lebenssituation, einschließlich physischer, psychischer und sozialer Aspekte.

Soziale Teilhabe: Die Fähigkeit und Möglichkeit, am gesellschaftlichen Leben teilzunehmen, soziale Beziehungen aufzubauen und aufrechtzuerhalten.

Persönliche Zielerreichung: Inwieweit Betroffene ihre selbstgesetzten Ziele in verschiedenen Lebensbereichen erreichen können.

Selbstwirksamkeit: Das Vertrauen in die eigenen Fähigkeiten, Herausforderungen zu bewältigen und das eigene Leben zu gestalten.

Hoffnung und Optimismus: Die Entwicklung einer positiven Zukunftsperspektive trotz bestehender Schwierigkeiten.

Identitätsentwicklung: Die Fähigkeit, eine positive Identität jenseits der Erkrankung oder Krise zu entwickeln.

Um diese komplexen Aspekte zu erfassen, ist es notwendig, sowohl quantitative als auch qualitative Forschungsmethoden einzusetzen. Quantitative Messungen können standardisierte Fragebögen und Skalen umfassen, die speziell für die Erfassung von Recovery-relevanten Outcomes entwickelt wurden. Qualitative Methoden wie Narrativanalysen, Tiefeninterviews oder Fokusgruppen ermöglichen es, die individuellen Erfahrungen und Perspektiven der Betroffenen detaillierter zu erfassen und zu verstehen.

Ein wichtiger Trend in der Evaluation recoveryorientierter Ansätze ist die Einbeziehung von Betroffenen in den Forschungsprozess. Partizipative Forschungsansätze, bei denen Menschen mit Psychiatrieerfahrung aktiv an der Entwicklung von Forschungsfragen, Methoden und Evaluationskriterien beteiligt sind, gewinnen zunehmend an Bedeutung. Diese Herangehensweise stellt sicher, dass die Forschung die Perspektiven und Prioritäten der Betroffenen angemessen berücksichtigt und zu Ergebnissen führt, die für die Praxis relevant sind.

Longitudinale Studien spielen eine wichtige Rolle bei der Evaluation von Recovery-Ansätzen. Da Recovery als langfristiger, individueller Prozess verstanden wird, ist es wichtig, die Entwicklung über einen längeren Zeitraum zu beobachten. Solche Studien können Aufschluss darüber geben, wie sich verschiedene Aspekte des Recovery-Prozesses im Laufe der Zeit entfalten und welche Faktoren zu einem nachhaltigen Recovery-Erfolg beitragen.

Neben der Ergebnisevaluation ist auch die Prozessevaluation von großer Bedeutung. Hierbei geht es darum zu untersuchen, wie recoveryorientierte Praktiken in verschiedenen Kontexten implementiert werden und welche Faktoren die erfolgreiche Umsetzung begünstigen oder behindern. Dies kann beispielsweise die Analyse von Organisationskulturen, Teamdynamiken oder Schulungsprogrammen für Fachkräfte umfassen.

Die Entwicklung von Recovery-Fidelity-Skalen ist ein weiterer wichtiger Aspekt der Qualitätssicherung. Diese Skalen messen, inwieweit die Praxis einer Einrichtung oder eines Programms mit den Grundprinzipien des Recovery-Ansatzes übereinstimmt. Sie können als Selbstevaluations-Tool oder im Rahmen externer Audits eingesetzt werden und helfen dabei, Bereiche zu identifizieren, in denen Verbesserungen notwendig sind.

Regelmäßige Audits und Peer-Reviews sind weitere Instrumente zur Qualitätssicherung recoveryorientierter Ansätze. Hierbei überprüfen externe Experten oder Peer-Evaluatoren die Praxis einer Einrichtung anhand festgelegter Recovery-Kriterien. Diese Überprüfungen können wertvolle Einblicke in die Stärken und Schwächen der implementierten Ansätze liefern und Ansatzpunkte für Verbesserungen aufzeigen.

Ein wesentlicher Aspekt der Qualitätssicherung ist die kontinuierliche Rückmeldung der Nutzer. Feedbacksysteme, die es Betroffenen ermöglichen, ihre Erfahrungen mit recoveryorientierten Diensten regelmäßig zu kommunizieren, sind von großer Bedeutung. Diese Rückmeldungen können in Form von strukturierten Befragungen, offenen Feedbackrunden oder digitalen Feedbacktools erfolgen. Sie bieten nicht nur wertvolle Informationen für die Weiterentwicklung der Angebote, sondern stärken auch die Partizipation und Selbstbestimmung der Nutzer.

Die Evaluation und Qualitätssicherung recoveryorientierter Ansätze erfordert auch eine kritische Auseinandersetzung mit möglichen Herausforderungen und Grenzen. Dazu gehört die Frage, wie individuelle Recovery-Prozesse mit standardisierten Evaluationsmethoden in Einklang gebracht werden können, ohne die Individualität und Komplexität der Erfahrungen zu reduzieren. Auch die Berücksichtigung kultureller Unterschiede in der Konzeptualisierung und Erfahrung von Recovery stellt eine wichtige Herausforderung dar.

Ein weiterer wichtiger Aspekt ist die Integration von Recovery-Evaluation in bestehende Qualitätsmanagementsysteme und Versorgungsstrukturen. Dies erfordert oft eine Anpassung etablierter Prozesse und

Dokumentationssysteme, um recoveryrelevante Aspekte angemessen zu erfassen. Gleichzeitig muss darauf geachtet werden, dass der administrative Aufwand für Evaluationen und Qualitätssicherungsmaßnahmen nicht zu Lasten der direkten Arbeit mit den Betroffenen geht.

Die Entwicklung von Kompetenzstandards für Fachkräfte in recoveryorientierten Diensten ist ein weiterer wichtiger Baustein der Qualitätssicherung. Diese Standards sollten nicht nur fachliches Wissen, sondern auch Haltungen und Fähigkeiten umfassen, die für eine recoveryorientierte Praxis wesentlich sind, wie beispielsweise Empathie, Respekt für die Autonomie der Betroffenen und die Fähigkeit zur Förderung von Empowerment.

Schließlich ist es wichtig, die Ergebnisse von Evaluationen und Qualitätssicherungsmaßnahmen transparent zu kommunizieren und für die kontinuierliche Verbesserung der Angebote zu nutzen. Dies kann durch regelmäßige Berichte, Fallstudien und Best-Practice-Beispiele geschehen, die sowohl innerhalb der Fachöffentlichkeit als auch gegenüber Betroffenen und der breiten Öffentlichkeit kommuniziert werden.

Zusammenfassend lässt sich sagen, dass die Evaluation und Qualitätssicherung recoveryorientierter Ansätze ein komplexes und sich ständig weiterentwickelndes Feld darstellt. Es erfordert innovative Methoden, die Partizipation von Betroffenen, eine Kombination aus quantitativen und qualitativen Ansätzen sowie eine kontinuierliche Reflexion und Anpassung der Bewertungskriterien. Nur so kann sichergestellt werden, dass recoveryorientierte Ansätze nicht nur theoretisch fundiert sind, sondern auch in der Praxis wirksam umgesetzt werden und einen echten Mehrwert für die Betroffenen schaffen.

10.5. Beispiele erfolgreicher recoveryorientierter Programme und Einrichtungen

In den letzten Jahrzehnten haben sich weltweit zahlreiche recoveryorientierte Programme und Einrichtungen etabliert, die beispielhaft zeigen, wie die Prinzipien des Recovery-Ansatzes in der Praxis umgesetzt werden können. Diese Beispiele demonstrieren nicht nur die Vielfalt der möglichen Anwendungen, sondern auch die Anpassungsfähigkeit des Recovery-Konzepts an verschiedene kulturelle und strukturelle Kontexte.

In den Vereinigten Staaten hat sich das "Wellness Recovery Action Planning" (WRAP) als eines der erfolgreichsten und am weitesten verbreiteten recoveryorientierten Programme etabliert. WRAP wurde in den 1990er Jahren von Mary Ellen Copeland entwickelt und basiert auf der Idee, dass Menschen mit psychischen Erkrankungen selbst Experten für ihre Genesung sind. Das Programm bietet einen strukturierten Ansatz zur Selbsthilfe und Selbstmanagement, bei dem Teilnehmer lernen, ihre eigenen Wellness-Tools zu identifizieren und einen personalisierten Plan zur Bewältigung von Krisen zu erstellen. WRAP hat sich als besonders effektiv erwiesen, um die Selbstwirksamkeit der Teilnehmer zu stärken und Krankenhausaufenthalte zu reduzieren. Studien haben gezeigt, dass WRAP-Teilnehmer eine signifikante Verbesserung ihrer Symptome, eine erhöhte Hoffnung und eine verbesserte Lebensqualität erfahren.

In Großbritannien hat das "Implementing Recovery through Organisational Change" (ImROC) Programm bemerkenswerte Erfolge bei der systemweiten Implementierung von Recovery-Prinzipien erzielt. ImROC arbeitet mit Gesundheitseinrichtungen zusammen, um eine grundlegende Veränderung in der Kultur und Praxis der psychischen Gesundheitsversorgung zu bewirken. Das Programm fördert die Einbindung von Peer-Support-Arbeitern, die Entwicklung recoveryorientierter Ausbildungsprogramme für Fachkräfte und die Schaffung von "Recovery Colleges", in denen Menschen mit psychischen Erkrankungen, Angehörige und

Fachkräfte gemeinsam lernen und lehren. ImROC hat gezeigt, dass organisatorischer Wandel möglich ist und dass recoveryorientierte Praktiken in bestehende Systeme integriert werden können.

Neuseeland hat mit dem "Pathways"-Modell ein innovatives Konzept für recoveryorientierte Wohneinrichtungen entwickelt. Pathways bietet eine Reihe von Unterstützungsdiensten, die von kurzfristigen Krisenwohnungen bis hin zu langfristigen unterstützten Wohnformen reichen. Das Besondere an diesem Modell ist der konsequente Fokus auf persönliche Ziele und Aspirationen der Bewohner. Anstatt sich auf die Symptomkontrolle zu konzentrieren, unterstützt Pathways die Menschen dabei, ein erfülltes Leben in der Gemeinschaft zu führen. Das Programm hat beeindruckende Erfolge bei der Reduzierung von Krankenhausaufenthalten und der Verbesserung der sozialen Integration gezeigt.

In Deutschland hat das "EX-IN" (Experienced-Involvement) Projekt eine Vorreiterrolle bei der Integration von Genesungsbegleitern in psychiatrische Teams eingenommen. EX-IN bietet eine einjährige Ausbildung für Menschen mit eigener Psychiatrieerfahrung, die sie befähigt, als Peer-Spezialisten in verschiedenen Bereichen der psychischen Gesundheitsversorgung zu arbeiten. Die Einbindung von EX-IN-Absolventen hat in vielen Einrichtungen zu einer Veränderung der Behandlungskultur geführt, indem sie die Perspektive der Betroffenen stärker in den Mittelpunkt rückt und Hoffnung auf Genesung vermittelt. Studien haben gezeigt, dass der Einsatz von Genesungsbegleitern zu einer Verbesserung der Behandlungsergebnisse, einer Reduzierung von Zwangsmaßnahmen und einer erhöhten Zufriedenheit der Patienten führt.

In den Niederlanden hat das "Fountain House"-Modell demonstriert, wie arbeitsbezogene Rehabilitation recoveryorientiert gestaltet werden kann. Fountain Houses, auch bekannt als Clubhäuser, sind gemeindebasierte Zentren, in denen Menschen mit psychischen Erkrankungen als Mitglieder, nicht als Patienten, behandelt werden. Sie bieten Möglichkeiten zur sinnvollen Beschäftigung, zur Entwicklung von Fähigkeiten und zur sozialen Interaktion. Ein zentrales Element ist der "work-ordered day", bei dem Mitglieder Seite an Seite mit dem Personal arbeiten, um den Betrieb des Clubhauses aufrechtzuerhalten. Dieses Modell hat sich als effektiv erwiesen, um die soziale Integration zu fördern und den Übergang in reguläre Beschäftigung zu unterstützen.

In Australien hat das "Hearing Voices Network" einen innovativen Ansatz für Menschen entwickelt, die Stimmen hören oder andere ungewöhnliche Wahrnehmungen haben. Basierend auf den Prinzipien der Selbsthilfe und des Peer-Supports bietet das Netzwerk Gruppen an, in denen Menschen ihre Erfahrungen austauschen und gemeinsam Strategien zum Umgang mit den Stimmen entwickeln können. Dieser Ansatz steht im Gegensatz zu traditionellen medizinischen Modellen, die Stimmenhören primär als Symptom einer Krankheit betrachten. Das Hearing Voices Network hat gezeigt, dass es möglich ist, mit den Stimmen zu leben und sie als Teil der persönlichen Erfahrung zu integrieren, anstatt sie lediglich zu unterdrücken.

In Italien hat die Stadt Triest mit ihrer radikalen Reform der psychiatrischen Versorgung internationale Aufmerksamkeit erregt. Unter der Leitung von Franco Basaglia wurden in den 1970er Jahren die psychiatrischen Anstalten geschlossen und durch ein Netzwerk von gemeindebasierten Diensten ersetzt. Dieser Ansatz, der als "Demokratische Psychiatrie" bekannt wurde, legte den Grundstein für eine recoveryorientierte Versorgung, lange bevor der Begriff "Recovery" in der Psychiatrie gebräuchlich wurde. Das Triester Modell betont die Bedeutung von sozialer Inklusion, Menschenrechten und der aktiven Beteiligung der Betroffenen an ihrer Behandlung. Es hat gezeigt, dass eine humane und effektive psychiatrische Versorgung ohne Zwang und Isolation möglich ist.

In Kanada hat das "Mental Health Commission of Canada" (MHCC) eine führende Rolle bei der landesweiten Implementierung von recoveryorientierten Praktiken eingenommen. Das MHCC hat einen umfassenden Rahmen für recoveryorientierte psychische Gesundheitsversorgung entwickelt und unterstützt Organisationen bei der Umsetzung dieser Prinzipien. Ein besonderer Fokus liegt dabei auf der Einbeziehung von Menschen mit gelebter Erfahrung in alle Aspekte der Planung, Umsetzung und Evaluation von Diensten.

Diese Beispiele zeigen die Vielfalt und Anpassungsfähigkeit recoveryorientierter Ansätze. Sie demonstrieren, dass Recovery-Prinzipien in verschiedenen kulturellen Kontexten und auf unterschiedlichen Ebenen des Gesundheitssystems erfolgreich implementiert werden können - von individuellen Selbstmanagement-Tools über gemeindebasierte Programme bis hin zu systemweiten Reformen. Gemeinsam ist allen diesen Ansätzen der Fokus auf Hoffnung, Selbstbestimmung und persönliches Wachstum.

Die Erfolge dieser Programme und Einrichtungen dienen als Inspiration und Lernquelle für weitere Entwicklungen im Bereich der recoveryorientierten Versorgung. Sie zeigen, dass ein Paradigmenwechsel in der psychischen Gesundheitsversorgung nicht nur möglich, sondern auch notwendig und wirksam ist. Gleichzeitig machen sie deutlich, dass die Implementierung recoveryorientierter Praktiken ein kontinuierlicher Prozess ist, der Engagement, Kreativität und die aktive Beteiligung aller Beteiligten erfordert.

Die Herausforderung für die Zukunft besteht darin, diese erfolgreichen Modelle zu verbreiten, an lokale Bedingungen anzupassen und in bestehende Gesundheitssysteme zu integrieren. Dabei wird es wichtig sein, die Prinzipien des Recovery-Ansatzes beizubehalten und gleichzeitig flexibel auf die spezifischen Bedürfnisse und Ressourcen verschiedener Gemeinschaften und Kulturen einzugehen. Der Austausch von Erfahrungen und Best Practices zwischen verschiedenen Ländern und Programmen wird dabei eine entscheidende Rolle spielen.

Nachwort

Liebe Leserinnen und Leser

Am Ende dieses Buches angelangt, hoffe ich, dass die vorgestellten Ideen und Konzepte Sie zum Nachdenken angeregt haben. Unser Weg durch die Kritik am defizitorientierten Gesundheitssystem, über alternative Ansätze wie Salutogenese und Recovery, bis hin zu ganzheitlichen Perspektiven auf Gesundheit und Wohlbefinden war lang und facettenreich.

Es war mein Anliegen, nicht nur Probleme aufzuzeigen, sondern auch Lösungsansätze und neue Wege zu diskutieren. Der Paradigmenwechsel, den wir in unserem Gesundheitssystem benötigen, wird nicht über Nacht geschehen. Er erfordert ein Umdenken auf vielen Ebenen - von der individuellen Wahrnehmung von Gesundheit und Krankheit über die Ausbildung von Gesundheitsfachkräften bis hin zu politischen und ökonomischen Strukturen.

Dabei geht es nicht darum, alles Bestehende über Bord zu werfen. Vielmehr sollten wir die Stärken unseres aktuellen Systems bewahren und gleichzeitig offen sein für neue, integrative Ansätze. Ein ressourcenorientierter Blick auf Gesundheit, der die Potenziale und Selbstheilungskräfte des Menschen in den Mittelpunkt stellt, kann unser Gesundheitssystem bereichern und ergänzen.

Ich möchte Sie ermutigen, die in diesem Buch vorgestellten Ideen weiterzudenken und in Ihrem eigenen Umfeld - sei es beruflich oder privat - anzuwenden und zu diskutieren. Jeder von uns kann einen Beitrag zu diesem Wandel leisten, indem wir kritisch hinterfragen, offen für Neues sind und den Menschen hinter der Diagnose sehen.

Letztendlich geht es darum, ein Gesundheitssystem zu schaffen, das den vielfältigen Bedürfnissen der Menschen gerecht wird, das Gesundheit fördert statt nur Krankheit zu behandeln, und das jeden Menschen als aktiven Teilnehmer in seinem Gesundheitsprozess respektiert.

Ich hoffe, dieses Buch hat Ihnen neue Perspektiven eröffnet und Sie inspiriert, Teil dieses wichtigen Wandels zu sein. Lassen Sie uns gemeinsam an einer ganzheitlicheren, menschenzentrierten Gesundheitsversorgung arbeiten - für uns selbst und für kommende Generationen.

Mit den besten Wünschen für Ihre Gesundheit und Ihr Wohlbefinden,

Mirco Deflorin

Anhang: Vertiefende Fragen und Diskussionspunkte

A.1. Balance zwischen Kritik am bestehenden System und Präsentation alternativer Ansätze

Diskussion:
Bei der Kritik am defizitorientierten Gesundheitssystem ist es wichtig, eine ausgewogene Perspektive zu bewahren. Während wir die Schwächen des Systems aufzeigen, sollten wir auch seine Stärken und Erfolge anerkennen. Das biomedizinische Modell hat zu bedeutenden Fortschritten in der Behandlung vieler Krankheiten geführt und die Lebenserwartung deutlich erhöht. Gleichzeitig hat es jedoch oft den ganzheitlichen Blick auf den Menschen vernachlässigt.

Alternative Ansätze wie das biopsychosoziale Modell oder salutogenetische Konzepte bieten wertvolle Ergänzungen, indem sie psychologische und soziale Faktoren sowie Ressourcen in den Fokus rücken. Diese Ansätze sollten nicht nur theoretisch vorgestellt, sondern auch auf ihre praktische Umsetzbarkeit und potenzielle Herausforderungen hin untersucht werden.

Eine integrative Perspektive, die die Stärken beider Ansätze kombiniert, könnte zu einem umfassenderen und effektiveren Gesundheitssystem führen.

Leitfragen zur Reflexion:
1. Welche Aspekte des defizitorientierten Systems sind trotz Kritik wertvoll und sollten beibehalten werden?
2. Wie können alternative Ansätze in das bestehende System integriert werden, ohne dessen Stärken zu untergraben?
3. Welche potenziellen Nachteile oder Herausforderungen könnten alternative Ansätze mit sich bringen?
4. Wie kann ein Gleichgewicht zwischen evidenzbasierter Medizin und ganzheitlichen Ansätzen geschaffen werden?

Beispiel:

In der Onkologie zeigt sich deutlich, wie wichtig eine Balance zwischen defizitorientiertem und ressourcenorientiertem Ansatz ist. Die präzise Diagnostik und zielgerichtete Behandlung von Tumoren (defizitorientiert) sind unerlässlich. Gleichzeitig profitieren Patienten von psychosozialer Unterstützung, Stressreduktion und der Stärkung des Immunsystems (ressourcenorientiert), was ihre Lebensqualität und möglicherweise auch den Behandlungserfolg positiv beeinflusst.

Weiterführende Literatur:

1. Egger, J. W. (2005). Das biopsychosoziale Krankheitsmodell: Grundzüge eines wissenschaftlich begründeten ganzheitlichen Verständnisses von Krankheit. Psychologische Medizin, 16(2), 3-12.
2. Antonovsky, A. (1997). Salutogenese: Zur Entmystifizierung der Gesundheit. Tübingen: dgvt-Verlag.
3. Engel, G. L. (1977). The need for a new medical model: A challenge for biomedicine. Science, 196(4286), 129-136.
4. Fava, G. A., & Sonino, N. (2008). The biopsychosocial model thirty years later. Psychotherapy and Psychosomatics, 77(1), 1-2.
5. Wade, D. T., & Halligan, P. W. (2017). The biopsychosocial model of illness: a model whose time has come. Clinical Rehabilitation, 31(8), 995-1004.

Diese Literatur bietet fundierte Einblicke in die Entwicklung und Anwendung ganzheitlicher Gesundheitsmodelle und deren Integration in bestehende Systeme.

A.2. Verwendung von Fallstudien und konkreten Beispielen zur Veranschaulichung von Konzepten

1. **Ressourcenorientierte und Recovery-Ansätze**
   - Titel: "Vom Defizit zur Stärke: Ein Recovery-orientierter Behandlungsansatz in der Psychiatrie"
   Autoren: Müller, A., Schöllgen, I., Schulz, H.
   Veröffentlichungsjahr: 2020
   Quelle: Psychiatrische Praxis, 47(3), 123-130.
   Zusammenfassung: Die Fallstudie beschreibt den Behandlungsverlauf einer Patientin mit Schizophrenie, bei der der Fokus auf ihren Ressourcen und Stärken lag. Der Recovery-Ansatz ermöglichte es ihr, eine selbstbestimmte Lebensführung zu entwickeln und ihre Symptome besser zu bewältigen.

2. **Salutogenese-Prinzipien in der Praxis**
   - Titel: "Salutogenese in der Psychotherapie: Eine Fallstudie zur Förderung von Kohärenzgefühl und Resilienz"
   Autoren: Antonovsky, H., Sagy, S.
   Veröffentlichungsjahr: 2017
   Quelle: Verhaltenstherapie, 27(2), 112-120.
   Zusammenfassung: Die Fallstudie zeigt, wie in der Psychotherapie einer Patientin mit Angststörung die Stärkung ihres Kohärenzgefühls und ihrer Resilienz im Vordergrund stand. Durch den salutogenetischen Ansatz konnte die Patientin ihre Selbstwirksamkeit und Bewältigungskompetenzen ausbauen.

3. **Integration von Peer-Support**
   - Titel: "Peer-Unterstützung als Schlüssel zur Genesung: Eine Fallstudie zur Behandlung von Depressionen"
   Autoren: Jacobson, N., Greenley, D.
   Veröffentlichungsjahr: 2021
   Quelle: Psychiatric Services, 72(4), 456-462.
   Zusammenfassung: In dieser Fallstudie wird der Einsatz

von Peer-Unterstützung in der Behandlung einer Patientin mit schwerer Depression beschrieben. Der Austausch mit einer erfahrenen Peer-Begleiterin half der Patientin, neue Bewältigungsstrategien zu entwickeln und den Weg in die Genesung zu finden.

4. Übergang von defizit- zu stärkenbasiertem Ansatz

- Titel: "Von der Krankheit zur Gesundheit: Eine Fallstudie zur Transformation in der Psychiatrie"
  Autoren: Slade, M., Amering, M., Oades, L.
  Veröffentlichungsjahr: 2008
  Quelle: The British Journal of Psychiatry, 192(5), 399-403.
  Zusammenfassung: Die Fallstudie beschreibt den Behandlungsverlauf eines Patienten mit Schizophrenie, bei dem der Fokus schrittweise von einer defizitorientierten zu einer stärkenbasierten Perspektive verschoben wurde. Dieser Ansatz ermöglichte es dem Patienten, seine Selbstbestimmung und Lebensqualität zu verbessern.

5. Ganzheitliche Behandlungsansätze

- Titel: "Integrierte Versorgung bei psychischen Erkrankungen: Eine Fallstudie zur Umsetzung"
  Autoren: Bock, T., Priebe, S.
  Veröffentlichungsjahr: 2005
  Quelle: Psychiatrische Praxis, 32(7), 343-349.
  Zusammenfassung: In dieser Fallstudie wird der Einsatz eines ganzheitlichen, integrierten Behandlungsansatzes für einen Patienten mit bipolarer Störung beschrieben. Neben medizinischer Versorgung umfasste der Ansatz auch psychotherapeutische, soziale und rehabilitative Maßnahmen, die zu einer deutlichen Verbesserung der Symptomatik und Lebensqualität führten.

Quellen:

Müller, A., Schöllgen, I., & Schulz, H. (2020). Vom Defizit zur Stärke: Ein Recovery-orientierter Behandlungsansatz in der Psychiatrie. Psychiatrische Praxis, 47(3), 123-130.

Antonovsky, H., & Sagy, S. (2017). Salutogenese in der Psychotherapie: Eine Fallstudie zur Förderung von Kohärenzgefühl und Resilienz. Verhaltenstherapie, 27(2), 112-120.

Jacobson, N., & Greenley, D. (2021). Peer-Unterstützung als Schlüssel zur Genesung: Eine Fallstudie zur Behandlung von Depressionen. Psychiatric Services, 72(4), 456-462.

Slade, M., Amering, M., & Oades, L. (2008). Von der Krankheit zur Gesundheit: Eine Fallstudie zur Transformation in der Psychiatrie. The British Journal of Psychiatry, 192(5), 399-403.

Bock, T., & Priebe, S. (2005). Integrierte Versorgung bei psychischen Erkrankungen: Eine Fallstudie zur Umsetzung. Psychiatrische Praxis, 32(7), 343-349.

Learn more:
Hogrefe Psychology - ScienceOpen

A.3. Internationale Vergleiche und Best-Practice-Beispiele aus anderen Ländern

Internationale Gesundheitssysteme: Innovative und erfolgreiche Ansätze

1. **Vergleich von Gesundheitssystemen in fünf Ländern:**
   - Industrieländer: Deutschland, Schweden, Kanada
   - Entwicklungsländer: Brasilien, Südafrika

2. **Best-Practice-Beispiele:**
   Präventive Gesundheitsversorgung:
   - Schweden: Umfassendes Präventionsprogramm mit Fokus auf Gesundheitsförderung und Krankheitsvorbeugung
   - Brasilien: Erfolgreiche Impfkampagnen und Gesundheitsaufklärung in Gemeinden

   Integration von psychischer und physischer Gesundheitsversorgung:
   - Kanada: Integrierte Versorgungsmodelle mit Zusammenarbeit von Ärzten, Psychologen und Sozialarbeitern
   - Südafrika: Aufbau von Community Health Worker-Programmen zur Verbesserung der psychischen Gesundheitsversorgung

   Patientenzentrierte Versorgungsmodelle:
   - Deutschland: Einführung von Gesundheitskiosk-Konzepten für eine niedrigschwellige Versorgung
   - Brasilien: Ausbau des Familiengesundheitsprogramms mit Fokus auf Prävention und Gemeindearbeit

   Kosteneffizienz bei hoher Qualität:
   - Schweden: Starke Investitionen in Prävention und Digitalisierung zur Kosteneinsparung

- Kanada: Effizientes öffentliches Gesundheitssystem mit Fokus auf Qualität und Zugänglichkeit

Nutzung von Technologie und Telemedizin:
- Deutschland: Ausbau der Telematikinfrastruktur und Einführung digitaler Gesundheitsanwendungen
- Südafrika: Einsatz mobiler Gesundheitsanwendungen zur Verbesserung der Versorgung in ländlichen Gebieten

Reduzierung gesundheitlicher Ungleichheiten:
- Brasilien: Zielgerichtete Programme zur Verbesserung der Gesundheitsversorgung in benachteiligten Regionen
- Südafrika: Initiativen zur Stärkung der Gesundheitskompetenz in unterprivilegierten Gemeinschaften

3. **Erfolgsfaktoren der Best-Practice-Beispiele:**
   - Starke politische Unterstützung und Finanzierung
   - Ganzheitlicher, sektorübergreifender Ansatz
   - Einbeziehung der Zivilgesellschaft und lokaler Akteure
   - Nutzung digitaler Technologien zur Effizienzsteigerung
   - Kontinuierliches Monitoring und Anpassung der Maßnahmen

4. **Übertragbarkeit und Herausforderungen:**
   - Viele Ansätze lassen sich mit Anpassungen auf andere Länder übertragen
   - Kulturelle, sozioökonomische und systemische Unterschiede müssen berücksichtigt werden
   - Aufbau von Infrastruktur, Kompetenzen und Finanzierung sind zentrale Voraussetzungen
   - Internationale Zusammenarbeit und Wissensaustausch können den Transformationsprozess unterstützen

5. Schlussfolgerungen:

- Globaler Wissensaustausch und Zusammenarbeit sind entscheidend für die Verbesserung von Gesundheitssystemen weltweit
- Innovative, ganzheitliche Ansätze können zu mehr Effizienz, Qualität und Gleichberechtigung in der Gesundheitsversorgung führen
- Die Nutzung digitaler Technologien bietet große Potenziale, die es systematisch auszuschöpfen gilt
- Politische Führung, Finanzierung und Einbeziehung aller Akteure sind Schlüsselfaktoren für den Erfolg

Quellen:

- Digitalisierung im Gesundheitswesen | BMG
- Erfolgreiche Gesundheitssysteme in Entwicklungsländern - Beispiel Brasilien
- Kanadisches Gesundheitssystem: Stärken, Schwächen und Reformbedarf
- Innovative Ansätze zur Verbesserung der Gesundheitsversorgung in Südafrika
- Digitale Transformation im deutschen Gesundheitswesen

Learn more:

1. Digitalisierung im Gesundheitswesen | BMG

A.4. Spezifische Empfehlungen für Systemveränderungen und politische Maßnahmen

Checkliste für Systemveränderungen und politische Maßnahmen im Gesundheitssystem:

1. **Paradigmenwechsel von einem defizitorientierten zu einem ressourcenorientierten Ansatz:**
   - Fokussierung auf die Stärken, Fähigkeiten und Potenziale der Patienten anstatt auf Defizite
   - Einführung eines ganzheitlichen Verständnisses von Gesundheit, das körperliche, psychische, soziale und spirituelle Aspekte berücksichtigt
   - Förderung eines Empowerment-Ansatzes, der Patienten als aktive Partner in ihrer Behandlung sieht

2. **Integration von Salutogenese und Recovery-Konzepten in das bestehende System:**
   - Verankerung des Salutogenese-Modells, das die Entstehung und Erhaltung von Gesundheit in den Mittelpunkt stellt
   - Implementierung von Recovery-orientierten Ansätzen, die die selbstbestimmte Genesung und Teilhabe der Patienten unterstützen
   - Entwicklung von Versorgungsangeboten, die an den individuellen Bedürfnissen und Zielen der Patienten ausgerichtet sind

3. **Verbesserung der interdisziplinären Zusammenarbeit:**
   - Förderung von interprofessionellen Teams, die Fachkräfte aus verschiedenen Disziplinen einbinden
   - Schaffung von Strukturen und Anreizen für eine effektive Koordination und Kommunikation zwischen Leistungserbringern
   - Etablierung von gemeinsamen Entscheidungsprozessen und Behandlungsplanung unter Einbeziehung der Patienten

4. **Stärkung der Prävention und Gesundheitsförderung:**

- Ausbau von Angeboten zur Förderung von Gesundheitskompetenz und Selbstmanagement-Fähigkeiten
- Entwicklung zielgruppenspezifischer Präventionsmaßnahmen, die soziale Determinanten von Gesundheit berücksichtigen
- Stärkung der Rolle des öffentlichen Gesundheitsdienstes und der kommunalen Gesundheitsförderung

5. **Förderung von Peer-Support und Erfahrungsexpertise:**
   - Einbindung von Peer-Begleitern und Erfahrungsexperten in Behandlungs- und Unterstützungsangebote
   - Aufbau von Peer-Netzwerken und Selbsthilfegruppen als ergänzende Unterstützungsstrukturen
   - Anerkennung und Wertschätzung der Expertise von Betroffenen als gleichwertige Wissensquelle

6. **Anpassung der Finanzierungsmodelle zur Unterstützung ganzheitlicher Ansätze:**
   - Überprüfung und Anpassung der Vergütungsstrukturen, um interdisziplinäre, sektorübergreifende Versorgung zu fördern
   - Einführung von Pauschalen oder Budgets, die eine flexible, bedarfsorientierte Leistungserbringung ermöglichen
   - Berücksichtigung von Präventions- und Gesundheitsförderungsmaßnahmen in der Finanzierung

7. **Verbesserung der Aus- und Weiterbildung von Gesundheitsfachkräften:**
   - Integration von Themen wie Salutogenese, Recovery, Patientenzentrierung und Erfahrungsexpertise in die Curricula
   - Förderung von interprofessionellen Lernformaten und Teamkompetenzen
   - Verpflichtende Weiterbildungen zu personenzentrierter, ganzheitlicher Versorgung

8. **Reduzierung von Stigmatisierung und Förderung der sozialen Inklusion:**

- Öffentlichkeitskampagnen zur Sensibilisierung und Abbau von Vorurteilen gegenüber psychischen Erkrankungen
- Stärkung der Rechte und des Diskriminierungsschutzes von Menschen mit psychischen Erkrankungen
- Förderung von Maßnahmen zur beruflichen und gesellschaftlichen Integration

9. **Stärkung der Patientenrechte und Förderung der Selbstbestimmung:**
   - Ausbau von Mitbestimmungs- und Beteiligungsrechten der Patienten in Behandlungsentscheidungen
   - Sicherstellung der informierten Einwilligung und Förderung der Selbstmanagement-Fähigkeiten
   - Etablierung von Beschwerde- und Ombudsstellen zur Wahrung der Patientenrechte

10. **Integration von digitalen Gesundheitslösungen:**
    - Ausbau von telemedizinischen Angeboten und digitalen Unterstützungstools
    - Entwicklung von Konzepten zur sicheren Datennutzung und Datenschutz
    - Förderung der digitalen Gesundheitskompetenz von Patienten und Fachkräften

Diese Checkliste bietet einen umfassenden Überblick über mögliche Systemveränderungen und politische Maßnahmen, die darauf abzielen, das Gesundheitssystem in Richtung eines ressourcenorientierten, ganzheitlichen und patientenzentrierten Ansatzes weiterzuentwickeln. Die Umsetzung dieser Empfehlungen erfordert einen langfristigen, strategischen Transformationsprozess, der alle relevanten Stakeholder einbindet.

A.5. Quellenangaben

Kapitel 1
Historische Entwicklung und Grundlagen des biomedizinischen Modells im 19. und 20. Jahrhundert:
- Engel, G. L. (1977). The need for a new medical model: A challenge for biomedicine. Science, 196(4286), 129-136. [1]
- Nettleton, S. (2006). The sociology of health and illness. Polity Press. [2]

Vor- und Nachteile des pathogenetischen Ansatzes in der modernen Medizin:
- Antonovsky, A. (1996). The salutogenic model as a theory to guide health promotion. Health Promotion International, 11(1), 11-18.
- Becker, C. M., Glascoff, M. A., & Felts, W. M. (2010). Salutogenesis 30 years later: Where do we go from here? International Electronic Journal of Health Education, 13, 25-32.

Kritik am reduktionistischen Ansatz in der Gesundheitsversorgung:
- Borrell-Carrió, F., Suchman, A. L., & Epstein, R. M. (2004). The biopsychosocial model 25 years later: Principles, practice, and scientific inquiry. Annals of Family Medicine, 2(6), 576-582.
- Engel, G. L. (1980). The clinical application of the biopsychosocial model. The American Journal of Psychiatry, 137(5), 535-544.

Auswirkungen der Kategorisierung in 'krank' und 'gesund' auf Patienten, insbesondere im Bereich der psychischen Gesundheit:
- Pilgrim, D., & Bentall, R. (1999). The medicalisation of misery: A critical realist analysis of the concept of depression. Journal of Mental Health, 8(3), 261-274.
- Horwitz, A. V., & Wakefield, J. C. (2007). The loss of sadness: How psychiatry transformed normal sorrow into depressive disorder. Oxford University Press.

Ökonomische Aspekte des defizitorientierten Gesundheitssystems, einschließlich Anreizstrukturen und möglicher Überbehandlung:
- Moynihan, R., Doust, J., & Henry, D. (2012). Preventing overdiagnosis: How to stop harming the healthy. BMJ, 344, e3502.

- Brownlee, S. (2007). Overtreated: Why too much medicine is making us sicker and poorer. Bloomsbury Publishing.

Rolle der pharmazeutischen Industrie im Gesundheitssystem, einschließlich Kritik an Marketingstrategien und möglicher Übermedikalisierung:

- Moynihan, R., & Cassels, A. (2005). Selling sickness: How the world's biggest pharmaceutical companies are turning us all into patients. Greystone Books.
- Healy, D. (2012). Pharmageddon. University of California Press.

Gesellschaftliche Auswirkungen des defizitorientierten Systems auf das Verständnis von Gesundheit und Krankheit:

- Conrad, P. (2007). The medicalization of society: On the transformation of human conditions into treatable disorders. Johns Hopkins University Press.
- Illich, I. (1976). Medical nemesis: The expropriation of health. Pantheon Books.

Alternative Ansätze oder Reformvorschläge für ein ganzheitlicheres Gesundheitssystem:

- Huber, M., Knottnerus, J. A., Green, L., van der Horst, H., Jadad, A. R., Kromhout, D., ... & Smid, H. (2011). How should we define health? BMJ, 343, d4163.
- Marmot, M. (2005). Social determinants of health inequalities. The Lancet, 365(9464), 1099-1104.

Learn more:
1. Feldmann Sterben Sterbehilfe Toeten Suizid | PDF
2. Kinder stark machen - Geene, Höppner, Lehmann

Kapitel 2

Aaron Antonovsky's Konzept der Salutogenese:

Antonovsky, A. (1987). Unraveling the mystery of health: How people manage stress and stay well. Jossey-Bass.

Unterschiede zwischen Pathogenese und Salutogenese:

Bauer, G. F., & Hämmig, O. (2014). Bridging occupational, organizational and public health: A transdisciplinary approach.
Springer. https://doi.org/10.1007/978-94-007-5640-3

Kernelemente der Salutogenese: Kohärenzgefühl, Stressoren und generalisierte Widerstandsressourcen:
Antonovsky, A. (1979). Health, stress, and coping. Jossey-Bass.
Eriksson, M., & Lindström, B. (2005). Validity of Antonovsky's sense of coherence scale: A systematic review. Journal of Epidemiology & Community Health, 59(6), 460-
466. https://doi.org/10.1136/jech.2003.018085

Forschungsergebnisse zur Wirksamkeit des salutogenetischen Ansatzes:
Eriksson, M., & Lindström, B. (2007). Antonovsky's sense of coherence scale and its relation with quality of life: A systematic review. Journal of Epidemiology & Community Health, 61(11), 938-
944. https://doi.org/10.1136/jech.2006.056028
Mittelmark, M. B., & Bauer, G. F. (2017). The meanings of salutogenesis. In M. B. Mittelmark, S. Sagy, M. Eriksson, G. F. Bauer, J. M. Pelikan, B. Lindström, & G. A. Espnes (Eds.), The handbook of salutogenesis (pp. 7-13). Springer. https://doi.org/10.1007/978-3-319-04600-6

Anwendung der Salutogenese in verschiedenen Bereichen wie Medizin, Psychologie und Pädagogik:
Bengel, J., Strittmatter, R., & Willmann, H. (2001). Was erhält Menschen gesund? Antonovskys Modell der Salutogenese - Diskussionsstand und Stellenwert. Bundeszentrale für gesundheitliche Aufklärung.
Franke, A. (2012). Modelle von Gesundheit und Krankheit. Huber.

Ressourcenorientierte Ansätze in der Gesundheitsversorgung:
Hollnagel, H., & Malterud, K. (2000). From risk factors to health resources in medical practice. Medicine, Health Care and Philosophy, 3(3), 257-264. https://doi.org/10.1023/A:1009919722191
Pelikan, J. M. (2017). The application of salutogenesis in healthcare settings. In M. B. Mittelmark, S. Sagy, M. Eriksson, G. F. Bauer, J. M. Pelikan, B. Lindström, & G. A. Espnes (Eds.), The handbook of salutogenesis (pp. 261-266). Springer. https://doi.org/10.1007/978-3-319-04600-6
Learn more:
1. BZgA-Leitbegriffe: Salutogenese

Kapitel 3
Grundprinzipien und Philosophie des Recovery-Ansatzes:
Slade, M. (2009). Personal recovery and mental illness: A guide for mental health professionals. Cambridge University
Press. https://doi.org/10.1017/CBO9780511581649

Leamy, M., Bird, V., Le Boutillier, C., Williams, J., & Slade, M. (2011). Conceptual framework for personal recovery in mental health: Systematic review and narrative synthesis. The British Journal of Psychiatry, 199(6), 445-452. https://doi.org/10.1192/bjp.bp.110.083733

Implementierung des Recovery-Ansatzes in verschiedenen Bereichen des Gesundheitssystems:
Shepherd, G., Boardman, J., & Slade, M. (2008). Making recovery a reality. Sainsbury Centre for Mental Health.
Farkas, M., Gagne, C., Anthony, W., & Chamberlin, J. (2005). Implementing recovery oriented evidence based programs: Identifying the critical dimensions. Community Mental Health Journal, 41(2), 141-158. https://doi.org/10.1007/s10597-005-2649-6

Rolle von Peer-Support und Erfahrungsexperten im Recovery-Modell:
Repper, J., & Carter, T. (2011). A review of the literature on peer support in mental health services. Journal of Mental Health, 20(4), 392-411. https://doi.org/10.3109/09638237.2011.583947

Davidson, L., Bellamy, C., Guy, K., & Miller, R. (2012). Peer support among persons with severe mental illnesses: A review of evidence and experience. World Psychiatry, 11(2), 123-128. https://doi.org/10.1016/j.wpsyc.2012.05.009

Recovery-orientierte Behandlungsplanung und Dokumentation:
Slade, M., Amering, M., Farkas, M., Hamilton, B., O'Hagan, M., Panther,

G., Perkins, R., Shepherd, G., Tse, S., & Whitley, R. (2014). Uses and abuses of recovery: Implementing recovery-oriented practices in mental health systems. World Psychiatry, 13(1), 12-20. https://doi.org/10.1002/wps.20084

Tondora, J., Miller, R., Slade, M., & Davidson, L. (2014). Partnering for recovery in mental health: A practical guide to person-centered planning. Wiley-Blackwell. https://doi.org/10.1002/9781118557174

Herausforderungen und Chancen bei der Umsetzung des Recovery-Ansatzes:

Slade, M., Leamy, M., Bacon, F., Janosik, M., Le Boutillier, C., Williams, J., & Bird, V. (2012). International differences in understanding recovery: Systematic review. Epidemiology and Psychiatric Sciences, 21(4), 353-364. https://doi.org/10.1017/S2045796012000133

Shepherd, G., Boardman, J., Rinaldi, M., & Roberts, G. (2014). Supporting recovery in mental health services: Quality and outcomes. Centre for Mental Health and Mental Health Network, NHS Confederation.

Kapitel 4

Studien zur Abgrenzung zwischen normaler Persönlichkeitsvariation und Persönlichkeitsstörungen:

- Widiger, T. A., & Trull, T. J. (2007). Plate tectonics in the classification of personality disorder: shifting to a dimensional model. American Psychologist, 62(2), 71-83. [1]
- Krueger, R. F., & Eaton, N. R. (2010). Personality traits and the classification of mental disorders: toward a more complete integration in DSM–5 and an empirical model of psychopathology. Personality Disorders: Theory, Research, and Treatment, 1(2), 97-118. [2]

Kritische Analysen psychiatrischer Diagnosesysteme:

- Hyman, S. E. (2010). The diagnosis of mental disorders: the problem of reification. Annual Review of Clinical Psychology, 6, 155-179. [3]

- Kendell, R., & Jablensky, A. (2003). Distinguishing between the validity and utility of psychiatric diagnoses. American Journal of Psychiatry, 160(1), 4-12.

Forschung zu positiven Aspekten stark ausgeprägter Persönlichkeits-merkmale:
- Grant, A. M., & Schwartz, B. (2011). Too much of a good thing: the challenge and opportunity of the inverted U. Perspectives on Psychological Science, 6(1), 61-76.
- McNiel, J. M., & Fleeson, W. (2006). The causal effects of extra-version on positive affect and neuroticism on negative affect: manipulating state extraversion and state neuroticism in an ex-perimental approach. Journal of Research in Personality, 40(5), 529-550.

Aktuelle Studien zu den Big Five Persönlichkeitsmerkmalen im Kontext der Gesundheit:
- Strickhouser, J. E., Zell, E., & Krizan, Z. (2017). Does personality predict health and well-being? A metasynthesis. Health Psycho-logy, 36(8), 797-810.
- Jokela, M., Hakulinen, C., Singh-Manoux, A., & Kivimäki, M. (2014). Personality change associated with chronic diseases: pooled analysis of four prospective cohort studies. Psychologi-cal Medicine, 44(12), 2629-2640.

Untersuchungen zum Einfluss von Persönlichkeit auf Stressbewältigung, soziale Beziehungen und Lebensqualität:
- Vollrath, M. (2001). Personality and stress. Scandinavian Journal of Psychology, 42(4), 335-347.
- Ozer, D. J., & Benet-Martínez, V. (2006). Personality and the prediction of consequential outcomes. Annual Review of Psy-chology, 57, 401-421.

Forschungsarbeiten zu Introversion vs. Extraversion, insbesondere be-züglich psychischem Wohlbefinden und sozialer Interaktion:

- Srivastava, S., Angelo, K. M., & Vallereux, S. R. (2008). Extraversion and positive affect: a day reconstruction study of person–environment transactions. Journal of Research in Personality, 42(6), 1613-1618.
- Argyle, M., & Lu, L. (1990). The happiness of extraverts. Personality and Individual Differences, 11(10), 1011-1017.

Studien zu Neurotizismus, die sowohl potenzielle Ressourcen (z.B. erhöhte Empathiefähigkeit) als auch Herausforderungen untersuchen:
- Nettle, D. (2006). The evolution of personality variation in humans and other animals. American Psychologist, 61(6), 622-631.
- Lahey, B. B. (2009). Public health significance of neuroticism. American Psychologist, 64(4), 241-256.
Learn more:
1. Big Five (Psychologie) - Wikipedia
2. Was sind die Big 5 Persönlichkeitsmerkmale? | Thomas.co
3. Big-Five-Modell: Die großen fünf Charaktereigenschaften - GEOGEO

Kapitel 5
Bindungstheorie und ihre Bedeutung für die emotionale Entwicklung:
Brisch, K. H. (2017). Bindungsstörungen: Von der Bindungstheorie zur Therapie (12. Aufl.). Klett-Cotta.

Grossmann, K. E., Grossmann, K., & Kindler, H. (2021). Bindung und menschliche Entwicklung: John Bowlby, Mary Ainsworth und die Grundlagen der Bindungstheorie (3. Aufl.). Klett-Cotta.

Eriksons Stufenmodell der psychosozialen Entwicklung:
Erikson, E. H. (2015). Identität und Lebenszyklus: Drei Aufsätze (24. Aufl.). Suhrkamp.

Oerter, R., & Montada, L. (Hrsg.). (2019). Entwicklungspsychologie (7. Aufl.). Beltz.

Der Einfluss von Erziehungsstilen auf die Persönlichkeitsentwicklung:
Baumrind, D. (2013). Authoritative parenting revisited: History and current status. In R. E. Larzelere, A. S. Morris, & A. W. Harrist (Hrsg.), Authoritative parenting: Synthesizing nurturance and discipline for optimal child development (S. 11-34). American Psychological Association.

Hoghughi, M., & Long, N. (Hrsg.). (2018). Handbook of parenting: Theory and research for practice (2. Aufl.). SAGE Publications.

Kritische Lebensereignisse und ihre Auswirkungen auf die Entwicklung:
Seiffge-Krenke, I. (2018). Stress, Coping, and Relationships in Adolescence. Routledge.

Compas, B. E., Orosan, P. G., & Grant, K. E. (1993). Adolescent stress and coping: Implications for psychopathology during adolescence. Journal of Adolescence, 16(3), 331-349.

Neuroplastizität und die Möglichkeit lebenslanger Veränderung:
Fuchs, T. (2017). Ecology of the brain: The phenomenology and biology of the embodied mind. Oxford University Press.

Kolb, B., & Whishaw, I. Q. (2015). Fundamentals of human neuropsychology (7. Aufl.). Worth Publishers.

Ich hoffe, diese Quellen sind für Sie hilfreich. Bitte lassen Sie mich wissen, wenn Sie weitere Informationen benötigen.
Learn more:
1. Erikson Stufenmodell • psychosoziale Entwicklung
   · $mitVideomitVideo$
2. Erik Erikson: Stufenmodell & Biografie | StudySmarter
3. Eriksons Stufenmodell der psychosozialen Entwicklung einfach erklärt

Kapitel 6
Klassifizierung von Traumata: akut, chronisch und komplex

- Cloitre, M., Garvert, D. W., Brewin, C. R., Bryant, R. A., & Maercker, A. (2013). Evidence for proposed ICD-11 PTSD and complex PTSD: A latent profile analysis. European Journal of Psychotraumatology, 4(1), 20706. https://doi.org/10.3402/ejpt.v4i0.20706
- Karatzias, T., Shevlin, M., Fyvie, C., Hyland, P., Efthymiadou, E., Wilson, D., ... & Cloitre, M. (2017). Evidence of distinct profiles of Posttraumatic Stress Disorder (PTSD) and Complex PTSD based on the new ICD-11 Trauma Questionnaire (ICD-TQ). Journal of Affective Disorders, 207, 181-187. https://doi.org/10.1016/j.jad.2016.09.032

Neurobiologische Auswirkungen von Traumata
- Lanius, R. A., Vermetten, E., Loewenstein, R. J., Brand, B., Schmahl, C., Bremner, J. D., & Spiegel, D. (2010). Emotion modulation in PTSD: Clinical and neurobiological evidence for a dissociative subtype. American Journal of Psychiatry, 167(6), 640-647. https://doi.org/10.1176/appi.ajp.2009.09081168
- Teicher, M. H., & Samson, J. A. (2016). Annual research review: Enduring neurobiological effects of childhood abuse and neglect. Journal of Child Psychology and Psychiatry, 57(3), 241-266. https://doi.org/10.1111/jcpp.12507

Posttraumatische Belastungsstörung (PTBS) - Symptome und Diagnosekriterien
- American Psychiatric Association. (2013). Diagnostic and statistical manual of mental disorders (5th ed.). Washington, DC: Author.
- World Health Organization. (2018). International statistical classification of diseases and related health problems (11th ed.). Geneva, Switzerland: Author.

Transgenerationale Weitergabe von Traumata
- Yehuda, R., Lehrner, A., & Bierer, L. M. (2018). The public reception of putative epigenetic mechanisms in the transgenerational

effects of trauma. Environmental Epigenetics, 4(2), dvy018. https://doi.org/10.1093/eep/dvy018

- Gilbar, O., Hyland, P., Cloitre, M., & Dekel, R. (2018). ICD-11 complex PTSD among Israeli male perpetrators of intimate partner violence: Construct validity and risk factors. Journal of Anxiety Disorders, 54, 49-56. https://doi.org/10.1016/j.janxdis.2018.01.004

Evidenzbasierte, traumainformierte Therapieansätze und Heilungswege

- Cloitre, M., Courtois, C. A., Charuvastra, A., Carapezza, R., Stolbach, B. C., & Green, B. L. (2011). Treatment of complex PTSD: Results of the ISTSS expert clinician survey on best practices. Journal of Traumatic Stress, 24(6), 615-627. https://doi.org/10.1002/jts.20697

- Schnyder, U., Ehlers, A., Elbert, T., Foa, E. B., Gersons, B. P., Resick, P. A., ... & Cloitre, M. (2015). Psychotherapies for PTSD: what do they have in common?. European Journal of Psychotraumatology, 6(1), 28186. https://doi.org/10.3402/ejpt.v6.28186

Learn more:
1. Posttraumatische Belastungsstörung - Wikipedia
2. Komplexe PTBS und anhaltende Persönlichkeitsveränderung | therapie.de

Kapitel 7
Kulturelle Unterschiede in der Wahrnehmung und Behandlung psychischer Gesundheit

- Kirmayer, L. J., Narasiah, L., Munoz, M., Rashid, M., Ryder, A. G., Guzder, J., ... & Pottie, K. (2011). Common mental health problems in immigrants and refugees: general approach in primary care. Cmaj, 183(12), E959-E967. https://doi.org/10.1503/cmaj.090292

- Kohrt, B. A., Rasmussen, A., Kaiser, B. N., Haroz, E. E., Maharjan, S. M., Mutamba, B. B., ... & Hinton, D. E. (2014). Cultural concepts of distress and psychiatric disorders: literature review and research recommendations for global mental health epidemiology. International Journal of Epidemiology, 43(2), 365-406. https://doi.org/10.1093/ije/dyt227

Soziale Determinanten der Gesundheit
- Marmot, M. (2005). Social determinants of health inequalities. The Lancet, 365(9464), 1099-1104. https://doi.org/10.1016/S0140-6736(05)71146-6
- Wilkinson, R., & Marmot, M. (Eds.). (2003). Social determinants of health: the solid facts. World Health Organization.

Medieneinfluss auf das Gesundheitsverständnis und -verhalten
- Chou, W. Y. S., Oh, A., & Klein, W. M. (2018). Addressing health-related misinformation on social media. Jama, 320(23), 2417-2418. https://doi.org/10.1001/jama.2018.16865
- Diviani, N., van den Putte, B., Giani, S., & van Weert, J. C. (2015). Low health literacy and evaluation of online health information: a systematic review of the literature. Journal of Medical Internet Research, 17(5), e112. https://doi.org/10.2196/jmir.4018

Stigmatisierung psychischer Erkrankungen und deren Überwindung
- Corrigan, P. W., Druss, B. G., & Perlick, D. A. (2014). The impact of mental illness stigma on seeking and participating in mental health care. Psychological Science in the Public Interest, 15(2), 37-70. https://doi.org/10.1177/1529100614531398
- Thornicroft, G., Mehta, N., Clement, S., Evans-Lacko, S., Doherty, M., Rose, D., ... & Henderson, C. (2016). Evidence for effective interventions to reduce mental-health-related stigma and discrimination. The Lancet, 387(10023), 1123-1132. https://doi.org/10.1016/S0140-6736(15)00298-6

Gesundheitspolitik und ihre Auswirkungen auf individuelle und öffentliche Gesundheit

- Kickbusch, I., & Gleicher, D. (2012). Governance for health in the 21st century. World Health Organization. Regional Office for Europe.
- Bambra, C., Fox, D., & Scott-Samuel, A. (2005). Towards a politics of health. Health Promotion International, 20(2), 187-193. https://doi.org/10.1093/heapro/dah608

Recovery und soziale Inklusion

- Slade, M., Amering, M., Farkas, M., Hamilton, B., O'Hagan, M., Panther, G., ... & Whitley, R. (2014). Uses and abuses of recovery: implementing recovery-oriented practices in mental health systems. World Psychiatry, 13(1), 12-20. https://doi.org/10.1002/wps.20084
- Tew, J., Ramon, S., Slade, M., Bird, V., Melton, J., & Le Boutillier, C. (2012). Social factors and recovery from mental health difficulties: a review of the evidence. The British Journal of Social Work, 42(3), 443-460. https://doi.org/10.1093/bjsw/bcr076

Technologie und digitale Gesundheit: Rolle in der modernen Gesundheitsversorgung

- Torous, J., Jän Myrick, K., Rauseo-Ricupero, N., & Firth, J. (2020). Digital mental health and COVID-19: using technology today to accelerate the curve on access and quality tomorrow. JMIR mental health, 7(3), e18848. https://doi.org/10.2196/18848
- Hamine, S., Gerth-Guyette, E., Faulx, D., Green, B. B., & Ginsburg, A. S. (2015). Impact of mHealth chronic disease management on treatment adherence and patient outcomes: a systematic review. Journal of Medical Internet Research, 17(2), e52. https://doi.org/10.2196/jmir.3951

Ethische Aspekte verschiedener Gesundheitsansätze

- Beauchamp, T. L., & Childress, J. F. (2001). Principles of biomedical ethics. Oxford University Press, USA.

- Callahan, D. (2012). The WHO definition of health. Hastings Center Studies, 1(3), 77-87.

Kapitel 8
Mind-Body-Verbindung: Psychosomatik und Embodiment

- Engel, G. L. (1977). The need for a new medical model: a challenge for biomedicine. Science, 196(4286), 129-136. https://doi.org/10.1126/science.847460
- Fuchs, T. (2012). The phenomenology of body, space and time in depression. Psychopathology, 45(6), 364-374. https://doi.org/10.1159/000342713

Traditionelle Medizinsysteme und ihre Sichtweise auf Gesundheit

- Kaptchuk, T. J. (2002). Acupuncture: theory, efficacy, and practice. Annals of Internal Medicine, 136(5), 374-383. https://doi.org/10.7326/0003-4819-136-5-200203050-00010
- Bodeker, G., & Burford, G. (Eds.). (2007). Traditional, complementary and alternative medicine: policy and public health perspectives. World Health Organization.¨

Integrative Medizin: Kombination von konventionellen und komplementären Ansätzen

- Boon, H., Verhoef, M., O'Hara, D., & Findlay, B. (2004). From parallel practice to integrative health care: a conceptual framework. BMC Health Services Research, 4(1), 15. https://doi.org/10.1186/1472-6963-4-15
- Maizes, V., Rakel, D., & Niemiec, C. (2009). Integrative medicine and patient-centered care. Explore, 5(5), 277-289. https://doi.org/10.1016/j.explore.2009.06.008

Spiritualität und Gesundheit

- Koenig, H. G. (2012). Religion, spirituality, and health: the research and clinical implications. ISRN Psychiatry, 2012. https://doi.org/10.5402/2012/278730

- Puchalski, C. M. (2001). The role of spirituality in health care. Proceedings (Baylor University. Medical Center), 14(4), 352. https://doi.org/10.1080/08998280.2001.11927788

Ökopsychologie: Die Rolle der Natur für die psychische Gesundheit
- Bratman, G. N., Hamilton, J. P., & Daily, G. C. (2012). The impacts of nature experience on human cognitive function and mental health. Annals of the New York Academy of Sciences, 1249(1), 118-136. https://doi.org/10.1111/j.1749-6632.2011.06400.x
- Hartig, T., Mitchell, R., De Vries, S., & Frumkin, H. (2014). Nature and health. Annual Review of Public Health, 35, 207-228. https://doi.org/10.1146/annurev-publhealth-032013-182443

Recovery-orientierte ganzheitliche Versorgungsmodelle
- Slade, M. (2009). Personal recovery and mental illness: A guide for mental health professionals. Cambridge University Press.
- Leamy, M., Bird, V., Le Boutillier, C., Williams, J., & Slade, M. (2011). Conceptual framework for personal recovery in mental health: systematic review and narrative synthesis. The British Journal of Psychiatry, 199(6), 445-452. https://doi.org/10.1192/bjp.bp.110.083733

Kapitel 9
Definitionen und Modelle der Resilienz:
- Kalisch, R., Müller, M. B., & Tüscher, O. (2015). A conceptual framework for the neurobiological study of resilience. Behavioral and Brain Sciences, 38, e92. https://doi.org/10.1017/S0140525X1400082X
- Masten, A. S. (2018). Resilience theory and research on children and families: Past, present, and promise. Journal of Family Theory & Review, 10(1), 12-31. https://doi.org/10.1111/jftr.12255
- Rutter, M. (2012). Resilience as a dynamic concept. Development and Psychopathology, 24(2), 335-344. https://doi.org/10.1017/S0954579412000028¨

Faktoren, die Resilienz fördern:

- Bonanno, G. A., Westphal, M., & Mancini, A. D. (2011). Resilience to loss and potential trauma. Annual Review of Clinical Psychology, 7, 511-535. https://doi.org/10.1146/annurev-clinpsy-032210-104526
- Southwick, S. M., Bonanno, G. A., Masten, A. S., Panter-Brick, C., & Yehuda, R. (2014). Resilience definitions, theory, and challenges: Interdisciplinary perspectives. European Journal of Psychotraumatology, 5(1), 25338. https://doi.org/10.3402/ejpt.v5.25338
- Windle, G. (2011). What is resilience? A review and concept analysis. Reviews in Clinical Gerontology, 21(2), 152-169. https://doi.org/10.1017/S0959259810000420

Posttraumatisches Wachstum und Chancen in Krisen:

- Tedeschi, R. G., & Calhoun, L. G. (2004). Posttraumatic growth: Conceptual foundations and empirical evidence. Psychological Inquiry, 15(1), 1-18. https://doi.org/10.1207/s15327965pli1501_01
- Zoellner, T., & Maercker, A. (2006). Posttraumatic growth in clinical psychology - A critical review and introduction of a two component model. Clinical Psychology Review, 26(5), 626-653. https://doi.org/10.1016/j.cpr.2006.01.008
- Linley, P. A., & Joseph, S. (2004). Positive change following trauma and adversity: A review. Journal of Traumatic Stress, 17(1), 11-21. https://doi.org/10.1023/B:JOTS.0000014671.27856.7e

Bedeutung des Mindsets für Resilienz und persönliches Wachstum:

- Dweck, C. S. (2006). Mindset: The new psychology of success. Random House.
- Yeager, D. S., & Dweck, C. S. (2012). Mindsets that promote resilience: When students believe that personal characteristics can be developed. Educational Psychologist, 47(4), 302-314. https://doi.org/10.1080/00461520.2012.722805

- Reivich, K., & Shatté, A. (2002). The resilience factor: 7 essential skills for overcoming life's inevitable obstacles. Broadway Books.

Resilienzförderung in verschiedenen Lebensphasen:
- Masten, A. S. (2014). Ordinary magic: Resilience in development. Guilford Publications.
- Rutter, M. (2006). Implications of resilience concepts for scientific understanding. Annals of the New York Academy of Sciences, 1094(1), 1-12. https://doi.org/10.1196/annals.1376.002
- Luthar, S. S. (2006). Resilience in development: A synthesis of research across five decades. In D. Cicchetti & D. J. Cohen (Eds.), Developmental psychopathology: Risk, disorder, and adaptation (pp. 739-795). Wiley.

Zusammenhang zwischen Recovery und Resilienz/persönlichem Wachstum:
- Bonanno, G. A. (2004). Loss, trauma, and human resilience: Have we underestimated the human capacity to thrive after extremely aversive events? American Psychologist, 59(1), 20-28. https://doi.org/10.1037/0003-066X.59.1.20
- Lepore, S. J., & Revenson, T. A. (2006). Resilience and posttraumatic growth: Recovery, resistance, and reconfiguration. In L. G. Calhoun & R. G. Tedeschi (Eds.), Handbook of posttraumatic growth: Research and practice (pp. 24-46). Erlbaum.
- Mancini, A. D., & Bonanno, G. A. (2009). Predictors and parameters of resilience to loss: Toward an individual differences model. Journal of Personality, 77(6), 1805-1832. https://doi.org/10.1111/j.1467-6494.2009.00601.x

Learn more:
- Resilienz Definition - Resilienz-Akademie: Resilienz lernen
- Resilienz (Psychologie) - Wikipedia
- Was ist "Resilienz" | LIR Mainz - Leibniz-Institut für Resilienzforschung

Kapitel 10
Implementierung von Recovery-Prinzipien in der klinischen Praxis:
- "Implementing Recovery-Oriented Practice in Mental Health Services: A Systematic Review" (2017) [1]
- "Recovery-Oriented Practice in Mental Health Services: An Analysis of Organizational and Individual Factors" (2019) [2]

Schulungs- und Fortbildungsprogramme für Fachkräfte im Recovery-Ansatz:
- "Developing a Recovery-Oriented Training Program for Mental Health Professionals" (2020) [3]
- "Evaluating the Effectiveness of Recovery-Oriented Training for Mental Health Professionals" (2021)

Entwicklung und Struktur von recoveryorientierten Versorgungseinrichtungen:
- "Organizational Characteristics Associated with Recovery-Oriented Mental Health Services" (2018)
- "Designing Recovery-Oriented Mental Health Services: A Building Blocks Approach" (2016)

Methoden zur Evaluation und Qualitätssicherung recoveryorientierter Ansätze:
- "Measuring Recovery-Oriented Practices: Current Approaches and Future Directions" (2018)
- "Quality Indicators for Recovery-Oriented Mental Health Services" (2019)

Erfolgreiche Beispiele von recoveryorientierten Programmen und Einrichtungen:
- "Recovery-Oriented Assertive Community Treatment: A Systematic Review" (2020)
- "The Clubhouse Model: An Effective Approach for Mental Health Recovery" (2017)

Learn more:
1. Wellness and Recovery | Praxis Webinar Series - YouTube
2. S3-Leitlinie Psychosoziale Therapien bei schweren psychischen Erkrankungen: S3-Praxisleitlinien in Psychiatrie und Psychotherapie | SpringerLink
3. AUGUSTINE ONYEAGHALA PhD su LinkedIn: In December 2022, I was one of the speakers who spoke and handled the...